価値創造

絶対の競争をめざして

Value Creation

by Yoshiharu Hayakawa

早川吉春 編著

致知出版社

価値創造　目次

Ⅰ 〝絶対の競争〟とクオリティ・マネジメントのさらなる進化

Ⅱ 現代の価値創造リーダーたち

Ⅳ　日本とアメリカ
—国のかたちと経営のガバナンス（最終章）

V　現代によみがえる価値創造の源流
―クオリティ・マネジメントのさらなる進化

装幀――川上成夫

I

〝絶対の競争〟とクオリティ・マネジメントのさらなる進化

1　クオリティ・マネジメントの源流

[1] クオリティ・マネジメントとは

クオリティ・マネジメントというコンセプトは、今から三十二年前の一九八一年に私がつくったものである。当時お付き合いのあった京セラ、サントリー、日本生命、東京海上火災、伊勢丹、レナウン、イトーヨーカ堂などの優れた企業、およびその経営者の皆様がめざされていたことを私なりにまとめたものである。

〈資料1〉は雑誌『ＱＭ』創刊号の表紙とクオリティ・マネジメントの趣旨である。「明確な企業ビジョンと経営戦略のもとに、企業活動のあらゆる局面において、プランニングとコントロールの両面にわたるQualityの追求を通し、組織の活性化が個人の活性化に結びつくManagementの確立をめざして」ということで定義した。このＱＭフォーラムは今から三十二年前に設立されたが、その後資生堂、日本鉱業、東レなどが加わり、優れた企業と当時の経営者の皆様がめざしていたことを、経営哲学、企業文化、組織文化などの面で経験的にまとめ、十七年間のフォーラム活動を通して私なりに時代の流れとともに深化させて来たものである。

当時はＴＱＭや経営品質などの考え方や手法が、日本から一度アメリカに渡って形式知化され、再びわが国に逆輸入された時期に当たる。『クオリティ・マネジメントを求めて』（一九九七年、致知出版社）は私が最初に書いた本だが、そこでは「クオリティ・マネジメントというコンテクストには、最近話題となっているＴＱＭや経営品質などの概念では表現できない深い暗黙知の世界が含まれており、時代を超える企業理念、深い経営思想と哲学に支えられているのである。その意味から、そこには西洋の知と東洋の心が含まれており、マネジメントの本質を深層構造的に掘り下げるアプローチであると個人的に考えている」と書き記しておいたのである。

〈資料１〉

< 資料1 >

1981・7　創刊号

QM
QUALITY MANAGEMENT

明確な企業ビジョンと経営戦略のもとに

企業活動のあらゆる局面において

プランニングとコントロールの両面にわたるQualityの追求を通し

組織の活性化が個人の活性化に結びつく

Managementの確立をめざして

QUALITY MANAGEMENT　1981.7月　創刊号

中央コンサルティング

2 クオリティ・マネジメントの先駆者たち

創刊当初の一九八〇年代前半の『QUALITY MANAGEMENT』誌に、京セラの稲盛和夫さん、レナウンの稲川博通さん、サントリーの佐治敬三さん、その後少し経てから東レの伊藤昌壽さんの「わが経営を語る」が掲載されている。これらの経営者の皆様は、私にとって〝クオリティ・マネジメントの先駆者〟であり、今回改めて紹介させていただきたいと思う。

(1)「わが経営を語る」 稲盛和夫

まず稲盛和夫さんの「わが経営を語る」であるが、これは当時の京都セラミック社長の稲盛和夫さんに、一九八一年七月の『QM創刊号』に書いていただいたものである。ちょうど三十二年前になるが、稲盛さんが語っていることは今も驚くほど新鮮である。稲盛さんは、「会社は全従業員の物心両面の幸福を追求する場である」こと、「常に人間として何が正しいかを基本尺度として判断されてきた」ことと同時に、そして次のような発言もされている。

「社会が高度になり、複雑になればなるほど、起こってくる現象も複雑なかたちであらわれます。この現象面にのみ目をうばわれた場合、物事の本質を全く見失ってしまうでしょう。やはり経営は単に現象面からだけで判断するのではなく、現象の中にある本質的なものを感じとり、見きわめることが大切なことだと思います」と。これらのお言葉は混迷の時代の今でも、私どもの心に深くしみわたる含蓄の深いものといえよう。

(2)「わが経営を語る」　稲川博通

当時のレナウン社長の稲川博通さんには、「わが経営を語る」を一九八二年二月の『QM第二号』に書いていただいた。この時期はレナウン、ダーバン、そしてレナウンルックによる《連邦経営》が最盛期の時期だった。稲川さんは、全員経営という言葉でエンパワーメント・リーダーシップの原点を示唆された方である。当時のアパレル業界の中で「オデキとメリヤス屋は大きくなるとつぶれるというジンクス」があったそうだ。そんな中で稲川さんは、当時のレナウンをなるべく現場主義でリードして、細分化した部門ごとに活性化していった名経営者であった。とくにこの頃のレナウンは、人中心の考え方と優れた人事制度、連邦経営および非常に大きな権限委譲が経営的な特徴だったのである。

さらに稲川さんは、「私は社長に就任して二年半になりますが、一貫して心掛けているのは全員参加の経営をということです。ごく一部のトップだけで方針を決定し、下が黙ってそれに従うのではなく、さまざまなポジションの人たちが自分の専門の仕事を通じて意見を積極的に出しあい、皆が納得して実行するのが望ましい」と語られ、合議ではなく〝常議〟が大切であり、いかなる局面でも常に議論するのだというメッセージをいただいたのが印象的であった。

(3)「わが経営を語る」 佐治敬三

次に当時サントリーの社長であった佐治敬三さんのお言葉を紹介したい。現在の佐治信忠社長のお父様である佐治敬三さんには、「パイオニア精神」と「やってみなはれ」の原点について一九八三年二月の『QM第四号』で語っていただいた。なかでも印象的なのは、「仕事の上での父とのふれあいが、激しい商人魂とのふれあいから始まったことに私は感謝したい」というお言葉である。まさにこれこそが親子が絶対価値を継承して共有していく原点なのである。現社長の佐治信忠さんは亡くなられた敬三さんのこのような血を引いていて、現在様々な分野で新しい時代に向けたサントリーのさらなるステージを構築されている。この仕事の上での父親との触れあいが激しい商人魂から始まったということと、さらに「とことんやってみなはれ」と新規事業に挑戦する眼を開かせたといえる。

佐治敬三さんが専務時代に父親の鳥井信治郎氏に対して、「特色のない、ただのビールやなく、クッキリした個性をもったビールをつくりたいんや」とビール事業への決意を初めて伝えたとき、黙って話を聞いていた信治郎氏は、ただひと言「……やってみなはれ」とおっしゃったそうである。これが近年、〝絶対の競争の香り〟のする「ザ・プレミアム・モルツ」誕生にまで連なっており、私は素晴らしいことだと思っている。

そして最後に、「パイオニアたらんと願う私たちは、安泰を望まない。平穏な無為よりも、むしろ危険な挑戦を選びたい。やってみなはれの精神をしっかりと掲げて、ひたすら前進するのみである」と語り、まさにファーストランナーの条件を示唆されている。

(4)「わが経営を語る」　伊藤昌壽

最後に時間は少し飛んで、一九九〇年二月の『QM第十三号』で当時東レの会長であった伊藤昌壽さんが、東レの研究開発思想の原点を釣りと研究開発の共通点などにふれながら語られている。「どこに釣り糸を垂らすかは大事だが、一回垂らしたら釣れるまで忍耐だ」ということ、さらに「その研究開発と事業開発においてオリジナリティのあるものを生むのは若い頭脳であり、そのための〝場〟をつくるのが経営者の役割である」と述べられている。

さらに「経営トップの仕事とは自ら責任をもって、こうした若い人びとに活動の場をどんどん与えていくことではなかろうか。若い人びとが命令を受けてするのではなく、自ら燃え上がるような土壌をつくること、そしてその責任は自らが負うことが我々経営者の努めである」と結んでいる。ノブレス・オブリージュの大切さと経営者の自己責任について、今から振り返っても大変含蓄のあるお言葉であると思う。

以前のQMフォーラム時代には東レには幹事会社になっていただいており、いまご紹介したこれらの皆様たちこそがまさにクオリティ・マネジメントの先駆者であり、今日までの〝クオリティ・マネジメントの源流〟そのものであると私は思っている。

3 クオリティ・マネジメントをめぐる諸問題

(1) ブレーキマンの登場と再活用

以上がクオリティ・マネジメントの先駆者の話であるが、クオリティ・マネジメントをめぐる諸問題を考えるにあたって、まずブレーキマンの話をしたいと思う。ブレーキマンはどのような組織でも発生するのである。このブレーキマンとはいわゆる窓際族とはまた異なり、力がありや本人は一所懸命やっているのであるが、それが結果的に会社のためにならないというタイプの人のことをいう。

経営活動において組織の活性化と個人の活性化を達成するためには、どうしてもこのブレーキマンを常に排除していかなければならない。このブレーキマンをどのようにして処遇して再活用するかは、クオリティ・マネジメントを実現する上で非常に重要な問題なのである。社長自身がブレーキマンになることもあり得るが、これは大変なことである。最近では往々にしてそのような事例が少なくないのである。

初めに急成長企業におけるブレーキマンの登場について述べたいと思う。急成長企業においてブレーキマンが登場してくる背景について、誰でもある程度理解できると思う。たとえば十億の時の会社と百億の時の会社は管理者の役割が違うのである。したがってとくに最初のスタートアップの頃は、管理者は部下に対してまずもってプレーイング・マネジャーであらねばならない。銀行あたりからぽんとやって来て銀行流のマネジメントを導入しても、そう簡単にはいかないのである。

さらにトップの皆様はどんどん成長するので、他の役員はそのトップについていけなくなりブレーキマンになるのである。しかし彼らをどのように処遇したかによって、その後の会社の発展に大きな差が出て来るのである。このことは京セラの稲盛さんも「初期の頃に数人の仲間と事業を一緒に起こしたが、創業の頃の仲間が少しずつ脱落していったことに心を痛めた」と語っている。それをきちんと処遇するのがブレーキマンの排除で、これはある意味では経営者のセルフ・ガバナンスの問題だといえよう。

次にグローバルなネットワーク社会において、ブレーキマンが再登場してくる。これはグローバル化とネットワーク化の二重のうねりの中で、ビジネスのスピードが速くなることによって起きる問題である。つまりアナログ的には大変優秀であるが、デジタルのスピード社会にはなかなかついていけないという人がブレーキマンになるのである。

さらに中間管理職の役割が変わってきている中でこのような新しいブレーキマンは、グローバルなネットワーク社会の登場など企業の環境が急激に変わる時に登場してくる。このような場合は、グループ人事の活用によるブレーキマンの排除が必要となる。中間管理職のブレーキマンの場合には、グループ人事のローテーションを組んでグループ内で一番力を発揮しやすい環境のところに配属し直す必要がある。トップマネジメントがブレーキマンの場合は、その企業にとって深刻な問題が生じるのはいうまでもない。

(2) 棺桶問題と御輿問題の解決へ向けて

これもある経営者の方から習った問題であるが、チェンジ・マネジメントとの関係でいわゆる棺桶問題について考えてみたい。

私はもともと成功報酬では仕事をせず、顧問としてクライアントと長期的に関わるかたちでコンサルティング業務をしている。したがって常に会社がどのような状態で、どのような方向に流れているか大体理解している。そこで時々創業経営者の方が私に質問したものである。

「自分は今度社長を辞めて会長になろうと思うが、早川さん私と一緒に何人棺桶に連れて行ったらいいかね」と。私が誰とはいわないが、阿吽で「三人」と答えると誰と誰までだなと。

「四人」というと後一人は誰かな、「そうだ何もセンムを連れていこう」ということが創業経営者には分かるのである。このような阿吽のやり取りを通して創業経営者の方からずいぶん勉強させていただいたが、最近は棺桶に一緒に連れていかなければならない役員の数が確実に増えているのである。

この棺桶問題で一番悪い事例が院政である。まず自分が会長になって直接責任から逃れ、馬にニンジンをぶら下げてさらに後ろから糸を引こうといった場合は非常に問題であると思う。このようにチェンジ・マネジメントにおいては、それまでの経営者が自分と同質経営の人たちをどこまで棺桶に連れていけるかいけないか、時代が変われば必ず彼らはブレーキマンになるのが確実であり、この棺桶問題をいかに解決しておくかが大きな課題であるといえよう。

このことから最近では同族経営の会社は少なくなってきているが、同族経営という問題に関していえば、むしろ同族経営よりも同質経営の歪み、つまり前の経営者の周りにいた旧い番頭さんたちがかえって弊害を起こしていく事例が少なくないのである。とくに本社からは旧い番頭さんはいなくなったが、彼らがグループの各事業会社に散らばった時にいろいろな問題を引き起こしているのである。そういう意味ではチェンジ・マネジメントにおいては、現在では同族経営よりも同質経営が問題であると私は思う。

最後に御輿タイプの経営者についてふれたい。これはよく取締役社主という肩書きをもち、ビジネスの現場で自分は何もせず社主だと思い願っている人たちのことである。最近では見かけることは少なくなったのだが、オーナーで株主なので取締役としては直接経営には関係しない。しかし個人の人生において社主というシンボルがどうしても彼には必要なので、ある意味で御輿に乗るような人たちなのだ。このような人たちは段々と減ってきているが、官僚や天下った官僚のOBの人たちなどはほとんどがこの御輿に乗るタイプで、私の目からは現実には全く価値を生まない人たちだといえよう。

二〇一一年の春に亡くなられたある著名なヘッド・ハンティング会社の社長から、以前「財務省などの優秀な官僚をまとめて紹介するので、早川さんの知り合いの会社に話をしてみてほしい」との依頼があった。この方には私が若かりし頃から三十年近くお世話になっていたが、私はこの話だけはキッパリとお断りした。「私のおつき合いしている価値創造をめざされている企業の皆様のところには、分析型で御輿タイプの官僚の方はブレーキマンになる可能性が強いので、私からは紹介できません」と申し上げたのである。

いずれにしても今は陣頭指揮のリーダーシップが必要なのであり、このような時期には価値の創造を身をもって示し、具体的に方向性を示して実践していく経営者が選ばれるべきであろう。まさに皆といっしょに泥にまみれて、陣頭指揮のリーダーシップを発揮していくことが必要なのである。

2 エンパワーメント経営から価値創造企業へ

1 エンパワーメントの魔術

私は一九九七年の秋に独立して、個人事務所として現在の霞エンパワーメント研究所を設立した。その当時に比べ、最近エンパワーメントという言葉がよく使われるようになったと思う。資生堂の福原義春名誉会長が一九九八年秋に出版された『部下がついてくる人』という本の中に「エンパワーメントの魔術」という章があり、そこでエンパワーメントのもつ意味を定義されている。その内容を引用させていただきながらエンパワーメント経営について述べてみたい。

(1) エンパワーメント—仕事を渡すと同時に〝やる気〟を渡す

福原さんが『部下がついてくる人』でエンパワーメントについておっしゃっているのは、「人に任せておいて口出しすると、すべてが崩れてしまう。権限と責任を与えたら干渉せずに見守る。仕事を渡すと同時に、やる気を渡すのである」ということであり、これは大変重要な指摘だと思う。

福原さんはエンパワーメントという概念があるということを井関利明先生に教えられたという。井関先生がフィリップ・コトラーの名著『非営利組織のマーケティング』を翻訳された際、そのような概念に出逢っていたとおっしゃっている。この非営利組織にエンパワーメントの原点があるというのは、後述するアメリカン・スタンダード的なエンパワーメント経営との違いという意味で、大変重要なポイントになると思う。

また福原さんは「無給や薄給にもかかわらず公益目的に邁進する人たちは、そうした社会からの評価とともに、組織内部のリーダーがその人の存在価値や仕事の成果を公正に評価し、感謝してくれることで大きく支えられているのです。一方そのリーダーたちはそれぞれの人々に責任を与え、それが達成された時に感謝する。実はそのことこそが、エンパワーメントなのです。つまりパワーを注入してあげることなのです。ですからエンパワーメントを単なる権限委譲と考えてはいけません。もっともっと幅も広く、奥も深いものなのです。……エンパワーメントの魔術はこういう過程で、人びとに動機づけを与えるものだと思います。よく肩を叩いて頑張れよなどというリーダーがいますが、肩を叩かなくても〝気〟を吹き込んであげることによって、よしやろうという気にさせるのではないでしょうか」ともいわれている。

さらに「いわゆる管理型社会になったいまの世の中では、人々の自由闊達な創造力、行動力が閉ざされがちになります。それを打破し解消するためにも、エンパワーメントの概念が非常に重要になってきました。そしてその原理は非営利組織、すなわちNPOでも営利企業の組織でも、およそ人間の組織ならばすべて通用するものなのです」と述べておられる。エンパワーメントの原点がこの非営利組織にあって、ボランティア精神および感謝することに支えられているという指摘は非常に重要である。

(2) マーケティングとエンパワーメントの関係

エンパワーメントとは、情報と裁量権、そして自己表現の機会を与えて、対話を通して可能性を引き出すような相手との関わりあいのことである。これは顧客と社員、上司と部下などの関係において見られるもので、いわゆる従来のコントロールとマネジメントに対立する概念である。その意味から人に刺激を与える、お互いに刺激し合うということでもあるといえる。

ここで以前井関利明先生に書きおろしていただいた「マーケティングとの関連でのエンパワーメントの定義」について紹介したい。

① あらゆるレベルの社員たちに情報と自由裁量権を与え、自発的に自ら喜びをもって顧客に満足を与えるよう仕向けること、またそのための仕組みとリーダーシップのあり方

② 同時に社の理念やポリシーをよりよく理解し、かつ顧客のニーズや期待や課題を敏感に

感じとれるよう導くこと

③ 企業の全体（コンテクスト）と自らの役割の意味を理解し、かつ顧客を理解して共に満足を感じられるように仕事を進めることができること

④ そして最後に顧客を活性化させ、満足させる能力

2 アメリカにおけるエンパワーメント経営の動向

(1) アメリカにおけるエンパワーメント経営の登場

次にアメリカにおけるビジネス論の動向変化とエンパワーメント経営の登場についてまとめてみたい。一九九〇年代に入ってからの強いアメリカの再生は、経済における市場原理の導入を背景にして、様々な分野での規制緩和を通じて新しいビジネスが台頭し、それを支えるかたちで「情報スーパーハイウェイ構想」が実施されたことと深く関連している。これらを背景にいわゆる東海岸のイースタン・エスタブリッシュメントの世界から離れ、政府の規制からも自由な西海岸の地にスタンフォード大学を中心としたシナジー・プラットフォームを踏み台にして、新しくシリコンバレーにおけるハイテク・ベンチャー企業が数多く輩出された。このような時代的背景の流れの中で、共同体的な発想をする新しいタイプの企業、例えばヒューレッ

ト・パッカードなどがアメリカに出現して来たのである。このあたりの話はアナリー・サクセニアン著の『現代の二都物語』（一九九五年）という本の中で、ボストンとシリコンバレーを比較して、シリコンバレーがボストンに打ち勝っていった背景として紹介されている。

また当時、従来の旧世代ビジネスと新世代ビジネスを比較したアメリカのビジネス論の動向について、一九九七年十二月にロバート・B・タッカーの『価値革命への挑戦』を翻訳された際に、この動向変化について井関利明先生は以下のようにまとめられている。

・「攻撃的競争戦略」より「連携・パートナリング・共進化」
・「価格や品質」より「価値」
・「取引と売上」より「関連づくり（リレーションシップ）」
・「マス対応」より「ワン・ツー・ワン対応」
・「ピラミッド型組織」より「自立分散型組織」
・「管理やコントロール」より「エンパワーメント」等

このようにして新世代ビジネスのマネジメント論の中心に、このエンパワーメントの問題と価値創造のマーケティングの概念が登場してきたのである。ある意味で井関先生のこの著書の翻訳を契機として、同じ時期の一九九八年四月にスタートした私どものフォーラムの名称が、「価値創造フォーラム21」と名付けられたことと深く関連しているともいえよう。

アメリカにおける以上のようなビジネス動向の変化の流れの中で、当時の日本でもエンパワーメントという言葉をよく耳にするようになった。ただし「エンパワーメント経営」となるとダイヤモンド・ハーバード・ビジネス・レビューの一九九八年八・九月号に、特集として「エンパワーメント経営」という概念が出てきている。それはアメリカでいわれている「エンパワーメント経営」のコンセプトについて、日本でまとめて紹介した最初のものであると思う。その後、スタンフォード大学などを中心に優れた「個と組織の研究」が進められているが、アメリカの場合には必ずエンパワーメントは、初めからコンペンセーションと成果主義に連なっているのが特徴である。

(2) エンパワーメント経営の原点としてのジャック・ウェルチ

私は長い間GEのリーダーシップをとってきたジャック・ウェルチの企業経営のあり方が、いわゆるアメリカ流エンパワーメント経営の原点のひとつではないかと思っている。GEは高収益、高成長の新しいタイプのアメリカの企業で、当時ジャック・ウェルチは強いリーダーシップで、彼がリタイヤするまでこの高成長、高収益カンパニーをリードしてきた。スピードと決断を重要視し、すべての事業分野でナンバーワンかツーをめざすという目標でビジネスを展開してきている。そしてトップダウンで業務改革を進め、有名なシックス・シグマ運動などを通じて製品を百万個つくった時の不良率を三、四個に抑えるという驚異的な品質改善活動を行ってきたのである。

ジャック・ウェルチがいっているSimple, Stretch, Speed, Boundaryless, Empowerment, Accountability, Self-confidenceなどのキーワードの中のひとつに、エンパワーメントの概念が出てくるのである。当時のGEの場合、学習また学習というかたちで、世界中のGEオペレーションの中でのベスト・プラクティスを見つけ出し、最高のアイデアがどこにあるかを見つけて即実行せよという動きをしていた。そして繰り返し「トップとコミュニケーションをとれ」と叫び続け、積極的にリストラクチャリングを展開して、戦艦大和のような官僚的な組織を小さな事業部にして活性化することに成功したのである。「管理者はまずリーダーになれ、管理はするな、人に活力を与える能力を重視せよ、価値観を共有する管理者を育成せよ」などが企業のスローガンになっていて、ある意味でアメリカにおけるエンパワーメント経営の原点であるといえる。

日本の当時のグループ経営はどちらかというと事業間シナジーをめざしたものであった。しかしジャック・ウェルチの経営は好対照で、ひと言でいえば事業間のシナジーよりもマーケットを見て自己完結しなさいといった個別事業のシナジーや成長性を重視した経営だといえる。野中郁次郎先生はジャック・ウェルチを「優れた相対価値の典型的な経営者だ」といっておられるが、私も全く同感である。コンペンセーションに支えられたかたちで、企業家精神を維持しながら大企業の体力と小企業の塊をめざすということで、いままでのアメリカのイースタン・エスタブリッシュメントの思想とは全く異なる新しいビジネス形態をつくって成功した経営者であるといえよう。

3 日本におけるエンパワーメント経営の先例

(1) 京セラ、前川製作所、サンリオにおけるエンパワーメント経営

その後日本でも一時期のソニーや東芝など、GEと同じような方向性をもつ企業活動への挑戦が見られるようになった。しかし日本の場合のエンパワーメント経営の問題は、これらのアメリカの動向とは少し違うように私は思うのである。そのような意味を含め私の経営コンサルタントとしての実務経験から、わが国におけるエンパワーメント経営の先例として、京セラ、前川製作所、サンリオの三社をご紹介させていただきたい。

一番目は京セラのアメーバ経営で、当時の京セラの事業展開の背景にある京セラ・フィロソ

フィーの存在、そして企業内小集団化とグループ別独立採算制の導入が大きな特徴である。

二番目の前川製作所は、世界的なコンプレッサー・メーカーである。ここでは「マーケティングからサービスまで」というかたちで事業のグループ化と独立行政法人化を進め、野中郁次郎先生流の「企業進化論」に近い前川正雄さんの生物学的な経営思想のもとで、独自のマネジメントを展開させたといえる。

三番目が、サンリオの「クオリティ・ライフの創造と幸せの論理」を背景にしたソシアル・コミュニケーション・ビジネスの展開と知的所有権ビジネスという事業ドメインの確立である。これもわが国におけるエンパワーメント経営の原点だといえよう。

(2) エンパワーメント経営に共通していること

以上の京セラ、前川製作所、サンリオの三社の先例を見て、これらのエンパワーメント経営には共通して次のようなことがいえるのではないかと思っている。

まずこれらの企業は、それぞれの経営者の強いリーダーシップのもとに独自の経営思想、哲学と企業文化、および共通の志を構築していて、それを大切にしている。そしてアントレプレナーシップの組織化に常に挑戦されているのである。

次に企業は人を育てる「場」であるという考え方を中心にし、人材開発、人材活性化を大変重視していることである。稲盛さんの盛和塾、前川さんの和敬塾などの学びの場という点も共通している。辻さんは後でふれるが、これからの若手の経営者のための「QM義塾社長大学」で中心的役割を果たされている。

さらに経営の透明性と関連してくるが、きちっとした会計思想および会計責任と成果配分の考え方をもっている。とくに稲盛さんは経営においていかに会計が大切であるか、ということを『経営と会計』という本で書いておられる。辻さんもこの成果配分については、独自の哲学をもっている。

また常に現場主義経営を大切にしており、これらの経営者の皆様は「現場力と経営力の統合」をめざしているといえよう。さらに従業員のモチベーションを高める場、当時のサンリオのマンスリー・コンベンションや京セラのコンパとかいった「セレモニーの場」をもっている点も指摘できる。最近の事例でいえば、三井物産の槍田松瑩会長は、社長時代に「社長車座集会」を一千回以上行っていたそうである。

またインフラのある会社には感性がなかったり、感性のある会社にはインフラがなかったりするものであるが、この三社は常に組織内にエンパワーメント・リーダーシップが存在し、感性とインフラの整備が共存できるマネジメントの仕組みをめざしている。稲盛さん、前川さん、辻さんは感性とインフラ整備の共存をめざし、それぞれいつの時代もエンパワーメント・リーダーシップを発揮し続けて来られたと私は思っている。

4 価値創造企業への道

(1) エンパワーメント経営の定義づけ

次に、エンパワーメント経営から価値創造企業への道筋を考えてみたいと思う。

私はネットワーク時代のクオリティ・マネジメントの中心課題が、いわゆるエンパワーメント経営ではないかと思っている。そこでは組織のネットワーク化と完成された個人の存在が前提となっており、アメリカのようにインセンティブや成果配分のみが動機づけの中心となるのではなく、企業活動のあらゆる局面でエンパワーメント化をめざす自主的な活動が必要となるのである。

エンパワーメント経営は、エンプロイメンタビリティをもつ組織とエンプロイアブルな能力をもつ個人の、企業という場におけるせめぎ合いそのものである。エンプロイメンタビリティをもつ組織とは、従業員から見てあの会社に入りたいな、魅力的だなと思われる組織のことである。利益が出ているがちょっと暗くていやだなと思うような会社ではなく、あの会社は素敵だな、仕事をしてみたいなというような会社のことである。エンプロイアブルな能力をもつ個人とは、彼を使ってみたいな、一緒に仕事をやってみたいなという能力と魅力をもつ人である。個人的能力としては優秀だが、何となく使いたくなく関わりたくないという人がいるが、このような人はエンプロイアブルな能力をもつ人とはいえない。

このように組織は常にエンプロイメンタビリティをもとうとしているし、個人はエンプロイアブルな能力をもとうと思っている。組織内におけるキャリアをどのように積むかという人事的課題もあるが、企業という場におけるこの両者のせめぎ合いがエンパワーメント経営そのものである、と私は定義している。

(2) 価値創造企業とは

クオリティ・マネジメントからエンパワーメント経営への流れについて述べたので、次は価値創造企業についてまとめてみたい。

現在価値創造企業をめざす経営者の皆様が中心となって、私どもの「価値創造フォーラム21」の運営を行っているが、一九九八年のフォーラム設立以来ずっと私どもは、価値を社会的価値や文化的価値を含むような奥深いものとしてとらえてきた。設立当時はどちらかというとシェアホルダー・バリュー全盛期であったといえる。私どもはこの十六年余の活動を通して、当フォーラムの幹事会社等に代表される価値創造企業には数値化できない企業文化や脈絡とした遺伝子が存在し、価値創造の原点には常に顧客に対する価値創造があること、さらに絶対価値の創造と深化がそれぞれの企業の持続的発展へつながるということを学んだのである。

そのような意味から私は価値創造企業の前提となるのは、「クオリティ・マネジメントの企業遺伝子と絶対価値を追求する価値創造のリーダー、これが同時に存在することである」と考えている。優れた企業遺伝子をもった企業に絶対価値を追求する価値創造のリーダーが存在した時に、初めて価値創造企業といえるのである。どんなに素晴らしい遺伝子をもつ企業でも、ある時期にコスト・カッター的な効率屋タイプの経営者がトップにつく時がある。それは企業の歴史上のひとつの通過点としては必要であるが、そのような状態が長引く時は価値創造企業ではないと私は思っている。

そして価値創造のリーダーシップについては、「エンパワーメント・リーダーシップに戦略性を帯電したのが価値創造のリーダーシップである」と定義したいと思う。このようなトップマネジメントのもとに共通の企業理念・組織文化が存在し、個と組織のバランスが維持されることとなるのである。

(3) 価値創造企業であり続けるために

次に価値創造企業であり続けるためには、どのようなことが必要かについて述べてみたい。

価値創造企業は生きているから、価値創造企業であり続けるためにはいくつかの条件がある。
第一の条件は、価値創造のリーダーによるクオリティ・マネジメントの企業遺伝子をかき回し、再生していく状態を持続することである。例えば優れた遺伝子をもった伊勢丹の中で、小柴和正元会長はマーチャンダイジングの組織化と進化をリードされた方だった。その小柴さんが選ばれたのが絶対価値をもつ真の価値創造リーダーであった故武藤信一さんで、さらに武藤さんが後任の社長に選ばれたのが大西　洋さんだ。大西さんも顧客とともに進化し、ＭＤ業務改革をリードする若き経営者であり、まさに伊勢丹では価値創造企業としての企業遺伝子が連続しているのである。

以前武藤さんの話を聞いて、私は一九八〇年代の中頃の最盛期のブルーミングデール百貨店の新しい流通システム・コンセプトの展開について、一九八三年にＱＭ誌でロバート・シンバーグ副社長をインタビューした時の言葉、「ブルーミングデールのマーケティングやマーチャンダイジングのコンセプトをいかにシステム化し、時代のニーズに呼応した流通システム・コンセプトを展開していくかが大切である」をしみじみと思い出したのである。その意味から単なる量的拡大や効率性の追求だけでは、提案するクオリティ・ライフの香りは消えてしまうことになり、お客様に評価される百貨店の経営は不可能だと私は思う。いずれにせよその時のリーダーが絶対価値を深化する価値創造のリーダーであり、常にその企業の優れた企業遺伝子をかき回し続けることが必要なのである。

第二の条件として、価値創造企業として優れた経営の型の存在とその進化が重要である。「優れた経営に型あり」と、これは日経の二〇〇〇年のミレニアム企業賞の審査委員長をされた野中郁次郎先生が、審査委員長談として日経の紙面で定義されたものである。

野中先生は日米における型とシステムの違いを次のように述べている。「欧米的なシステムによるマネジメントが、逸脱や攪乱を許さない標準ルーチンを生みだすのに対し、型は自由度の高い創造的ルーチンを生み出す母型（アーキタイプ）として機能する」のであり、この価値創造企業においてはこの型が非常に重要だといえる。さらに「どうも優れた経営にはある種の絶対的な価値を追求しながら、それを実現する最も理想的な行動プロセスを凝縮している型のようなものが共有されているのではないか。そしていい型を組織全体が共有して絶えず絶対価値の実現に向かって理想の型を追求すべきである」と述べている。

野中先生はミレニアム企業賞をもらった十五の企業を四つの型に分類している。第一は「求道の型」で、道を極めるように事業や技術への強いこだわりをもちつつ、それを破り新しい経営スタイルを創造する型であり、トヨタ、武田薬品、花王、キヤノン、ＮＥＣにみられる。第二は「総合の型」で、内と外、個人と組織、アナログ思考とデジタル思考を総合することであり、セブンイレブン・ジャパン、ソニー、京セラ、富士通にみられる。第三は「概念の型」で、オリジナリティーのある概念の創造にこだわり、独自の技術やビジネスモデルを具体化していることであり、本田技研、セコム、ＮＴＴドコモ、ヤマト運輸である。第四は「共創の型」で、利潤の極大化を絶対的な経営の到達点とせず、社会への貢献や従業員の喜びなどを追求する志向を指し、松下電器、資生堂にみられる。

「このように欧米的なシステムによるマネジメントが逸脱や攪乱を許さない標準ルーチンであるのに対し、自由度の高い創造ルーチンを生みだすことを母型として機能するのが日本の型である」という指摘は大変重要である。さらに野中先生の主張は「世界が市場主義とＩＴネットワークの原理によって均質化する流れの中で、二十世紀の経営の型がアメリカから生まれたとすれば、既存の知の枠組みを破る二十一世紀の経営の型は日本から生みだすべきだ」とも。

第三の条件は、価値創造のための競争・戦略ガバナンスの構築である。これについては次に詳しく述べることとしたい。

3 価値創造企業における戦略ガバナンスの構築

1 絶対価値と相対価値

私は「価値とは創造しようと思っても創造できるものではなく、絶対的なものを追求し続けるうちに実現できたり、またそのものや考え方は変わらないのに、時代や環境が変わることによって新たな価値が加わったりするものである」と思っている。したがって価値の創造という意味では、常に絶対的なものを追求し続けるという姿勢を維持することこそが大切であると思う。

(1) 絶対価値と相対価値

まず絶対価値と相対価値という問題について述べてみたい。実は「絶対価値の追求」という表現をきちっとされたのは、二〇〇一年の秋に「歌舞伎の源流と経営の型」というテーマで、野中郁次郎先生が当時の中村鴈治郎（現・坂田藤十郎）さんと対談された時である。そして、この対談のまとめとして、野中先生が次のように発言されている。

「ひとつは絶対価値の追求というのでしょうか。相対価値は企業で言いますと競争なんですね。どう競争に勝つかという、これは競争相手がこけるともう元気が出なくなっちゃうんですね。そうすると何のために競争するかという絶対価値の追求をするという、先程ミレニアム企業で選んだ企業のいくつかは何かその絶対価値をビジョンというか、そういうものを掲げてこだわるというかたちが非常に強いわけです」と述べている。続いて今度はジャック・ウェルチについて言及され、「今GEのジャック・ウェルチという人の自伝が日経に載っておりますが、彼は本当に相対価値を追求している人かなという競争あるのみという感じで、それはそれで非常に興味がありますが、二十一世紀はちょっと違うのではないかという感じがしております」と評価をしているのである。

さらに野中先生は、「しかし絶対価値はロマンで終わってはいけない。具体的なかたちにならないといけない。先生（鳫治郎さん）のいわれる型ですね。いい型を組織の全員が共有して、絶えず絶対価値の実現に向かって理想の型を追求する行動が、インスタント・アクション・カンパニーとでもいいますか、そういう能力が必要である」とも語っておられる。

このように価値には絶対価値と相対価値がある。簡単にまとめると絶対価値というのは本質的価値、人の心を豊かにする価値のことであり、英語でBasic Valueのことである。そして相対価値は効率的価値、これは人の生活を便利にする価値のことで、英語でInstrumental Value

のことである。

福原さんは『経営の美学』(日本経済新聞出版社)の中で、絶対価値を「私にとってかけがえのないもの、社会にとってかけがえのないもの」と述べている。以前富士ゼロックスの小林陽太郎元会長にも二〇〇四年の『価値創造21』に寄稿していただき、この絶対価値と相対価値について経営のお立場からきちっとしたかたちで表現していただいているので、本日改めてご紹介したいと思う。

「……価値とは何だろうか。形而上の〝価値〟という言葉は、真・善・美などの、誰もが〝よい〟として承認すべき普遍的な意味だとされる。価値創造フォーラムでの議論のなかでは、経営においてこうした絶対価値を追求することこそが、商品やサービスが持つ使用価値、交換価値など、他との比較において表面化する価値、即ち相対価値の追求よりも重要だという認識が共有されたと聞いている。まさに、個々の企業がそもそも何のために存在するのか、何を実現しようとしているのかという根源的な問題が問われているのである。

個々の企業活動がそうした絶対価値といかなる関係を持っているのかを意識することは、自社の存在意義を考える上で不可欠であると思う。そうした高みから自社のあり方を考えることで、好不況や流行の波のなかでも自らを見失わない軸が生まれ、社会との関係で企業が果たすべき責任が明らかになり、持続的成長が可能となるのである。

しかし実際には、我々が普段意識するのは、圧倒的に相対価値の方である。また、競争の世界に入るとそれはさらに狭義のものとなり、価格に換算されたものを言い表すようになる。例えば、経営理論の世界でも、企業価値という本来であれば多面的な価値を併せ持つはずのものを、株式の時価総額、しかも多くの場合、表層的かつ可視的利益に基づいた株価として解釈するような事態が起こっている。

このような事態に流されないためにも、経営者のリーダーシップが重要になってくる。絶対価値に根ざしたリーダーシップが求められるのである。……」（『価値創造21 2004』P2より抜粋）

（2）ヨーロッパvsアメリカ・中国

この「絶対価値と相対価値」という切り口で価値について考えた時、私はヨーロッパとアメリカの価値観の違いについていつも思い起こすのである。それは私が一九九〇年代の初めに、クーパース・アンド・ライブランド・インターナショナルのクライアント・サービス・カウンシルの日本代表を務めたり、会計事務所のビックバンであるインテグレーション・プロジェクトに参加した時の体験のことである。考えてみると当時は、ビジネス上の価値観の違いをめぐって、会議でヨーロッパ人とアメリカ人がいつも大げんかしていたのである。当時のグローバリゼーションの進行の真っただ中、いつもプロジェクトにおいてアメリカ流のやり方を押しつけられるという流れの中で、私にとってメンバーのアメリカ人に比べヨーロッパ人のほうが文化的、人間的にもグレードが著しく高かったのが印象的であった。

最近のグローバル市場主義によっていろいろ崩れてきてはいるが、このことを踏まえても、やはりヨーロッパは絶対価値の国であるとつくづく思う。つまりヨーロッパには民族と国の誇りがあり、長い時間をかけて築かれた歴史と伝統がある。したがってヨーロッパに通用するということは、大変大きな意味があった時期があったのである。日本はどちらかというと戦後アメリカの傘の下で経済発展とグローバル化が進んできた。しかし初期の頃からヨーロッパに通用する企業はソニーや資生堂などと数少なく、全体的にはヨーロッパに進出して成功していた企業も少なかったと思う。アメリカ流のグローバルなビジネスに慣れた人が、絶対価値をもったヨーロッパの人たちとのビジネスをどう展開するかということは、当時は想像以上に大変困難な状況であったわけである。

アメリカは逆であり、典型的な相対価値の国といえる。アメリカが独立宣言したのは一七七六年であり、わが国では今年で「赤穂浪士討ち入り三百十一年目の年」を迎えるわけで、逆算するとその七十四年後にアメリカの独立国家としての歴史が始まったのである。良き時代のアメリカには〝フロンティア精神〟があった。私はそもそもアメリカの相対価値のルーツは、合理主義とプラグマティズムであると思っている。マックス・ウェーバーのいう「プロテスタンティズムの倫理と資本主義の精神」の源泉にあるような、いわゆる敬虔なカルヴァン派のピューリタン（清教徒）の人たちが、一六二〇年にイギリスからメイフラワー号に乗って最初に渡ってきて、マサチューセッツ湾のプリマスに上陸し、そこから入植したところからすべてが始まっているのである。

今日のアメリカの価値基準は、成功、金、名誉などを中心に形成されているが、その背景には歴史的しがらみも何もないところから敬虔なプロテスタンティズムにもとづく資本主義の精神が、全く新しい国をつくろうという熱い想いとビジネス面で市場主義や資本効率など合理的考え方として純粋なかたちで培養されたからである。そしてこの考え方は十九世紀後半から二十世紀にかけてアメリカ北部で著しく産業が発展し、鉄鋼王のカーネギー、石油王のロックフェラー、自動車王のフォードなどの大実業家の出現に結実したのである。彼らはアメリカン・ドリームそのもので、〝良き時代のアメリカ・ビジネスの相対価値の完成品〟であるが、ビジネスだけでなく財団などをつくり、教育、学術、社会事業などにも貢献した。

近年の株価至上主義や市場原理主義、金融資本主義などの著しい影響などを受けて、今はその良き時代のプラグマティズムが大きく変質し、エンロン事件やリーマン・ショックなどをはじめとして、残念ながら相対価値が拝金主義に結びついてしまっているのである。相対価値の人に対して野中先生の言葉でいうと「すごいですね、でもだから何なんですか」ということなのである。つまり成功したのは素晴らしいが、何のためにやっているのかという疑問がいつも残ってしまうのである。

ドイツはもともとゲルマン民族とプロイセンの伝統のもと絶対価値の国であり、戦後の日本とともに西ドイツを中心として驚異の復興をとげ、東西ドイツの統合などによりEU発足にも大きな影響を与えた。これが最近ではグローバル資本主義の影響を受け、かなり相対価値化して来ているのではないかと私は思う。この背景には他のヨーロッパ諸国に比べて、ダイムラーベンツやドイツ銀行などグローバルなビジネスの土俵で早い時期から成功したことなどの影響もある。そしてアメリカの市場原理主義と金融資本主義の影響を強く受けていく中で、近年のリーマン・ショックなどの影響などがさらに加わり、ドイツ自体が構造的にかなり変質し相対価値化して来ているからなのではないかと思っている。

次に革命による価値破壊の問題について述べたい。これはロシアと中国のことである。ロシアも一九一七年のロシア革命によって社会構造が大きく変わった。ロシアの場合には東方正教会（ギリシア正教）をルーツとして、それからの分離によるロシア正教というかたちでロシアに普及してきたという歴史的背景がある。今もロシアにはモスクワをつくった時の文化水準や第二都市のサンクトペテルブルグの芸術などが根強く残っているが、新しい政府による文化財の保護があるにせよ、少なくとも革命によってこれらの分野におけるその後の価値創造の環境が大きく変わったといえよう。

中国ももともと伝統的な中華思想という絶対価値をもつ国であったが、一九四九年の中国共産党の革命やその後一九六九年の文化大革命などによって、以前からあった価値体系が大きく壊れ去ってしまった。そして最近では市場原理主義の導入が、上海、深圳などの地域を中心に急速に展開されている。今の中国はその中華思想が、覇権主義、大国主義へと変質し、市場原理主義の中にも取り込まれていると思う。このように今日の中国も著しく相対価値の比重が高まっているが、もともと絶対価値をもたないアメリカとはかなり局面が異なっているといえよう。

この点に関して、中国現代史研究の第一人者であった慶應義塾大学の故小島朋之先生は、私どものフォーラム顧問の時代に次のように語られていた。「現代中国では絶対価値としての中華思想はそう簡単に解体するものではなく、反対価値である毛沢東思想の中にも潜在していたように、市場原理主義の中にさえ入り込んでいるのかも知れない。さらに現在の市場原理主義による中華民族の偉大な復興という目標にもその影を見ることができるであろう」。このあたりのことは、小島先生が一九九九年に出版されたご著書『中国現代史—建国五十年、検証と展望』（中公新書）を是非参考にしてほしい。

いずれにせよ、こうした価値観の変遷とせめぎ合いの中で、アメリカのさらなる変質と経済大国・軍事大国としての中国の台頭が近年顕著になってきた。リーマン・ショックと今回のアメリカの債務上限問題などは、金融至上主義や市場原理主義の著しい影響を受けてのアメリカの変質を示唆している。アメリカは世界をリードする基軸国としての使命感を次第に失っているように思え、大きな不安要因となりつつある。また中国もGDP世界第二位に躍進したが、格差問題、人権問題、環境問題、領土・領海問題、さらに通貨問題など多くの波乱要因を抱えており、大国としての責任とノブレス・オブリージュを省みない価値観と国としての行動は、世界情勢をさらに複雑化し大きな問題を投げかけつつあるといえよう。

(3) 価値観をめぐる戦前の日本と戦後の日本

このような世界潮流の変化の中で、わが国はどうなっているのか。まず戦前の日本と戦後の日本という問題から考えてみたいと思う。戦前といっても、明治、大正、昭和とそれぞれ大きな差があるが、そのことは後述するとしてここでは触れない。いずれにせよ明治維新の頃の日本人は、ある程度アイデンティティが高かったのである。戦後の日本は、それまでのアイデンティティが敗戦と占領によって大きく崩壊した。さらに戦後の日本は、アメリカの強い影響と傘の下で経済発展が行われて、近年ではグローバルなネットワーク社会の到来による新しい価値の影響を受け、日本人としてのアイデンティティが全く失われているような気がしている。

サンフランシスコ講和条約が結ばれて六十二年、日中国交が回復して四十一年経つが、この二十年の差という意味はとてつもなく大きく深い。つまり一九五〇年に朝鮮戦争が起こった結果、日本をどのようにするかというアメリカの極東政策が大きく変わり、一九五一年にサンフランシスコ講和条約と日米安全保障条約が締結された。ところが日中の国交が回復したのは一九七二年であるから、ここに実に二十年の空白があるのである。これはまさに中国で革命が起きたことによる。本来ならばアメリカは蔣介石の中国を中心として極東と関わろうとしたのだが、毛沢東の軍に蔣介石が台湾に追いやられたことにより、その直後の朝鮮戦争を契機として急遽日本を中心に展開することになったのである。

そして今、日本はアメリカの傘の下での経済発展、とくに今日のグローバル化と金融資本主義化という問題を含めていろいろな問題が吹き出ている。現在そういった意味で私は、「戦後の日本および近年のアメリカの闇と蹉跌」が同時に出て来ているのではないかという気がしている。この二十年の歴史的重みが、近年のアメリカによる「抱きつかれ心中」の問題も含めて、現在いろいろなかたちで表われている気がするのである。

いずれにしても現在の日本は、米中という相対価値と覇権主義の国に囲まれている中で、これから長期的に日本は確実に人口が減り、五千万、六千万になる時期がくることが予想され、中国はいずれ二十億になるともいわれている。この時急激な市場原理主義の影響で急速に相対価値の比重が高まっている中国と、建国の理念から離れて大きく変質してしまったアメリカという超大国にはさまれて、どのようにして今後の国のかたちと日本人としてのアイデンティティを保っていけるのかは、私は非常に難しい問題ではないかと思う。このような世紀をまたがる長期的な動向のもとで、これからの国のかたちを考えなければならない時期に来ていると思っている。

2 アントレプレナーシップの組織化

私は自分のビジネス体験から、企業の成長の原点はオーナーの創業者精神と強力なリーダーシップにあると思っている。そしてどのような経営者も必ずこの力強いリーダーシップをもっていると思う。当初はトップの資質が経営活動に占める影響が大きく、経営者の個性や物の考え方が企業の体質を決める時期があったのである。その時期には経営者の器以上に会社は大きくならないものであるといえよう。

(1) 創業者のもつ絶対価値

このように成功する創業経営者は必ずそれぞれアントレプレナーシップをもっていたが、私の経験では成功する経営者には共通する四つの特徴があると思う。

一番目は個人的な成功よりもお客様に対するアプローチ、という顧客志向の考え方を優先していること。

二番目は技術に裏打ちされた製品やサービスを提供している、つまり本物を追求していること。

三番目は販売のシステム化、組織化に長けていること。

四番目はバランス感覚、つまり将来の事業展望に夢がありそれが実に緻密な計画に裏打ちされていること。

とくに一九八三年ぐらいまでに大型上場を成し遂げ、私がお付き合いのあった企業の経営者の皆様たちは、このような特徴とそれぞれの創業者精神と絶対価値を体現されていたものと思う。

このように会社の器は優れた経営者の器の大きさによって決まるし、そのリーダーシップでどんどん伸びる。しかし企業が大規模化していくとマネジメントの組織化が必要となる。いかに優れた経営者でも一日二十四時間しかないということも含めて、物理的な能力の限界がある。

そして目で見る管理から人による管理に移行していくが、それらの局面ではある程度マネジメントの組織化が必要となってくるのである。

ただこのような創業経営者の皆様は、必ずセルフ・ガバナンスをもっているのである。それはまず資金に対する苦しみからスタートするものである。ひとつのポイントとなるのは、公私混同か公私混在についてである。一般に創業経営者は、公私のお金がごちゃごちゃになって混同する人が多い。混在というのは意識しながら混同させていることである。当時銀行も初期の頃の運転資金を簡単に貸さないので、経営者個人の財産を全部担保に出して金を借りることになる。結果的にどうしても公私混同せざるを得ないが、問題はそれを意識しているかいないかというところなのである。この混在と意識するか混同と意識するかは、後にマイ・カンパニーからユア・カンパニーに脱皮できるかできないかで大きな違いとなって現れてくる。私はこのあたりが経営者にとっての〝セルフ・ガバナンスの芽〟であり、ここからスタートしなければならないと思っている。

それから役員の陳腐化の問題であるが、実は役員も本当に陳腐化するのである。経営者の皆様は外でいろいろな新しい方と出会うから、企業の成長とともに刺激されてエンパワーされて、人間としてリーダーとしてどんどん大きくなっていく。ところが旧い役員は閉ざされた世界で生きていて、成長のステージに意外とついていけなくなって陳腐化してしまうのだ。これが先ほど述べたブレーキマンの登場の背景である。この人たちをどのように処遇するか。ここでいう処遇とは辞めてもらうか、給料は払うが影響力がないようにするなどである。そのままにすると組織の活性化と個人の活性化が不連続になってしまう。この役員の陳腐化にどう対応するか、これは経営者のもっているセルフ・ガバナンスの考え方である程度の段階までは処理できるといえよう。

(2) アメリカにおけるシリコンバレーの台頭

では、アメリカではどうだろう。最初に「シリコンバレーの創業者の価値観 vs イースタン・エスタブリッシュメント」のお話からさせていただく。

私にとって初めての東海岸ボストンは、三十年前の一九八三年の冬だった。当時マサチューセッツのケープコッドでの会議に出席したのだが、そこでは真冬のベイクド・クラブ・パーティーがあり、海風の強い寒い夜のテラスでビニールをかけて風を防ぎ、出席していたアメリカ人たちとワイワイやっていた。今でも焼いたカニの爪と白ワインのおいしさが強烈な印象として残っている。そしてこの会議は、全米のクーパーズ・アンド・ライブランド（C&L）のパートナーが各地から集まって来て、フィラデルフィア、ニューヨーク、ボストン、ワシントンなどの東海岸、ロサンゼルス、サンフランシスコなどの西海岸、デトロイト、シカゴなどの大陸部の人たちなど、WASP（ホワイト・アングロ・サクソン・プロテスタント）およびアイルランド系移民、ドイツ系移民やイタリア系移民といった様々なルーツをもつ人たちが、自分たちのアイデンティティを誇示していたのである。私はそれを体験した時に、アメリカとはまさに人種のるつぼであり、開かれていて素晴らしい社会だと感じたのである。同じような印象は、一九八六年に作家の司馬遼太郎氏が読売新聞社から『アメリカ素描』という本を発刊し、彼の眼から見たこの頃のアメリカの原風景についてのエッセイに心から共感して、私も感動をもって読みあさったことをよく覚えている。

ところでこの八〇年代前半というのは、ちょうど東海岸の人間が西海岸にやって来た時期にあたる。それまでは、ロサンゼルスなどではランチで白ワインとともに二時間ぐらいかけ、その後のんびりと仕事をしていた。ところが東の人間がオペレーションの責任者としてくると、それが三十分くらいのワーキングランチに変わっていった。私も一九八四、八五年頃C&Lとのジョイント・ベンチャーの設立の準備で、「ロスアンゼルスからワシントンへ」というこの大きな流れを目のあたりに体験したのである。

それまでは西は西、東は東に分断されていたが、その状況が大きく変わってくる流れの中で、シリコンバレーが台頭してくる。これが九〇年代初頭だ。そして九〇年代のアメリカ再生の原動力になったのが、前述したシリコンバレーにおけるハイテク・ベンチャー企業の輩出である。

いわゆる東海岸の〝イースタン・エスタブリッシュ〟の世界から離れ、政府の規制からも自由な西海岸の地に、スタンフォード大学を中心としてシナジー・プラットフォームを土台として形成され、その後シリコンバレーのベンチャー企業も、従来の独特のコミュニティの世界からボーダーレス化してグローバル化していったといえる。この間コンピュータ業界においても、アップルやマイクロソフトの急成長などが見られた。いずれにせよ、シリコンバレーの創業者たちとイースタン・エスタブリッシュメントの人たちの価値観は、まったく違うのだということを体験したのである。

(3) アントレプレナーシップの組織化と絶対価値の継承

さて、アントレプレナーシップの組織化に話を進めよう。ソニー、ホンダ、京セラ、松下といった企業は、いずれも技術主導のサクセス・カンパニーである。ソニーも町工場から始まったのであり、これら各社に共通していたのは、マーケット・インの製品開発力と技術の集約化、組織化に長けていたということで、各社とも製造現場における技術という共通言語と技術マネジメントという組織文化があった。またこれらの企業には技術開発や製品開発における伝説的なエピソードも数多く、ソニーでは井深さんと盛田さんのやりとり、ホンダでは本田さんと藤沢さんのやりとりなどがあったのである。

この絶対価値の継承について考えてみよう。前に述べたとおり、優れた創業経営者の皆様は必ず絶対価値をもっているものである。いままで日本ではＩＴ業界などを除けば、最初から相対価値をもっている創業経営者は意外と少ないのである。そういう意味で絶対価値をどのように育成して深化させようかと、本田さんも盛田さんも稲盛さんも頑張ってきたのではないか、と私は思っている。

こうした創業時に創り上げた絶対価値の継承は、創業経営者にとっては永遠のテーマであり続けたといえよう。こうしたなかで同族企業だからといって必ずしも絶対価値の継承にならない場合が多い。つまり父と子が水と油の関係であることが少なくないからである。前述したごとく息子を魂の基軸のできない若い時期にＭＢＡに送り込んだりすると、アメリカ流の相対価値のマネジメント教育、とくに最近では過度の株価至上主義や物づくりを離れた金融優位の思想などの刺激を受けてくるので、もともと合理的な考え方をするタイプの人だと親父と全く違う相対価値を身につけてくることになるのだ。

その意味から同族企業の場合、子が父親の背中を見て育ったかどうかということが大変重要になってくる。私の経験では十人中九人以上は、まず水と油の関係で親子が断絶している。創業経営者は忙しいから働きっぱなしでなかなか家に帰ってこない。すると母親と息子が幼い時から同じ夕食のテーブルを囲んで、母親から毎日家にいない父親の悪口を聞かされていたら、息子にとって父親とはこんなものかとすり込まれてしまい、母親によって知らないうちに父親の絶対価値が崩されてしまうのである。これは息子がマザコンかどうかは別にして、やはり父親は偉いのだということを教えるのは母親しかないということである。しかしこの母親のあり方は非常に難しいので、これは私の体験から直しようがなく私どもには触れられない問題なのである。

いずれにしても結果的には、十人中九人以上はたいてい水と油の関係になってしまう。水と油の関係というのは父親に対する批判ということではない。相対価値のマネジメントを学ぶことによって、父親の絶対価値を否定するところからすべておかしくなってくるのである。そういった意味で、魂の基軸ができる前に息子をＭＢＡに送ったりすると非常に難しいのである。ＭＢＡでマネジメント技法を学ぶのはいいが、ビジネスマインドと行動の面で後から大きな問題が生じている事例を数多く見ている。

逆に偉大な父親の背中を見て育った子供が、父親が創業した会社に入って来るというのは素晴らしいことである。父親の努力もさることながら母親が偉いのである。日々の生活の中で父親の背中を見せながら、「あなたの父親は偉いんだよ」と吹き込むか、ぼろくそにいうかが大きな境目となる。そういう意味では父親の背中を見て育つ子供は非常に少ない。なかには父親の背中にコンプレックスをもっている息子もいる。そのような面から、やはり絶対価値の継承は大変難しい問題なのである。

私の身近にいる著名な経営者の中で父親の背中を見てうまく育っている経営者は、まず先ほど述べたサントリーの佐治信忠社長であろう。佐治敬三さんが自分の父親のことを語った先ほどの文章と同じようなことを、佐治信忠さんもパイオニア精神と商人魂のところで父親と激しいやり取りをし、それを新しい時代の流れに即して展開してきたと思う。それからイオングループの岡田元也社長も父親の厳しく大きな背中を見ながら、グローバルな連結経営時代の流通業界のリーダーとしてよく頑張っているのではないかと思う。またトヨタ自動車の豊田章男社長、彼も偉大な父親の背中を見て育ち、アメリカで相対価値を学んでもそれのみ追わず、逆に絶対価値を深めることができる若き経営者のひとりである。さらに北野建設の北野貴裕社長も、ある意味で偉大な父親の背中を見て育った若手の経営者のひとりである。しぼみゆく翼を無理やりひろげようとする同族たちの論理を退け、上場企業としてのガバナンスの維持と持続的発展をめざして活躍している。皆様、やはり偉大な父親の背中を見て育った数少ない事例であり、まさに親子でアントレプレナーシップの組織化に成功した実例といえる。

③ 価値創造のための競争・戦略ガバナンスの構築

私はコーポレート・ガバナンスの本来の意味は、そもそも企業経営における「倫理的統治・管理の規範」を考えることであると思っている。ところが九〇年代になると企業に高い社会性が求められ、株主による経営者の監視・コントロール、あるいは企業をどう規律づけて効率的に運営するのかという点に主眼が移ってきたのである。さらに最近のコーポレート・ガバナンス論では、「会社は誰のものか」というように、企業と株主の関係を中心に展開されてきている。そして企業活動における経営意思決定システムをいかに構築するか、株主が経営陣およびその意思決定をいかにコントロールし、モニタリングしたらいいのか、ステークホルダー相互の関係をいかに調整するのか、成果配分をどうするのかなどが中心的テーマになってきて、最近ではかなり「ステークホルダー論」も台頭しつつある。

(1) アントレプレナーシップの組織化とガバナンス意識の再構築

ガバナンスの原点として、先ほど述べたアントレプレナーシップの組織化の問題は非常に大きいと思う。例えば資生堂には「グローバル・ナンバーワンの遺伝子」がある。その源流が創業者の福原有信さんの「日本に西洋化をもたらすことがひとつの使命で、良質のものを世に送り出そう」という思想が遺伝子による世界化の夢となり、これが資生堂の企業文化として長年受け継がれたといえよう。そして時代を背景として弦間明さんの社長時代に積極的にグローバル展開をして成功し、先日亡くなられた池田守男さん、現在の前田新造さんという歴代社長の流れの中で、脈々として受け継がれて今日に至っている。このあたりのことは、最近『資生堂という文化装置』という本が和田博文氏により出版され、十九世紀後半から二十世紀初頭に資生堂の文化装置の基盤が確立されたと指摘されている。

またソニーには、井深さんの「ひとまねをせず、他人がやらないことをやれ」という技術者魂とパイオニア精神があった。さらにそれに加えて盛田さんが一九五三年にフィリップスを訪問した時、「ああ、世界に通用する製品づくりとビジネスの展開をしたい」と心に誓ったところからすべてが始まったと伝え聞いている。その時からソニーは現地でつくって世界のマーケットへ流し、そのための資金は海外で資金調達するということを始めたとのことだ。そういう意味で早い時期からアメリカにおけるＡＤＲの発行や連結経営の導入も、「ソニーを世界に通用する企業として育てる」という盛田さんの強い思いがあってやってきたことなのである。

このように、アントレプレナーシップをガバナンスの意識の中核として組織化することは、ネットワーク化の進展する個の時代において共通の志として重要であり、グループ・マネジメントの再構築の際のキーポイントでもある。まずもってグループとしての普遍的な価値基準を作成して、どのように現場に下ろしていくかが重要である。今回の東日本大震災に際しても、評価される現場のリーダーはやはりその企業遺伝子や組織文化がにじみ出るような対応をしたともいわれている。

（2）価値創造のための競争・戦略ガバナンスの構築

次に価値創造のための競争・戦略ガバナンスの構築というテーマを考えてみよう。まずお話ししたいのは、企業におけるそれまでの絶対価値が喪失すると、その企業は漂流するということである。例えば、創業経営者の翼が衰えたり退陣した時、またリスク管理や危機管理の判断に失敗した時、さらに効率屋タイプの後継者による価値破壊など、近年のセゾングループの消滅がまさにこれであるといえよう。

いずれにしても絶対価値と企業の遺伝子を組織化・永続化するための仕組みが、価値創造の為の競争・戦略ガバナンスの存在である。つまり〈資料2〉に示したとおり、価値創造企業のコーポレート・ガバナンスとは、顧客、組織、市場、社会などのステークホルダースというフィルターを通じて、企業の成長活力を維持するための自浄能力と競争力を体現した「価値創造企業をつくるための制度的な枠組み」であるということである。最近ではリーガルな面やコンプライアンス面から検討されることが多いが、本当はそれだけではないのである。そのため

〈資料2　コーポレート・ガバナンス構築の視点〉

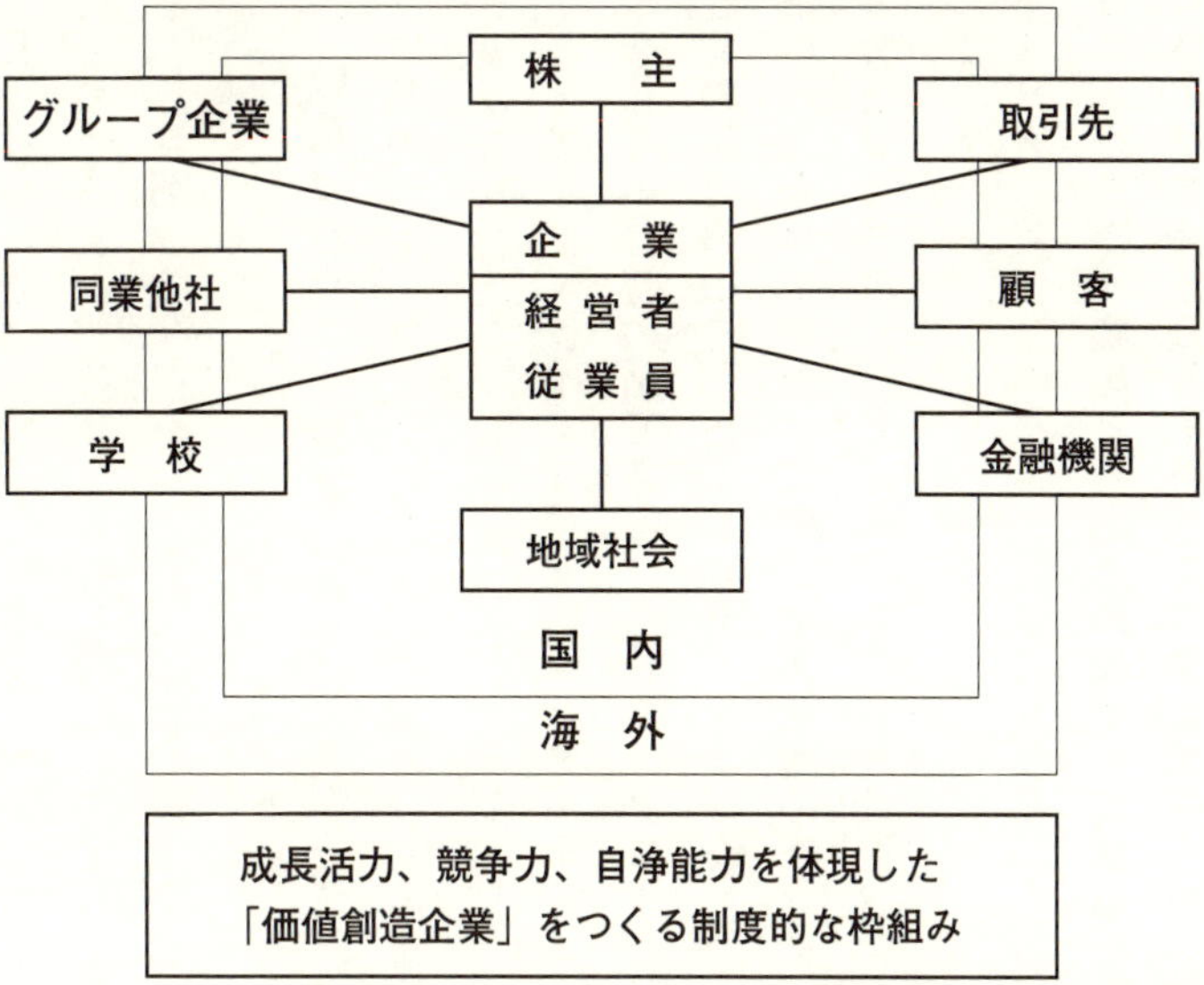

Prepared by Y. Hayakawa

にも絶対価値と社会性、企業としての存在意義と企業哲学をまず再構築すること、さらには価値創造企業としての普遍的価値基準を確立して、役員・社員全員が同じ基準と水準で対外的に発言し行動していくことが大切なのである。

　このように競争・戦略ガバナンスの構築とは、絶対価値と企業の遺伝子を組織化、永続化するための仕組みなのである。どんなに優れた経営者でも、一日二十四時間しか時間はないから、セルフ・ガバナンスを補てんするシステムとしてのガバナンスがどうしても必要になってくるのである。また、選んではいけない人を社長や役員に選ばない、これもガバナンスのひとつであるということ、そのためにも指名委員会をつくるとか、ＯＢからの大局的なアドバイスなども重要である。また、企業文化を伝承する「語り部」の存在や「企業文化伝承塾」などの役割も非常に重要であると思う。

（3）戦略ガバナンス構築の場としての「ダンシング・チキン・テーブル」

次に私のニューヨークのチャイナタウンでの体験であるが、「ダンシング・チキン・テーブルの思い出」について述べてみたい。これはちょうど一九九六年から九七年にかけて、クーパース・アンド・ライブランド・インターナショナルのインテグレーション・プロジェクトの仕事をしていた時の話である。当時私はグローバリゼーションに対応した会計事務所の世界的統合化の流れの中で、オーガニゼーション＆ガバナンス委員会の日本代表として、ほぼ毎月一回海外へ出かけていた。この会計事務所のビックバンにあたる大きなプロジェクトの中で、アメリカとヨーロッパ、とくにアングロ・サクソンとその他の国との間で大激論があったのである。

アメリカの強いリーダーシップのもとに、このプロジェクトに今まで知らなかった多くのイギリス人たちが、突然とりまとめ役として登場して来たのである。以前の九・一一テロへの対応の時の、アメリカとイギリスのアングロ・サクソン同盟と全く同じ状況である。私の委員会に少し威張っているが、ちょっとみすぼらしい外国人がとりまとめの書記役として参加してきたので、友人のオランダ人に「彼は一体誰だ」と質問した。「ミスター早川、あいつはイギリスの没落貴族だ。名前からして間違いないはずだ。グローバル・ベースで何か新しい局面が起こると、あちこちからこういうカビくさいイギリス人たちが登場して来るものだ。彼をチャイナタウンのダンシング・チキン・テーブルに乗せれば、一発でわかるはずだよ」と説明してくれたのである。確かにこのイギリス人は自分の器以上に大きな仕事を与えられ、グローバルの旗をかかげて会議でいつも威張っていたのである。よく観察すると確かに彼の靴下はゴムが切れていて、いつもかかとまで落ちているのを発見し、「なるほど、これが没落貴族か」と納得したわけである。

私はこのオランダ人の友人のいうダンシング・チキン・テーブルにとても興味をもったので、今度是非連れていって見せてくれと彼に頼んだ。朝から夜まで続く委員会のつかの間の休みに、この友人とともに、エスプリのきいたフランス人、陽気なイタリア人、寡黙なドイツ人、さらにアルコール依存症のオーストラリア人の会計士などと一緒にチャイナタウンを訪問した。ダンシング・チキン・テーブルは、当時チャイナタウンの中心部に近いところにあり、コインを入れると入口が開いてニワトリが鉄板のところに登場して、熱で鉄板が熱くなるとピッピッと跳ねるわけである。このチキンの跳ね方でスコアが出るようになっていて、それを予測しながら皆で賭けをするのである。その跳ねる力の強さの程度で、本物のニワトリかどうかわかるのだ。つまり友人のオランダ人の話は、この没落貴族をダンシング・チキン・テーブルに乗せれば、カラ威張りしている彼の実力はすぐわかるということだったのである。

この話を改めて思い出してみると、日本における取締役会改革のその後の問題とオーバーラップするのではないかと思った。一九九四年のソニーにおけるカンパニー制の導入から始まった当時のわが国の取締役会改革への流れは、時代のスピードに合わせた意思決定と業務執行の分離であった。多くの企業がこれをモデルにアメリカ型のガバナンス改革に着手し、その流れの中で日本的ガバナンス構造のひとつとして登場したのが執行役員制であった。私はこの執行役員制こそがその活用のあり方によって、戦略ガバナンス構築の場としての「ダンシング・チキン・テーブル」になると思ったのである。

そもそも役員を含めてリーダーの資質には潜在能力と顕在能力があり、実際に行動してみないとわからないものである。当時執行役員制を導入する時、使用人兼務の取締役と従業員から選ばれた執行役員を同じテーブルに乗せて競争させる事例が多く見られた。過去には時の流れで偶然に取締役になった人も多く見られ、これらの人も交えて執行役員制は業務執行の責任者としての実力と勘違いをあぶり出すこととなり、私は本来の取締役業務と執行役員業務を分離するダンシング・チキン・テーブルそのものではないかと思ったのである。

アメリカでは相対価値育成の場としてのＭＢＡの存在などにより、ある意味でマネジメントの資質が均質であるから、ダンシング・チキン・テーブルには、必ずチキンが登場するのである。しかし日本では必ずしもマネジメントの資質が均質ではなく、とくにグループ・マネジメントの場合に多く見られるように、チキンが乗るべきテーブルにチキン以外の鶏、アヒルやダチョウなどが勘違いしてよく登場してしまうものだった。戦略ガバナンス構築の場としてダンシング・チキン・テーブルを活用するにあたり、当時のわが国では必ずテーブルにチキンを確実に乗せる工夫も必要だったといえよう。

4　価値創造企業とコーポレート・ガバナンスの質

1　取締役会の活性化と監査役の任期など

(1)　取締役会の基本的役割

次に取締役会の活性化と基本的役割について考えてみたいと思う。そもそも取締役会というのは、業務上の意思決定と執行のモニタリングを行うことが本来の役割であるから、まずもって各社の取締役会をいかに活性化するかということが、ガバナンス改革の最大の課題であると私は思っている。そのためには、経営会議などの事前審議が充分に行われる体制になっていることが重要である。私はあくまで監査役会の存在は、それを補てんするためのものと考えている。いずれにせよ価値創造をめざす企業においては、取締役会の活性化がグループレベルを含めてガバナンスの中心であらねばならないと思っている。

その意味を含めて経営者の皆様がＣＥＯであるときには、他社の社外役員は引き受けるべきではない、と私は思うのである。第一に自分の会社の最高経営責任者でもあり、社外で使う時間もないはずだからである。とくに社外監査役については、引き受けないようアドバイスしている。私の存じあげている優れた経営者の皆様は〝価値創造型〟で〝プラス思考〟の方が多く、監査役のような〝分析・評価型〟で〝マイナス思考〟の業務には向いていないからである。さらに一般的には、循環取引の存在や常勤監査役の人材の質などから、時代とガバナンス環境の激しい変化の下で、常に潜在的なリスクが生ずるからである。

(2) 新会社法のもとでのガバナンスの変化と監査役の任期

ところで最近、新会社法のもとでガバナンスの大きな変化が起きている。とくに監査役の権限が強化される流れの中で私は監査役の任期は四年一期にすべきであると考えている。これは常勤も非常勤も同じである。なぜなら、監査役がその責任をまっとうするために、とくに上場会社において「場の目線」を維持するには、四年一期が限界ではないかと思うからである。

また弁護士の監査役というのも選定が難しいものだと私は思う。以前私が体験したケースで、弁護士の監査役が取締役会で堂々と間違った見解を出してしまった、ということがあった。ところが相手は弁護士なので、「カラスは黄色い」と一度言ってしまえば、その場面ではカラスはしばらく黄色くなってしまうものである。そのような意味から取締役会の席上で、弁護士の監査役に法務的な見解を聞いては絶対にいけないと思う。あくまでも複数の顧問弁護士から文章でコメントをとって、それに対する見解を監査役の立場として聞くべきであろうと考えている。

また、同じ弁護士でもその経歴によって目線が違うという問題も重要である。一般に予防法学に長けた渉外弁護士なら適任であるが、例えば検察出身の人はどんなに優秀でも、最終的に起訴できるか、逮捕できるか、できないかが彼らの判断の基準であり、そこに至るまでの訴訟などについて予防法学的な見解や時間の経過などのコスト意識はもっていないことが少なくない。弁護士には様々な経歴の方がいるので、そこは慎重に会社の実態と企業進化のステージに合うかどうかという基準で選ばなければならないと私は思っている。

さらに近年、上場企業に対して社外取締役を義務化するかどうかで、証券取引所と経団連などでいろいろ議論があったが、最終的に独立役員というところに現在のところ着地している。そもそも二〇〇三年施行の改正商法で、「委員会等設置会社」を大会社に選択できる道を開き、その場合は取締役会内に監査委員会、報酬委員会、指名委員会の三つを設けて、各委員会の過半数を社外取締役とし、それで監査役は不要ということにした。同時に監査役設置会社も監査役の半数以上を社外で構成することとなった。しかし現実には、ほとんどが監査役設置会社のままである。ただ、これからは外人株主が増えている状況を受けて、株主の状況によって社外取締役はどうしても必要になってくると思う。

いずれにせよコーポレート・ガバナンスをめぐるこれらの問題は、海外の投資家を含む株主の状況、社外取締役などの人材の問題を含めて、それぞれの企業がめざすガバナンスの考え方に沿ったかたちで構築すればいいと思う。帝人などのように委員会等設置会社と監査役設置会社の併用により、独自性を発揮して優れたコーポレート・ガバナンス体制を構築しているところもある。

2 「場の目線」とコーポレート・ガバナンスの質

(1) 社外取締役をめぐる最近の問題

ところで社外取締役については、従来はそれにふさわしい人材をどのように見つけるかが大きな問題となっていた。日本の場合には、銀行や大手の取引先から迎えているケースが少なくない。実は、これはそれほど珍しいことではないのである。もともとフランスには機関取締役的な考え方があり、大口取引先や大株主から派遣されている。日本でもこうした人たちが、経営者としていくつもの局面でご自分がジャッジした経験を、取締役会の場を通して若い常勤役員に教えるなどのことは、非常に有効だと私は思う。

ただ最近、社外取締役について一部に老害化も指摘されている。八十歳近いある著名な経営者が複数の社外取締役をやっていて、いつまでたっても辞めない、誰も言えない、ということが実際起きているのである。優れた経営者の方であっても、年齢とともに感覚がずれてくるようなこともあるので、社外取締役にも任期があったほうがいいと思う。私は、最大限六年ぐらいにすべきと思っている。例えば二年目のあたりから中期の三年をきちっと指導するというようなやり方である。もっともビジネスのスピード変化や企業ステージの進化が激しい会社では、残念ながらその人のもっていた機関取締役としての経験が陳腐化してしまうので、もっと早く交替すべきであろうと思っている。さらにトップの体制が新しく交替した場合にも、「場の目線」を整え直す意味から社外取締役の入れ替えをされた方がよいのではないか、と私は思っている。

(2) 社外取締役、監査役に必要とされる「場の目線」

ところで、私の専門分野は企業ガバナンス論であるが、二〇〇二年六月から三年余りのUFJホールディングスの時代から二〇〇九年六月までの三菱東京UFJ銀行の時代までの社外監査役としての七年間が、私のコーポレート・ガバナンス修業の原点となっている。とくにUFJホールディングスの厳しい状況と凍りつくような取締役会の下で、立派に振る舞われた当時の三名の社外取締役の先達の皆様、帝人の安居祥策さん、リコーの浜田広さん、そして昨年亡くなられたトヨタ自動車の大木島巌さんから学んだことは、私にとって大きな感動体験であり、今日の心の支えとなっている。これらの皆様から学んだことを五つご紹介したいと思う。

一番目は、経営者としての研ぎ澄まされた対外感度である。外部、とくに外国人や複雑な利害関係者を含む様々な株主に対して、非常に対外感度が研ぎ澄まされていたこと。

二番目は、ご自身が役員をされている銀行に対して熱い思いを抱いているが、それでも冷徹な理性、それとのバランスをうまくとっておられたこと。

三番目に、周りの空気を大きく吸い込んで、場の目線を整えてから発言するということ。同じアドバイスや発言をしても意味が通る時と通らない時があるのであり、やはり周りの空気を大きく吸い込んで「場の目線」を整え、落としどころを考えるということの大切さをすごく感じたのである。

四番目は、やはり深いインテグリティと揺るぎない独立性を持っておられること。様々なプレッシャーのもとで、これは否決されるのではないかという案件もご自分の責任で意見を述べられ、結果的にその後の行く道を開かれたということである。

五番目には、経営者としての信念、優れた絶対的な価値基準、それに基づいてご自分の責任で決断されている。これは大変素晴らしいことだと思っている。

さらに以上に加えて六番目として、三菱東京ＵＦＪ銀行時代に社外取締役の東京海上日動火災の石原邦夫会長（現相談役）から教えていただいたことで、「パワー＆リスク・バランス感覚」である。つまり攻めと守りの瞬時のバランス、まさに「内部統制の確立の本質」がアクセルを踏むためにブレーキを設置することと同じ問題であり、これからは多極構造化し流動化する流れの下で、瞬時の優れたパワー&リスク・バランス感覚が必要となるということを学ばせていただいた。

いずれにしても〝コーポレート・ガバナンスの質〟の視点から、社外取締役、社外監査役にとって一番大切なことは、私は「場の目線」であると思っている。大物経営者であればいいのではなく、ある企業で素晴らしい実績をあげた大物経営者を迎えても、その人物がその企業の取締役会の目線に下りてこられるか、企業ステージの進化について来られるか、という問題が重要である。ご自分が経営されていた目線でものを言われても、それがその企業で通用しないことも多い。このあたりのことは、パーティー会場で常に人が集まって来る人か、人が近寄って来ない人かという違いも大きなヒントとなるかもしれない。

私のこれまでの体験から、とくに分析型の大物経営者や官僚出身者は、社外取締役の依頼を避けたほうがいいと私は思う。分析型の目線というのは自分自身の基準があり、それに照らしてすべて発言しているから、その会社の目線や進化の目線には絶対に下りて来られないのである。このあたりのことは、現実に私の実務体験から見て以外と重要なことのように思っている。

3 監査の独立性、ふたたび

（1）監査の独立性とは

最後にコーポレート・ガバナンスの質に関連して、「監査の独立性、ふたたび」という問題についてまとめてみたい。これは最近出された、ＥＵのグリーンペーパーをめぐっての話である。

アーサー・アンダーセンの消滅の原因となったエンロン事件の後、二〇〇二年七月に「サーベンズ・オックスリー法」（ＳＯＸ法）が登場した。これにより、当時の会計士業界には大手のグローバル企業などに見られるように、米国のＳＯＸ法二〇一条やＰＣＡＯＢの追加的ルールなど監査人の独立性に関する規定で、「監査人の独立性の確保のため、監査とタックス・プランニングなどの税務を同一の事務所で実施してはならない」というひとつの世界的な潮流が生まれた。しかしながら、リーマン・ショックやその後の会計基準の時価主義の後退などによって、次第にこれらの動きが曖昧になって今日に至っているといえよう。

（2）ＥＵのグリーンペーパーをめぐって

これに対して最近ＥＵは、毎年ＥＵ域内外のさまざまな問題について、グリーンペーパーというものを出している。二〇一〇年十月には、「Audit Policy : Lessons from the Crisis」と題したグリーンペーパーを発行し、リーマン・ショック後に巨額の損失を計上した銀行や監査人たちはなぜ適正意見を出したのか、そもそも監査を取り巻く法令とか規則が適切だったのか、という問題を提起している。このグリーンペーパーが取り上げた問題は、監査人の役割や監査法人のガバナンスと独立性の問題、監査人に対する監督、監査マーケットのあり方などについて、国際レベルの見方が必要だと主張しているのである。

ある意味でグリーンペーパーは、さまざまな角度から現在の監査制度にふたたび重要な問題を提起しているといえよう。とくに監査人の独立性の問題についても、それを強化すべきだと指摘している。皆様の会社でも、経営コンサルティングやタックスまでやっている監査法人があると思う。いま監査法人の経営は大変だから、どうしても関連業務を広げたいということだが、「グローバルを目指す企業であれば、ガバナンスの質という視点からそれには問題がある」ということをはっきりと申し上げておきたいと思う。

グリーンペーパーが再度指摘した、監査法人による非監査業務の提供によって起こることが避けられない利益相反については、フランスなどのように全面的に禁止しているところもあり、私は全くそのとおりだと思う。経営コンサルティングとかタックスというのはある意味で戦略の問題であり、監査という独立性を要求される問題とは明確に分けて考えるべきであろう。

その意味からグローバル展開を目指す企業にとって、監査の独立性はこれまで以上に〝ガバナンスの質〟を象徴する問題なのである。この分野で進んでいる企業では、主計部門以外のところが監査契約やコンサルティング契約をレビューしている。例えば経理部門と監査人との癒着を防ぐために、内部監査部門が契約を見るというようなことをしている。

5　価値創造のリーダーシップ

①　インテレクトとインテリジェンス―ワシ型人間とダチョウ型人間

(1) 二つの知―インテレクトとインテリジェンス

以前上智大学教授（現名誉教授）の渡部昇一先生が、『インテレクチュアル・ライフ―知的生活』（The Intellectual Life／P・G・ハマトン著／渡部昇一、下谷和幸訳）という本を翻訳された。ハマトンという人が書いたもので、一九七九年に講談社から発刊されている。当時渡部先生は、『知的対応の時代』をはじめ多くの知的生活シリーズの著書を出され、私も大変興味をもって読ませていただいた。

この本の中でハマトンは、人間には二つの知があると述べている。ひとつはインテレクト（Intellect）で、いわゆる知力、知性のことである。渡部先生はこのようなインテレクトをもっているのが〝ワシ型人間〟で、豊かで大きな構想力をもっているのが特徴であると述べている。もうひとつはインテリジェンス（Intelligence）で、あの子は頭がいいという意味で使う言葉で、知能、知恵のことである。渡部先生はこのインテリジェンスをもっているのが〝ダチョウ型人間〟で確実な実行力をもっていると述べている。後述するように私は官僚タイプの人はこのようなインテリジェンスの塊ではないかと思っている。

いずれにしても、ワシ型人間は大きく見渡すことが得意であるが、現実のプランを実行していくのはダチョウ型人間なので、現実に何事においてもワシ型の人間とダチョウ型の人間の両方が必要なのだ。つまりインテレクトとインテリジェンス、この二つの知が必要なのである。今日の日本の教育はどちらかというとインテリジェンス中心になっており、インテレクチュアルな人間が育たずワシ型のリーダーが出てこないところに大きな問題があるといえよう。

(2) ワシ型人間の特徴

インテレクチュアルな知をもつワシ型人間の特徴について考えてみよう。ワシ型人間の特徴は、まず何といってもビジネスモデルを革新できるということである。また構想力、グランドデザイン力をもっている。そして事業創造のできるアントレプレナーも一種のワシ型人間である。どの程度大きなワシになるかは創業者のその後の成長度合いによるが、優れた創業者は皆さん価値創造力をもつワシ型人間である。ただ最近ではワシの翼が次第に小さくなっている、というのもありえることである。

いずれにしてもワシ型人間は、ファーストランナーであり続けるのである。江崎玲於奈博士が語っているファーストランナーの条件がこのワシ型人間にあてはまる。一九九八年の私どもフォーラム設立当初の講演で、江崎先生はファーストランナーの条件について「ファーストランナーの条件はやはり卓越した個性的なタレントと創造力、Creative Failure を恐れず、Risk をとって挑戦する。われわれ研究者も Creative Failure はいっぱいやっているわけです。それを恐れたらなかなか前へ進まない。セカンドランナーはお手本を見習う、ファーストランナーの後についていくわけで、組織プレーを重視する。ファーストランナーがいろいろ新しいことをやると、なかなかついていけない欠点があるということである。Creative Failure、創造的アプローチの失敗、これはシリコンバレーなどにおいても、Creative Failure を繰り返して、そのうち何かチャンスを掴んで、Breakthrough Surprise を求めるというのはあると思います」と語られている。

これがファーストランナーの条件であり、私はワシ型人間のことを言っているのだと思う。このことは前にふれた東レの伊藤さんの釣りと研究開発の話と非常に似ているところがある。ワシ型人間である研究者のための場をつくる、というところに東レの原点があったのではないかと思う。

(3) わが国の教育制度の問題点

インテレクトとインテリジェンスの二つの知をめぐるわが国の教育制度の現状はさらに深刻であり、私は現在のわが国の漂流の病根のひとつであると思う。

まず文部科学省の教育カリキュラムは、偏差値などに集約されるインテリジェンス教育中心である。そして悪しき平等主義や画一教育などがインテレクチュアルな子供の才能を殺してしまうのである。お前はもうだめだというかたちで小学校の時から教育していくことが大きな問題であり、わが国には子供のプライド教育、自律心を育てる教育が欠落しているといえよう。さらに受験戦争と大学の選択のあり方がこの問題に拍車をかけている。盛んに受験戦争を通してインテリジェンス中心のつめ込み教育が行われている。これはまさにダチョウからブロイラーを養成するような教育制度ではないかと私は思うのである。

こうした受験制度を含めて、日本のいままでの制度は、入口が狭くて出口が緩い。欧米はその反対で、入り口は緩く出口が厳しい。わが国では知能指数の高い人間が試験選抜エリートとして、国家公務員、官僚となっていくので、官僚には自然とダチョウ型人間が多くなるわけである。このようなわが国における官僚の人たちの知的育ち方の構造的な背景があるため、いまこの国の危機に構想力をもって見渡せるようなインテレクチュアルなワシ型人間の登場はまったく考えられないのである。現在のような変化の激しい時代にあっては、知識偏重の学校の成績ではなく、状況の変化に応じて自分をどう磨いて脱皮していくかの能力が求められているが、いまだに東京大学を主席で出た人が財務省などから順番に入り、そのときの成績が一生ついて回るという、世界でも例を見ないトンチンカンでおかしな仕組みになっているといえよう。

2 真の価値創造リーダーとは

私は真の価値創造リーダーについて、「トップに選ばれ登場する場のコンテクストと企業の遺伝子をよく理解し、勘違いを排除して各自の力量のもとでノブレス・オブリージュの精神で戦略的にリーダーシップを発揮する経営者である」と定義したいと思う。

トップに自分が選ばれて登場した場のコンテクストを勘違いされる人が少なくないのだ。社長に選ばれると突然態度が急変する人がいるが、自分がどういう場面で選ばれたかをまず理解することが必要である。相対価値の効率屋タイプの経営者でも、自分が選ばれた場面をきちっと理解していれば問題はないのである。つまり場のコンテクストと企業遺伝子をよく理解して、勘違いを排除して各自の力量のもとで、ノブレス・オブリージュの精神で努力することが大切なのである。ノブレスとは選ばれた人を意味し、オブリージュは世の中を豊かにして社会をハッピーにするといった義務をもっているという意味である。これはNTTドコモの大星公二元社長の信条であり、大星さんから直接教えていただいた価値創造のキーワードのひとつである。

以上をふまえた上で戦略的にリーダーシップを発揮する経営者、これらの方を私は価値創造リーダーと呼ぶことにしている。場のコンテクストと企業遺伝子を理解している人、それからノブレス・オブリージュの精神で退路を断ってやる、これが価値創造リーダーだと思う。

(1) 価値創造リーダーに共通するもの

価値創造のリーダーシップの根底に初期がんしゅうがあり、それが時代の流れの中でアントレプレナーシップの組織化と価値創造をめざすそれぞれの経営者の経営思想、哲学の原点になっていることについては前述したところである。

では、価値創造リーダーに共通するものとは何であろうか。これまでに私がコンサルタントとしての実務体験などを通して、様々な経営者の皆様の姿を拝見させていただいた中から、本稿では価値創造リーダーたちに共通するものとしてまとめ直してみた。これら価値創造をめざすいずれの企業においても、トップマネジメントのリーダーシップのあり方が重要なのであり、それを価値創造のリーダーシップの側面に焦点をあてて次の八項目に要約してみたのでご紹介したいと思う。

1　揺るぎなき魂の基軸と自らの絶対価値を磨き続け、それが皆から尊敬と共感をもって受け入れられていること。さらにノブレス・オブリージュの精神でこれからの人たちや社会のために先頭に立って、不退転のリーダーシップを発揮していること。

2　お客様に対する価値創造がすべての始まりであり、お客様、需要サイドに立つ価値創造マーケティングの実践により常にお客様とともに進化し、マーケティングと戦略人事の連動の下で、お客様からの信頼の組織化を深めるために「価値創造サイクル」をまわし続けていること。

3　常にイノベーションの情熱をもって企業遺伝子を時代の流れに沿って進化させ、戦略・競争ガバナンスを構築して価値創造企業としての持続性とさらなる成長・発展をめざすリーダーシップを発揮していること。

4　経営者としての冷徹な理性と市場原理、研ぎ澄まされた対外感度とともにその根底に深い人間原理をあわせもち、見えないものを見る力、能力（のうりき）、物事の本質をつかみとる力、世紀をまたがるような豊かな構想力をもちあわせていること。

5　それぞれの企業に長年の社会との関わりの中で自然と根づき、暗黙のうちに企業遺伝子として埋め込まれたものを、インテグリティを貫く経営姿勢のリーダーシップのもとで、ひとり占めすることなく社会貢献や社会に対する価値創造への挑戦として、ステークホルダーや社会とのさらなる関係づくりとして実践していること。

6　企業理念やビジョン、価値観の共有化などを「経営の型」などによって共有化し、現場の目線に下ろして「現場力と経営力」の統合をはかっていること。さらにミドルマネジメントの活性化とモチベーションの向上、現場主義とエンパワーメントの重視により人材の育成に力強いリーダーシップを発揮していること。

7　激しく流動化する経営環境の下で、常に「感性とインフラの共存する企業の仕組みづくり」をめざし、お客様の見えない声を吸い上げる努力を重ねるとともにＩＴ活用による経営思想の定量化をはかるなど、熱い思いと冷徹な理性のバランスのもとで理系の心をもつリーダーシップを発揮していること。

8　成長戦略としてのＭ＆Ａの実施にあたり単なる競争力やマネーの側面ではなく、買収後のコア人材、技術、組織に蓄積されている財産をどう生かすかというマージャー＆ディベロップメントの視点に立って、お客様に対する価値創造、ブランド価値、商品哲学、技術哲学、企業文化の維持・再創造に力強いリーダーシップを発揮していること。

本書Ⅱ章の「現代の価値創造リーダーたち」では、今日まで私が経営コンサルティング業務や価値創造フォーラム21などの活動を通じてご指導いただいた八名の経営者の皆様を、本書で紹介した「価値創造のキーワード」と「価値創造リーダーに共通するもの」などに基づき、前書の『続・価値創造のリーダーシップ』の執筆時と同様に、私が直接書き上げたものである。

とくにこの八名の経営者の皆様との今日までのお付き合いの中で、会食の時やご講演の時にお聞きした話などを基本として私自身が書きはじめたのであるが、途中で手が震えて筆が止まってしまう場面に何度も直面したのである。それはこれらの経営者の皆様の生い立ち、人生観、経営者としての志と物の考え方、時代を超えた経営哲学、場と時に対する責任意識、国を想う心、揺るぎなきリーダーシップ、どれひとつとってもあまりにも深く崇高であったからである。

いずれにせよ価値創造リーダーの皆様たちは、分析型でない豊かな構想力と常に自己を磨き続けながら新しい時代における求心力、人間的魅力を創造し続けられているのである。そして企業活動のあらゆる局面での品質、商品やサービスの品質、王道をゆくマーケティングの実施など「量から質の経営の実現」を通じて、コーポレート・ブランドと絶対的な競争力の確立をめざしているといえよう。

さらに成長力の源泉である従業員・社員に対しては、エンプロイメンタビリティをもつ組織とエンプロイアブルな能力をもつ個人の企業という場におけるせめぎあいの中で、常に企業は人を育て生かす「場」であるという考え方を中心として、グローバル化を含む中長期のコア人材の開発と育成に取り組んでいる。

その意味からこれらの価値創造リーダーの皆様が究極的にめざしておられるのは、私の目からは「企業品質と社員品質の向上」であり、現代の「クオリティ・マネジメントの探求」そのものであるように思えてならない。

(2) 価値創造リーダーにほど遠い人物

では反対に、価値創造リーダーにほど遠い人物というのは、「場をわきまえない相対価値の効率屋タイプのリーダー」である。企業の転換期としてコスト・カッターなど効率屋のリーダーがトップになる場合もあるが、ダイナミックに事業を展開しようとするときの価値創造リーダーではありえないのである。したがって、こういう人がトップにいるときは価値創造企業とは言えないと私は思っている。

また、「同一市場で同質競争を仕掛け、一人勝ちを目指すタイプの経営者」もこれにあたる。価格競争などを通してシェアを獲得することはすごいこととは思うが、それだけでは「だから何なんですか?」ということになるであろう。社会に対する価値の創造ができているのかといえば、大いに疑問だからである。このタイプの経営者も価値創造リーダーとはいえない。

それから私の経験ではっきりいえるのは、偉くなるとコミュニケーションが切れる人がいるということである。ここで皆さん、昔知っていた役員や前の社長を思い出してみてほしい。いままで毎年必ず届いていたのに、社長になると突然年賀状が来なくなるということはなかっただろうか。エンパワーメント・コミュニケーションをとっている人は互いにわきまえながらも、どのような局面でも自然と付き合いは続くものである。

利害コミュニケーション、つまりギブ・アンド・テイクで付き合っている人は、自分が偉くなるとギブ・アンド・ギブになるので、それまでの相手を必ず切るようになる。その人のまわりには、テイクしようとしている人がどんどん登場してくるからである。自分がもらうのは何もなくなり一方的に与えるだけになるから、偉くなると過去の人を切るのである。そういう意味でどのようなコミュニケーションをとっているかは重要であり、利害コミュニケーションなのかエンパワーメント・コミュニケーションなのかということなのである。

ある流通企業ではギブ&テイクの方が社長になったとたんに、わけのわからないところからいろいろな人たちがタケノコのように登場してきた。昔の借りは充分返しているにもかかわらず、この人たちはさらにとり返そうと登場してくるのだ。「お前、偉くなったな。じゃあ、俺にも何かくれよ」という感じで近づいてくる人がいるのである。そういう人たちを断ち切るのが、秘書の仕事だったという場面をよく見受けたのである。

（3）価値創造のキーワード

ここで、これらの価値創造リーダーの皆様から教えていただいたことをまとめて、「価値創造のキーワード」として以下の五つをご紹介したいと思う。

1 エンパワーメントの魔術
2 ノブレス・オブリージュの精神
3 絶対価値の追求
4 初期がんしゅう
5 サムシンググレート

エンパワーメントの魔術、ノブレス・オブリージュの精神、絶対価値の追求、初期がんしゅうなどは、創業精神の原点ということである。三井不動産の岩沙弘道会長、ANAホールディングスの大橋洋治会長、JFEホールディングスの數土文夫相談役、さらに東京海上日動火災保険の石原邦夫相談役をはじめ価値創造リーダーの皆様は、自分が生まれ育った背景を非常に大事にされている。決して金銭に換算できないものや変わることのない熱い思い、ふるさとの原風景や肉親との温かい人間的なふれあいなど、初期がんしゅうや絶対的な心の原点を必ず持たれている。今回の東日本大震災ではふるさとを失い、大変悲惨な体験をされた方も多いが、必ずそこを乗り越えるリーダーもいつか現れると思うのである。

一方で市場原理主義や効率主義を大切にする相対価値をめざすリーダーの多くは、必ず利や損得からスタートしている。金銭への異常なまでの執着などで、やはり価値創造リーダーの皆様とは違うのである。皆さんの尊敬する経営者の方、あるいは自分の会社のトップを見てみていただきたい。体験的に語られるその方の原点に、なるほどと思うところが必ずあるのではないだろうか。

サムシンググレートというのは、筑波大学名誉教授の村上和雄先生のお言葉である。村上先生は、科学が発達してヒトの遺伝子暗号まで読み取れるようになるにつれて、この宇宙には目に見えない偉大な力が働いていて、すべてのものを生かし育てていると感じるようになったそうで、これを「サムシンググレート」と表現されている。私は場の発想として、これは非常に重要だと思う。共に生き、生かされるという意味でサムシンググレートは、価値創造をめざす経営者のリーダーシップの〝心の目線〟の基軸となっているのかもしれない。

3　価値創造のリーダーシップとクオリティ・マネジメント革新

(1) 現代のリーダーの分類

〈資料3〉は現代のリーダーを分類した図である。今までお話をしてきたワシ型人間とダチョウ型人間、絶対価値と相対価値の組合せで、私自身がリーダーを五種類に分類した仮説を作り、親しい経営者の皆様にご意見をうかがって、賛同をいただき今日に至っているものである。

まずインテレクチュアルなワシ型人間とは、ビジネスモデルを創造できる人である。ジャック・ウェルチはワシ型人間であるが、相対価値の人である。このうち、「絶対価値をもつワシ型人間」が真の価値創造リーダーであるといえよう。身近な経営者としては、資生堂の福原義春さん、富士ゼロックスの小林陽太郎さん、三井不動産の岩沙弘道さん、JFEホールディングスの數土文夫さんたちが、時代を見渡すような大きな深い構想力と哲学的なリーダーシップを持ち、絶対価値をもったワシ型人間であろうと思う。

「絶対価値をもつダチョウ型人間」とは、足腰の据わった実務家であり、わが国の昔の官僚もそうであるといえよう。絶対価値をもつワシ型人間とその価値を共有しながら、基軸がぶれることなくきちっと実務をこなしていくリーダーのことである。

「相対価値をもつワシ型人間」とは、典型的にはジャック・ウェルチである。ウェルチは、企

〈資料3　現代のリーダーの分類〉

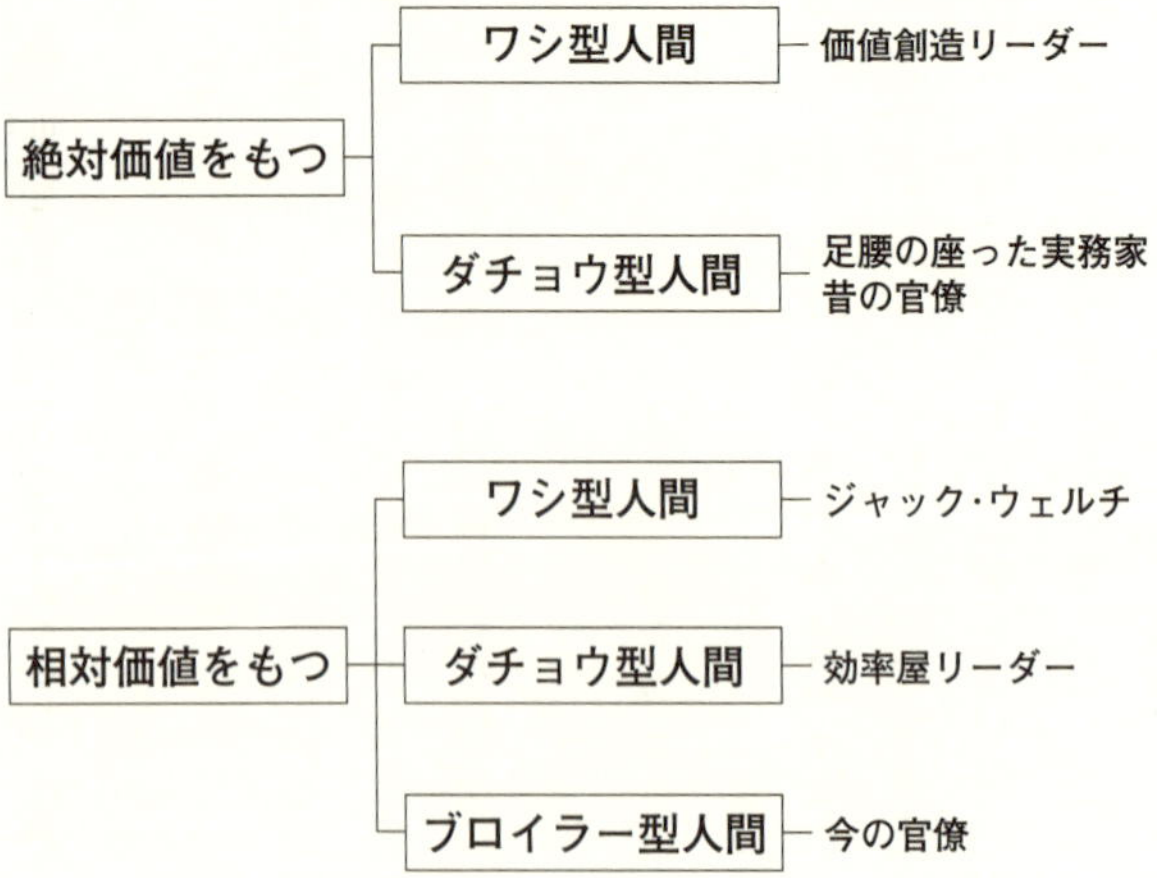

Prepared by Y. Hayakawa

業家精神を維持しながら大企業の体力と小企業の魂をめざすというかたちで、アメリカにおける新しいビジネスモデルをつくって成功したといえる。しかしながら、ジャック・ウェルチは新しいタイプのアメリカの経営者として尊敬できるが、彼は典型的な相対価値の持ち主であるといえよう。

そして、「相対価値をもつダチョウ型人間」は、いわゆる効率屋リーダーである。企業活動においては効率屋タイプの人材は必要であるが、価値創造企業においては絶対価値をもつワシ型リーダーが築きあげてきた価値を壊さない範囲で活動させなければならない。コスト・カッターは瞬間的には必要だが、やはり価値創造リーダーではないと私は考えている。

「相対価値をもつブロイラー型人間」とは現在の官僚の多く、とくに最近の教育制度で生まれ育ったインテリジェンス面のみ優秀なチマチマした人たちである。リーダーとして時代を見渡すような大きな構想力やグランドデザイン力に欠けるところが問題である。以前私の知っているあるトップの方で「代表取締役課長」というあだ名が付いた方がいたが、皆様の会社のトップはどうであろうか。

(2) クオリティ・マネジメント革新とは

価値創造リーダーのもとでのクオリティ・マネジメント革新について、具体的に述べてみたい。ともに絶対価値をもつワシ型リーダーと翼を志向するダチョウ型リーダーの二人により、クオリティ・マネジメントの企業遺伝子を戦略的にかき回し続け、価値創造企業であり続けることが必要だと私は思う。そしてクオリティ・マネジメント革新とは、「いつの時代も価値創造企業であり続けることを通して、アントレプレナーシップの組織化と絶対価値の深化をはかること」である。

絶対価値を理解できない相対価値の効率屋リーダーの存在は企業文化と遺伝子を破壊し、組織の器と個人の器のギャップを拡大することになる。これを防ぐためには絶対価値を喪失せず、共通の志のもとで常に絶対価値の組織化と永続化をはかる仕組みとして、「価値創造のための競争・戦略ガバナンスの構築」が必要になってくるだろう。先ほど述べたように変な人物を社長にしないというのもそのひとつである。

創業経営者にはそれぞれ絶対価値をもつファーストランナーが多い。いまネット系の新しい経営者は日本ではアメリカのＩＴビジネスの動向を参考にして、それを追いかけるかたちでビジネスを創業していることが少なくない。そしてこの分野で先行するアメリカの流れに乗れば必ず儲かると考え、ある意味で相対価値をもって創業してマネーゲーム化している事例が数多く見られる。このあたりはＩＴバブルの崩れによって、一挙に問題点が露呈してきたことは記憶に新しいところである。

日本の経営者にもアメリカのプラグマティズムと市場主義に基づく相対価値から、絶対価値を指向し独自の哲学と価値観を確立した人物はいるのであり、年とともに老け方と顔つきを見ればすぐわかることである。しかし逆にいままで絶対価値をもっていた人が急に相対価値に変わったりすることもあり、その姿を見るのはとても悲しいことであると私は思っている。

アメリカはもともと相対価値の国であるが、私自身アメリカとのジョイント・ベンチャーの日本側の責任者としての七年間の体験を通して、私なりに相対価値のアメリカのビジネスの真髄は、プラグマティズムにもとづく徹底した資本効率と市場主義にあると思っている。一九世紀後半から二〇世紀初頭にかけて活躍したカーネギー、ロックフェラー、フォードなどの実業家たちは、相対価値の裏にある種の哲学的なバックボーンをもっていたように思う。しかしながら最近ではアメリカのビジネス世界でも、行きすぎた株価至上主義の刺激などを通して、良き時代のプラグマティズムから拝金主義に近い相対価値をもった経営者がかなり増えているように思う。エンロン事件やワールドコムの破たん、さらに最近のサブプライム問題などはその象徴であるといえよう。

4 価値創造リーダーの後継者問題

(1) 組織経営への通過点の諸問題

次に価値創造リーダーの後継者問題について考えてみるが、実はこれは大変難しい問題なのである。例えば創業経営から組織経営に切り替えるということは、経営者個人のリーダーシップから組織経営や責任管理組織に切り替えるということである。私は企業の成長段階と個と組織のバランスについて、スタートアップ期から成長期には、経営者個人の器のほうが企業組織の器よりも大きく、創業者の強力なリーダーシップでもって企業が発展するのを目のあたりに体験した。そして成熟期になってはじめて経営者個人の器と企業組織の器が一致し、責任管理組織の確立と組織経営の展開が行われると思う。

したがって、そこに至るまでの組織経営への通過点で、現実にはいろいろな問題が生じているのである。例えば創業経営者が権限を与えるときには、当然部下の能力に応じてデコボコに権限を与える。ところが組織経営をめざすことになると、組織的に権限の配分を均質に与えることになり、そのことが責任管理組織の確立とつながるのである。

また創業経営から組織経営に引き継ぐにあたり、同族が引き継ぐのかどうかという問題もある。同族経営のゆくえに関していえば、創業者の翼が縮まないうちに、どのタイミングで後継者を選んできちっと組織化を図るか、ということであるという気がする。同族の息子が経営を引き継ぐだけの器であればよいが……。私の体験では、概して同族問題よりも創業者と同じ経営思想をもつ旧い番頭たちの同質経営の方が問題なのである。これらの人たちが第二創業者となる危険をはらんでいるからである。

私は息子を後継者として育てるときには、マーチャンダイジングをやらせるといいと思う。以前ある著名な流通アパレル企業の経営コンサルティングをやっていたが、ある時期公私とも薫陶を受けさせていただいた創業経営者の方は亡くなったが、口も利かないほど彼と理系出身の息子は「水と油」だったのである。ところが創業者の妹のご主人が社長をしていた時代に、この息子を商品開発やマーチャンダイジングを通して教育したのである。最終的に商品開発やマーチャンダイジングには企業遺伝子が染み込んでいるので、結果的に自然体でうまく引き継ぐことができたのである。その息子さんは、いまでは立派な理系の心をもつ経営者になって活躍している。

(2) 価値創造リーダーの後継者問題

いずれにしても、価値創造リーダーの後継者問題は本当に難しいテーマであるといえよう。しかしながら私どもフォーラムの価値創造企業においては、優れたリーダーは皆さん同じ価値観と志を持った人を選んでいるのである。

例えば帝人の長島 徹さんの後任は大八木成男社長、全日空の大橋洋治さんと亡くなられた山本峯生さんは伊東信一郎社長、JFEホールディングスの數土文夫さんは馬田 一社長。亡くなられた伊勢丹の武藤信一さんは大西 洋社長を選ばれた。さらに三井不動産の岩沙弘道さんの後継者が菰田正信社長、三井物産の槍田松瑩さんの後は西郷南洲的リーダーである飯島彰己社長が就任した。皆様経営者としてのタイプはそれぞれ違うが、やはり同じ経営理念、価値観と経営者としての志を持たれて、それぞれ〝絶対の競争〟をめざして揺るぎない価値創造のリーダーシップを発揮されていると思う。

また、二〇一一年六月の私どものフォーラムで、ウェザーニューズの草開千仁社長に講演をお願いしたが、彼はウェザーニューズの一期生である。その草開さんがその年三月の東日本大震災・原発事故を受けて、素晴らしい行動力を見せてくれた。実は創業経営者の石橋博良さんが保存に取り組んだ南極観測船「ＳＨＩＲＡＳＥ」を、その年の七月に小名浜まで持っていったのである。当時のＳＨＩＲＡＳＥは廃船になっているので、エンジンが外されていて全く動かない状態であった。それを膨大なコストを覚悟でえい航したのである。これを一週間小名浜港に置いて、いわきなど被災地の人たちにくつろげるスペースを提供し、サンリオの辻社長などの協力で特別イベントなどを実施し、参加された人たちに楽しい時間を提供したのである。

ウェザーニューズを起業した石橋さんの原点は、安宅産業にいたときに体験した小名浜沖での海難事故だった。彼は海難事故を防げなかったことに大きな衝撃を受け、「気象予報で人の命を救いたい」とこの世界に飛び込んだのである。膨大な費用をかけてＳＨＩＲＡＳＥをえい航していった草開社長の瞬時の決断力には、創業者から受け継いだ創業の志と価値観の連続性があったと思う。これこそ、アントレプレナーシップの組織化といえよう。

6　リーダーシップにおける市場原理と人間原理の融合

1　理系の心をもつ経営

理系の心をもつ経営ということであるが、実はこれはクオリティ・マネジメントの進化の流れのなかで最近私がたどりついたことのひとつなのである。グローバルな情報ネットワーク社会のもとで必要とされるマネジメントの概念で、その根底に「市場原理と人間原理の融合」という考え方がある。つまり単なる理系出身かどうかではなく、必要なのは徹底した論理的思考であり、同時にその根底には人間原理に貫かれる心の経営が必要ではないかと思っている。

従来の日本の優れた製造業においては、技術マネジメントが確立しているというところが重要であったが、さらに科学的論理性を尊重した経営という流れが今大きくクローズアップされているのである。まさに東京大学名誉教授の宮田秀明先生の提唱される「理系力による経営」の必要性である。

(1) 理系力による経営の基本

この理系力による論理的経営の基本は、ロジカル思考、システム思考、プロジェクト思考ということである。「まずしっかりしたビジョンをもって、いわゆる論理プロセスのスパイラルを大きく回し大局解を求めるということが大切である」と宮田先生はおしゃっている。今までの日本的経営は設計やソリューションのみで、局所解を求める経営だといえる。さらに宮田先生は、「経営のスパイラルをどこまで論理的に組み立てられるかが価値創造能力を決める」とも述べている。

理系力による経営のパイオニア的事例としてNTT初代社長の真藤 恒さんの大局解経営があり、カルロス・ゴーンさんの日産の経営改革による技術と経営のシナジー化があるといえよう。さらにもうひとつの典型例が、CVS業界に効率以外に、商いの魂と理系の心をとりこんだam/pmの秋沢志篤元社長、ローソンの藤原謙次元社長などに代表される当時のコンビニエンスの経営ではなかったかと思っている。私はこの考え方のそもそものルーツは、私自身数多くの薫陶を受けさせていただいた西友の故高丘季昭さんにあり、「そのような思いでファミリーマートを設立した」と以前高丘さんから直接伺ったのである。

（2）理系の心をもつ経営のキーワード

理系の心をもつ経営のキーワードをご紹介したいと思う。私なりに整理したものであるが、

①創造のプロセスとエンパワーメントの重視
②プロジェクトが人を育てる、横串のアプローチが重要
③暗黙知の形式知化に科学の心を導入
④ビジョン構想力と人間力の育成
⑤市場原理と人間原理の融合

等が大事なキーワードであろうと思っている。

（3）身近にいる「理系の心をもつ経営者」

〈資料4〉をご覧いただくとお分かりのように、私たち価値創造フォーラム21の周りには驚くほど多くの優れた「理系の心をもつ経営者」がいらっしゃるのである。実は偶然であるが今回の資料をまとめてみて驚いたのだが、先ほど述べたエンパワーメント経営の先駆者の三人、サンリオの辻信太郎さん、京セラの稲盛和夫さん、前川製作所の前川正雄さんはいずれも工科系

〈資料４　理系の心をもつ経営者〉

1	辻　信太郎※	（株）サンリオ　代表取締役社長	
		1947年　桐生工専（現群馬大学工学部）卒	
2	稲盛　和夫※	京セラ（株）　名誉会長	
		1955年　鹿児島大学工学部卒	
3	前川　正雄※	（株）　前川製作所　顧問	
		1955年　早稲田大学理工学部工業経営科卒	
4	島田　精一	日本ユニシス（株）　特別顧問	
		1961年　東京大学法学部卒	
5	數土　文夫	ＪＦＥホールディングス（株）　相談役	
		1964年　北海道大学工学部冶金工学科卒	
6	長島　徹	帝人（株）　相談役	
		1965年　名古屋工業大学工学部繊維工学科卒	
7	槍田 松瑩	三井物産（株）　取締役会長	
		1967年　東京大学工学部精密機械工学科卒	
8	関　誠夫	千代田化工建設（株）　前相談役	
		1970年　東京工業大学大学院工学部修了	
9	大宮　英明	三菱重工業（株）　代表取締役会長	
		1969年　東京大学工学部航空学科卒	
10	山田　隆持	（株）　ＮＴＴドコモ　取締役相談役	
		1973年　大阪大学大学院工学研究科（通信工学）　2年修了	
11	馬田　一	ＪＦＥホールディングス（株）　代表取締役社長	
		1973年　東京大学大学院工学系研究科修士課程修了	
12	山下　徹	（株）　ＮＴＴデータ　取締役相談役	
		1971年　東京工業大学工学部社会工学科卒	
13	岩田彰一郎	アスクル（株）　代表取締役社長兼ＣＥＯ	
		1973年　慶應義塾大学商学部卒	
14	石村　和彦	旭硝子（株）　代表取締役 社長執行役員CEO	
		1979年　東京大学産業機械工学科修士課程修了	

※ わが国におけるエンパワーメント経営の先駆者

Prepared by Y. Hayakawa

出身の経営者なのである。

わが国のＣＩＯの先駆者である元住宅金融支援機構の島田精一さんは東大法学部出身であるが、ハーバード大学でコンピュータと出合ってＩＴを帯電され、三井物産の副社長を経て日本ユニシスの社長も歴任された。それまでのＣＩＯというのは多くがＩＴ活用をコストの面からしか見ない Cheap Information Officer だったが、ＩＴを経営戦略のツールとして活用する本物の Chief Information Officer をめざされた方である。

さらにＪＦＥホールディングスの數土文夫さんや馬田　一さん、帝人の長島　徹さん、三井物産の檜田松瑩さん、元千代田化工建設の関　誠夫さん、三菱重工業の大宮英明さん、ＮＴＴドコモの山田隆持さん、ＮＴＴデータの山下　徹さん、そして旭硝子の石村和彦さんなどの皆様はいずれも工科系出身である。アスクルの岩田彰一郎さんも出身は文科系であるが、ＩＴを使って顧客とともに進化する理系の心をもつ経営者である。ある意味で、いまや理系の心をもつ経営者の皆様は、わが国の経済の中枢を担っているともいえよう。価値創造フォーラム21には、こういうバックグラウンドをもった方が身近にいらっしゃるということである。皆さん科学的論理性を体現されているが、その背景には必ず絶対価値に基づく市場原理と人間原理の融合があり、本当に素晴らしいことであると思う。

誤解していただきたくないのは、理系の経営者はロジカルであっても、アメリカビジネス体験者と同じではない。アメリカのビジネスの体験者は、マニュアルなどの形式知を使って多民族の人たちをコントロールしなくてはならないし、原則的にロジカルだから理系の経営者と思われる。しかしそれだけではなく、やはりソフト・パワー、人間的魅力、人間原理と市場原理を合わせもった方が、私どものいう理系の心をもつ経営者ではないかと思っている。そして皆様人間的魅力に基づくリーダーシップにより、常に企業ヒューマニティーを組織的に高める努力を続けられているのである。

野中郁次郎先生は、二〇〇二年十月三十日の日経紙面〈基調講演〉で、「世界は矛盾に満ちている。グローバリゼーションとローカリゼーション、スピードの経済と忍耐の経済、量と質がその代表例。矛盾の背後には、『市場原理』対『人間原理』の葛藤があるが、我々はこのどちらかを選択するという発想ではなく、どちらも受入れなければならない」と述べておられる。これこそが、まさに〝市場原理と人間原理の融合〟の原点だと私は思うのである。

2 企業の価値創造とエグゼクティブCHOの役割

市場原理と人間原理のもうひとつの切り口が、エグゼクティブCHOである。これはチーフ・ヒューマン・オフィサー（Chief Human Officer）という概念の流れにあるが、いま注目される新しい経営者像がこのエグゼクティブCHO的経営者である。組織の活性化と個人の活性化を企業という場での実現を通して、戦略人事と経営企画などを帯電した経営者のことである。そもそも能力開発と採用戦略は、本来人事業務の中でもオペレーショナルな業務とは異なり、まさに戦略的な業務なのである。最近では人事開発室や能力開発室を別組織として、社内に持っている会社も多いと思う。

エグゼクティブCHOがこの戦略人事を帯電して、クワイアット・リーダーシップを発揮するための前提として、時代のスピードへの対応、方向性とバランス感覚、現場の熟知、インテグリティを貫く経営姿勢、さらに市場原理と人間原理をあわせもつことが必要とされていると私は思う。現実の各社のエグゼクティブCHOの皆様は、経営企画、人事企画、人材開発、戦略人事、IT企画など様々な分野の複数の経験を積み重ねられており、エグゼクティブCHOの資質を一言で表現することは難しいと思われる。

(1) エグゼクティブCHOに期待される資質

具体的にこのエグゼクティブCHOに期待される資質としてどういうことが考えられるか、私の現実の体験からまとめてみたので紹介したいと思う。

①現場主義とライン・マネジメントの経験のある人
②プロジェクト・マネジメントの体験のある人
③馬に水を飲ますこと（実行計画の実現）のできる人
馬に水を飲ますという結論を、たとえばマッキンゼーのコンサルティングが結論を出したらそれだけで動く会社と、馬に水を飲ますと結論が出てもどこに水があるか分からないからそれを指示して馬を連れて行かなければならない会社もある。さらに飲み方を知らない馬に水を飲ませる、こういう実行計画を企業の発展段階でフェーズ、フェーズによって実現できる人なのである。
④ゆらぎを共有できる問題解決型のリーダーシップを発揮できる人
⑤事業特性と経営の型のわかる人
それぞれの企業の発展段階、成熟段階、ベンチャーなのかの事業特性と、それから経営の型を充分理解できる人。それぞれの局面で、マネジメントのポイントと必要とされる人材が異なるからである。
⑥ワシ型人間とダチョウ型人間の両方の心を理解できる人
インテリジェンスをもつダチョウ型人間とインテレクチュアルなワシ型人間の両方の気持ちを理解できる人で、現実にはこれをうまく組み合わせて戦略人事を実施していかなけ

ればいけないといえよう。

⑦自分の登場する「場」を理解できる人

たとえばコスト削減をして効率が求められるのは、企業の歴史において限られたひとつの時期での局面であり、自分の登場する場を勘違いせず充分理解することが大切である。その意味から効率屋タイプの経営者はひとつの時代の通過点であり、効率のみから私どものいう価値は生まれないので、彼らは価値創造リーダーとはいえない。

⑧絶対価値と企業文化遺伝子の進化のできる人

⑨クワイアット・リレーションシップの発揮できる人

エグゼクティブCHOはトップになるまでは、自分から表に出てはいけないのである。つまりそれまでは、クワイアット・リーダーシップを発揮することが必要となる。

⑩クオリティ・マネジメントの実践と体現のできる人

(2) クオリティ・マネジメントの視角から見たエグゼクティブCHOとは

クオリティ・マネジメントの視角から見たエグゼクティブCHOとは、先述のクオリティ・マネジメントの定義にのっとって、「明確な企業ビジョンと経営戦略のもとに、企業活動のあらゆる局面において、プランニングとコントロールの両面にわたるQualityの追求を通し、組織の活性化が個人の活性化に結びつくManagementの確立をめざして、経営企画や戦略人事などの分野でクワイアット・リーダーシップが発揮できる経営者」であると私は考えている。

価値創造企業であり続けるために、ある意味で能力（のうりき）をもつ戦略参謀であるエグゼクティブCHOの果たす役割は非常に重要である。なぜならCEOの分身としてトップ・マネジメントを支えて、価値創造リーダーによるクオリティ・マネジメントの企業遺伝子をかき回し、時代の流れの中で再生し続ける状態を持続させる必要があるからである。そして自分がトップになるまでクワイアット・リーダーシップを発揮し、アントレプレナーシップの組織化と絶対価値の深化をはからねばならない。さらに共通の志のもとで常に絶対価値の組織化・永続化をはかるツールとして、様々な価値創造のための競争・戦略ガバナンスの構築を行うことが、価値創造企業であり続けるためにエグゼクティブCHOの果たす役割としては重要といえよう。

（3）CHO的フロネシス経営者の登場

野中郁次郎先生が『戦略の本質』の執筆をきっかけとして関心をもたれたフロネシス（Phronesis）の概念は、もともとアリストテレスが生み出したものである。英語では賢慮（Prudence）、倫理（Ethics）、実践的知恵（Practical wisdom）などと訳されている。

戦略人事や経営企画などエグゼクティブCHO的立場からトップになられた経営者の皆様は、私の目からはこのフロネシスのリーダー像と重なってくるところが多いように思える。何故ならフロネシスのリーダーは極めて実践的であると同時に、審美眼や理想主義をあわせもちながら、現場の本質を察知して即興でも最善の行動が起こせるという人物であるからである。

野中先生はフロネシスの属性として、「グッド」を見分ける力、「場」づくりの能力、状況認識能力、歴史的想像力、政治力─実践力、フロネシスを共有させる能力の六つを挙げている。広い意味でこのCHO的立場からトップになられた経営者は、CEOを支える戦略参謀としてそれぞれの価値創造活動に尽力するにあたり、潜在的なフロネティック能力が自然なかたちで顕在化してきているように思える。

私どもの身近な例でいえば、三井物産の槍田松瑩会長は典型的なCHO的フロネシス経営者のひとりである。また、セブン&アイの村田紀敏社長もそうである。村田さんはCFO、営業の第一線リーダー、経営企画、さらに戦略人事を歴任されている。資生堂の前田新造会長も事業企画から経営企画、そして戦略人事を歴任されている。ANAホールディングスの伊東信一郎社長もマーケティング、事業企画、戦略人事やCSなどを担当され、典型的なCHO的フロネティックリーダーのひとりだと思う。さらにJFEスチールの林田英治社長や三井不動産の菰田正信社長も、エグゼクティブCHO的な立場の経営者ではないかと私は思っている。

価値創造リーダーへの道ということであるが、〈資料5〉に示したとおりこれには三通りあると私は思っている。

3 価値創造リーダーへの道

(1) 顧客とともに進化し、MD業務改革をリードする経営者

顧客とともに進化しMD業務改革をリードする経営者の原点は、価値創造フォーラム21の第二代理事長の三井不動産の岩沙弘道会長と初代理事長をされた資生堂の弦間明相談役である。お二人はそれぞれ四年間ずつフォーラムのトップとして力強いリーダーシップを発揮され、フォーラムの今日までの発展にご尽力いただいている。

まず岩沙さんは一九九八年の金融危機の真っただ中に、五十六歳の若さで社長に就任された。そしてトップとして企業の方向性を示して社員に夢と希望を与えるため、まずグループのビジョンとミッションの策定にとりかかった。価値創造の意味、顧客に対する価値創造がすべてのスタートであり、社会や企業文化としての価値創造、そして最終的にそれが株主に対する価値創造に結びつくという「価値創造サイクル」を示され、それをグループ経営のレベルに至るまで浸透させ、具体的に実践されたのである。

〈資料5　価値創造リーダーへの道〉

(1)　顧客とともに進化し、MD業務改革をリードする経営者

(2)　理系の心をもつ経営者

(3)　CHO的フロネシス経営者

⇩

これらに共通する基軸としての

相対の競争から絶対の競争へ
市場原理と人間原理の融合

Prepared by Y. Hayakawa

さらに同じ頃の一九九七年に社長に就任された弦間さんは、「顧客価値マーケティング」というものを推進し、「お客様に役立つ価値創造を実現し続けることが価値創造リーダーへの道である」ということを示唆された。シェアホルダー・バリュー全盛期における弦間さんのこの考え方はフォーラムの設立以来今日まで、私どもフォーラム活動の源流として深く共有されてきている。

このお二人の先駆者に続いて、顧客価値マーケティングに科学的手法を加えて仮説の構築と検証を実施し、感性とインフラの共存する企業づくりをめざされたのが三越伊勢丹の故武藤信一会長とサントリーホールディングスの佐治信忠社長であり、さらにアスクルの岩田彰一郎社長、三越伊勢丹の大西　洋社長へという流れである。これらの皆様は常にお客様とともに進化し、MD業務改革をリードするタイプの価値創造の経営者なのである。

（2）理系の心をもつ経営者

理系の心の経営者の多くは理系出身であるが、科学的論理性によるマネジメント展開の背後に、必ず市場原理と人間原理をあわせもち、人間的魅力とソフト・パワーに基づくリーダーシップを発揮されているといえる。そして前述したように、ＪＦＥホールディングスの數土文夫相談役、帝人の長島 徹相談役、ＮＴＴデータの山下 徹取締役相談役など、いかにこの価値創造フォーラム21の周りにこの理系の心を持つ経営者の皆様が多数いらっしゃるかということである。

（3）ＣＨＯ的フロネシス経営者

エグゼクティブＣＨＯ的経営者がＣＥＯの分身として、それぞれの企業遺伝子をかきまわし再生し続ける状態を持続させるプロセスにおいて、ＣＥＯを支える戦略参謀として尽力するためには、どうしても企業理念や経営ビジョンを体現しながらも現場を熟知するという実践的知恵が必要となる。

広い意味でのＣＨＯ的立場からトップになった経営者の皆様は、潜在的なフロネティックな能力が、自然なかたちで顕在化してくることについては前述のごとくである。私はこのような意味でのフロネティック・リーダーシップをもつ経営者の代表が、三井物産の槍田松瑩社長、セブン&アイ・ホールディングスの村田紀敏社長、資生堂の前田新造社長、およびANAホールディングスの伊東信一郎社長たちであると思っている。

これらの価値創造リーダーに至る三つの流れから共通する基軸としてまずいえるのが、次に述べる「相対の競争から絶対の競争へ」という考え方である。これについては嶋口充輝先生がうまい表現をされている。男女の恋愛関係にたとえて、要するに相対の競争の人は恋愛のライバルをたたいてつぶせばいいが、最終的に本人が好きになってくれなければ意味がないと述べている。ライバルをつぶさずに本人の心をこちらになびかせる、これが絶対の競争だと述べられている。こういうソフト・パワーをもつことが、価値創造リーダーに至る基軸として共通するものなのである。

それからもうひとつが、いま述べた「市場原理と人間原理の融合」ということになる。価値創造のリーダーの皆様は、市場原理のみでなく人間的魅力をあわせもって力強いリーダーシップを発揮されている。そして企業という場において個と組織の共創をはかり、常に企業ヒューマニティを高める努力を続けられているのである。

7 〝絶対の競争〟とクオリティ・マネジメントのさらなる進化

1 〝絶対の競争〟への示唆──「相対の競争から絶対の競争へ」

「相対の競争から絶対の競争へ」というキーワードは、価値創造フォーラム21の特別顧問である慶應義塾大学名誉教授の嶋口充輝先生がおっしゃった言葉である。

嶋口充輝先生は平成十六年六月の日経新聞で、「二十一世紀のビジネスは、ライバルをたたく戦争型、相対的競争が次第に色あせ、かわって顧客中心にその価値創造のベストプラクティスを追求する恋愛型、絶対的競争の世界に移りつつあるようだ」と語っている。

この競争概念の変化について嶋口先生は、「まず競争概念についていては、ライバルをいかに叩いて相手のシェアを奪うかという陣取り合戦的な〝戦争型競争〟から、最終顧客にいかに喜んでもらうかをライバルと競い合う〝恋愛型競争〟に移りつつあります。市場シェアから顧客シェアへ、ベスト・プラクティス革命、競争ベンチマーキング、リエンジニアリング、顧客満足経営などが今日、競争優位の方法として広く受け入れられつつあることは、まさに競争が、創られた価値をライバル間で奪い合うスタイルから、いかにより高い市場価値そのものを創造するかというスタイル、つまり〝相対から絶対〟に向かって動きはじめていることを示しています」と述べておられる。さらに嶋口先生はこのことを男女の恋愛にたとえて、恋敵のライバルを叩き潰しても、最終的に本人が好きになってくれなければ話にならないからとも指摘されている。

したがって相対の競争をめざす企業は、ライバルを潰すためだけに単なるシェア競争や価格競争に陥ってしまうのであり、そして結果的にデフレを促進することとなるのである。いま必要なのは、顧客と企業が適切な関係性のもとで交流と対話を積極的に進めながら、共創価値をつくり出していくことである。さらに絶対の競争をめざす企業は、必ず何らかのかたちで「相互交流型のインタラクティブ・マーケティングの仕組み」を自然発生的に構築しているといえよう。

2 クオリティ・マネジメントのさらなる進化

(1)「マーケティングと戦略人事」のグループレベルでの連動

私は一九八四年七月に、アメリカのブルーミングデール百貨店の当時のロバート・シンバーグ副社長にインタビューし、「ブルーミングデールのマーケティングやマーチャンダイジング

（ＭＤ）のコンセプトをいかにシステム化し、時代のニーズに呼応した流通システム・コンセプトを展開していくかが大切だ」というお話を伺い、そのインタビュー記事を一九八四年十二月の『ＱＭ第七号』に掲載した。その中で、「ＩＴ活用とフォワード・マーチャンダイジングによりトレンドをつかんだうえで、さらにトレンドの積極的創造という方向へ持っていくことが必要だ」と語っているのである。ここに私は、「企業経営における感性とインフラの共存をめざすこと」の源流を感じとったのである。

私自身、亡くなられた三越伊勢丹ホールディングスの武藤信一会長からは、〝絶対の競争〟への示唆など多くのことを学ばせていただいた。それらのことを前述のブルーミングデールにおける体験も含め、「現代によみがえる価値創造の源流」という視点からとらえ直してみて、共に三十二年前のＱＭフォーラム創立メンバー企業で、現在でもその源流を引き継いでいる伊勢丹とサントリーの企業進化の歩み、さらに故武藤信一会長と佐治信忠社長のリーダーシップと経営者としての志の共通性について、私なりにお話ししたいと思う。

それはクオリティ・マネジメントと企業活性化の原点である優れた人材と企業文化に根づいたそれぞれの人事制度を背景にして、お二人とも常にお客様目線の上に立って、マーケットと商品開発を基軸とするＭＤ業務改革的アプローチを通して持続的な価値の創造をめざし、さらに情報システムの戦略的活用と仮説と検証の連動を加えて、常に「感性とインフラの共存する企業づくり」をされてきたことである。

さらに営業と管理に分断されずに、グループの各事業部門や現場レベルまで〝マーケティングと戦略人事の連動〟を浸透させ、若手を含めた次世代リーダーとコア人材の育成をはかり、それぞれ「さらなる企業進化のステージへの挑戦」に向けて力強いリーダーシップを発揮されて来られた点である。そして上場、非上場を問わず、いつの時代でも価値創造企業であり続けることをめざして〝絶対の競争〟を陣頭指揮し、優れた企業遺伝子と絶対価値の深化をはかることがクオリティ・マネジメントの実践であることを、武藤さんも佐治さんも時代の流れに沿って身をもって示されて来られたのである。

次にマーケティングと戦略人事の問題に関連して、内部統制のとらえ方についてお話ししたいと思う。そもそも内部統制のもつ本来の意味とは、あくまでもアクセルを踏むためのブレーキなのである。しかし現実には営業だけを知っている「アクセルマンの組織」と、管理を重視する「ブレーキマンの組織」とが分かれているところが少なくない。アクセルマンvsブレーキマンではなく、営業と管理がそれぞれ事業の現業部門でつながっていることが重要である。これから会社が発展して企業ステージが上がるたびに、営業と管理に分断してマーケティングと戦略人事が連動していない企業では、グループレベルで様々なトラブルが起きているはずであり、よく新聞を見てみていただきたいと思う。とくにグローバル化への挑戦などオペレーショナル分社でない、戦略分社のグループ経営では大きな問題となっているはずである。いずれにしても、感性とインフラの共存する企業づくりの原点が、情報システムの活用も含めて「グループレベルでのマーケティングと戦略人事の連動」だと私は思っている。

(2)「パワー&リスク・バランス感覚」の現場レベルへの浸透

私の体験から優れた経営者は、瞬時の〝パワー&リスク・バランス感覚〟をもっている。それは、まさに瞬時なのである。さらにこれを現場レベルまで下ろせるかどうかが非常に重要なのである。これはある意味で「現場力と経営力の統合」の問題であるといえよう。

グループ経営においては、カンパニー制による責任管理組織の確立が大切である。よくあるのが、自分で大物だと思っている役員が小さな会社に行って、必要以上に頑張りすぎて最終的に失敗するケースである。ある意味で、グループ会社のトップの権限を均質にするのがカンパニー制である。カンパニー長の役割を均質化して、グループ会社の経営者としての器が少しはみ出ている経営者がいても、その権限を均質化して責任管理組織だということを意識させることが大切である。

グループマネジメントにおけるトップの権限分担で考えていただきたいのは、グループ内での分社の仕方である。まず戦略分社なのか、オペレーション分社なのかを、しっかりと理解することである。例えば自分の会社の輸送部門など一部門を切り離して、子会社にするのはオペレーション分社の典型例である。この場合、それほど研ぎ澄まされた幹部は必要ない。一方で新規事業をやるために分社する戦略分社では、戦略立案とその実行まで任せるので事業責任者の〝パワー&リスク・バランス感覚〟は非常に大事になるのである。

そして企業の暗黙知は現場にあるので、グローバルな企業になればなるほど暗黙知を形式知化して、さらなる暗黙知を深めて企業文化と組織文化を深化させることが必要であろう。地域分割の持株会社などを活用して、グローバル分野での人材育成とグローバル・マネジメント・コントロールシステムなどのガバナンスの構築も必要となろう。

3 「企業ステージの進化」に伴うブレーキマンの処遇、ふたたび

(1) グローバル・シナジーに見る企業進化論

私自身一九八五年の春に、一橋大学の野中郁次郎先生と一緒に「日米ジョイント・ベンチャーにおける成功への要件調査」を実施した。この頃が私にとって、野中先生との最初の出会いであった。当時のジョイント・ベンチャーの中で優れた実績を示していた富士ゼロックス、住友スリーエム、横河ヒューレット・パッカードの三社を野中先生といっしょに訪問し、成功

の要件をそれぞれの役員たちにインタビューしたのである。

この三つのインタビュー記事とともに、野中先生に総括論文として「グローバル・シナジーに見る企業進化論」の執筆を依頼し、一九八五年八月発行の『QM第八号』に掲載させていただいた。野中先生からは三つの成功しているジョイント・ベンチャーの活動から、文化の創造と情報の創造、ライフサイクルに合った戦略展開、自律性の許容、インターフェイスの戦略人事、危機（修羅場）を乗り越える、グローバル・シナジーの発揮、独自の文化形成に向かって、など様々なキーワードをいただいた。私自身野中先生とこれらの会社をいっしょに訪問して、各社とも「マーケットと技術・商品開発」を軸に日々のジョイント・ベンチャーのマネジメントを積み上げ、最終的に異なる企業文化を見事に融合させ成功していることを目のあたりに体感したのである。これらは今から二十八年も前のことであるが、現在でも「企業ステージの進化」を考える時に大変参考になるキーワードであると思う。

（2）企業ステージの進化とブレーキマンの再登場

では、現実にどのように企業ステージを上げるのかが次のテーマになる。まずグローバル化である。グローバル化によって企業ステージは急速に進化するといえる。次は経営統合による企業進化で、1+1が2以上になる場合も少なくない。株式公開も同族脱皮などにより、確実に企業ステージが上がる。さらにチェンジ・マネジメントによる新たなる経営体制の誕生で、企業ステージは上がる。私の体験から新体制の下では、先代の番頭たちは役に立たないことが少なくない。また最近の外人株主の増加によって、社外取締役の導入などガバナンスの再構築も必要となる。取締役会議長とCEOの分離、意思決定と執行の分離などが典型例であろう。

さらに企業ステージが進化しなければ役に立つ幹部たちが、このように企業ステージが進化することによってブレーキマンになってしまうのである。これらのことを逆に考えると、企業ステージを上げなければさらなる改革の必要はなく、そのまま役に立つ幹部がいるということになる。したがってブレーキマンも登場しないのであり、いずれにせよ企業ステージの進化の目線をトップと幹部が共有することが大切である。

例えば資生堂やイオングループでは、外人を専務にして現実のオペレーションを展開している。イオンは、国内の持株会社、中国の持株会社、アジアの持株会社と三社もっているので、刻々と企業ステージは上がっているはずである。そうなると、今まで役立った幹部にブレーキマンが発生するのはやむを得ない、ということになろう。その意味から神戸の同族企業に見られるように、後継の息子の器に応じて非公開で事業継承することもひとつの考え方である。まさに創業者として何を残すのか、会社か、名か、金か、息子か、の問題なのである。

8　長期的人事基盤の確立とコア人材の育成

1　長期的人事基盤の確立―個と組織の共創のための施策

これからの時代の長期的人事基盤の構築の問題について私がいつも思い起こすのは、八〇年代のQMフォーラムの時代にご指導を受けた一橋大学の故津田真澂先生のお言葉である。津田先生がいつもおっしゃっていたのは、将来の事業展望を踏まえて、長期的な視野に立った人事基盤の確立をめざすことの重要性である。とくに現在のようにグローバルなネットワーク社会の到来が引き起こす流動化現象の中で、これからの企業活動に必要なコア人材をどのように確保し育成していくかが大きな問題となっていると思う。津田先生は現代の流動化した社会構造の到来を予言したかのように、すでに一九八〇年代の半ば頃からこのような達観した視点に立っておられたのである。

（1）個と組織の共創のための施策

長期的人事基盤の確立と個と組織の共創のための施策としては、私は次の四つほど考えられると思っている。

一番目は、組織効率と自己実現をどのように両立させるかということである。人事の戦略化、キャリア選択の多様化と自律化などによる個人と組織の一体的展開、創造性やゆとりを創生するための体験や場の提供など現実には各企業で長期的視野に立って、それぞれ具体的な施策を展開されていると思う。

二番目は、トップマネジメントのリーダーシップで、同質人間でないトップマネジメントのあり方である。例えばすべてのレベルの社員に自由裁量権を与えて、自ら顧客の期待やニーズを敏感に感じとり自発的な活動を仕向けるリーダーシップ。多様性やゆとり、さらにダイバーシティを個人と組織の両方に認めることができるリーダーシップなどが必要になってくる。これは新しいモチベーション論と働きがいの再考へとつながっていくといえよう。

三番目に、管理者ではなく新しいリーダーとしてのミドルの役割が重要である。ネットワーク社会になってくると、個人に権限が与えられるので、完成された個人が重要になってくる。ただし、彼らが情報を自分で適格に判断してきちっとトップに上げられるかが重要となるが、これはなかなか難しいことなのである。したがって、これからの中間管理職の役割としては、従来のような管理をするのではなく、完成された様々な個人の情報をうまく吸い上げて、トップの形式知と現場の暗黙知をつなげることであろう。野中先生は、これを「ミドルマネジメントによる異質な個との共創」と表現している。先ほどのジャック・ウェルチも、「リーダーになれ、管理はするな」と繰り返し語っており、人に活力を与える能力を重要視している。いずれにしても、仕事のリーダーは管理者ではなく、人材育成を図って部下をエンパワーメントする役割を担うべきであろう。

四番目は、企業活力の維持とエンパワーメント化のための課題である。ネットワーク社会における個人のモチベーションと能力の問題が大きくクローズアップされている。これは感性とインフラの共存するクオリティ・マネジメントの構築ということにもつながってくる。このあたりのことを慶應義塾大学の花田光世先生は、「キャリアステージの設計と実践へ向けた支援のメカニズムの提供、ダイバーシティの時代に多様な人材の成長可能性を念頭に置いて、この分野の投資を考えることが重要」と指摘されている。

(2) 長期的な人材開発の課題

次にグローバルな情報ネットワーク時代の長期的な人材開発の課題について考えてみたい。

現代の分散型のネットワーク組織の大前提となるのは、各個人が責任と権限を与えるだけの能力、責任意識、意欲をもち合わせているということである。それに加えてネットワーク時代の個人は、トップからの指示を受けそれを確実に実行できるように管理し、さらに末端からの情報をスクリーニングしてトップに報告する役割をすべて個人で負わなければならないのである。

　これからの長期的な人材開発に関して、これからどのような課題が発生するかをいくつか述べてみたい。

　最初はグローバル対応のための人材開発の問題である。グローバリゼーションという大きな潮流の下で、外国人とビジネスコミュニケーションをとり、さらにグローバルなリーダーとして多元性と異文化のふれあいのなかで、日本から世界に向けて発信していける人材をどのように育成するかは重要である。そのためには海外留学やインターナショナル会議への出席など、若い人材に日本人としてのアイデンティティを保ちながら、積極的に諸外国にふれあう機会を与える必要がある。三井物産が最近スタートさせたハーバード大学での特別プログラム「Mitsui HBS Global Management Academy」などは、この分野では注目すべきところだ。

　次は情報ネットワーク化に対応するため、情報処理・活用に重点を置いた基本教育の問題である。この成功例が慶應義塾大学湘南藤沢キャンパス（SFC）の初期の頃である。つまり問題発見や解決型能力、そしてコンピュータ・リテラシー中心の教育カリキュラムに重点を置いた教育が必要になる。

　さらに双方向性コミュニケーションのためのコミュニケーション技法である。インターネット等を使っていると、今まではワンウェイで情報を取るだけの面が中心であった。しかし双方向性コミュニケーションを活用することによって、実は商品開発まで可能なのである。アメリカあたりではインターネットを使ってそれぞれ離れた国で商品開発を続け、最後に数日直接会っただけで新しい商品が完成することがある。そのような意味から、これからは双方向性コミュニケーションのためのコミュニケーション技法の修得が重要になって来る。さらにプレゼンテーション能力やディベート能力の開発、これもネットワーク時代の人材開発には重要になってくるといえよう。

そしてさらに重要なのは、情報活用のための技法（仮説と検証）の開発である。これはあふれ出るような情報の洪水のなかでそれに埋もれないために、常に現場の各人が仮説をもって行動することである。そしてその仮説を構築する力、さらにそれを検証する道具としての情報を活用する能力を磨くことが重要である。

最後はシステム思考の組織化とそのための教育実施の問題についてである。システム思考とは、細分化、体系化、構造化、階層化などの工科系の基礎的思考技術のことをいう。今までの日本人に欠けているアプローチは、このシステム思考なのである。たとえばわが国においてMIS、SIS、BPRなどは、過去にすべて失敗している。これは日本人がエンジニアリング思考に非常に弱いからで、そのための基本的教育体系の確立も不十分であるからだと思う。

2 これからの時代のコア人材の育成に向けて

（1）これからの時代を担うリーダーの育成

先日の私どもの講演で、慶應義塾大学の花田光世先生が人事の機能・役割の拡大について、歴史的に見て労務人事管理から人材開発へ、人的資源管理から人的資源開発へ、さらに人的資産管理から人的資産開発へ、であると近年の人事テーマの変遷をお話しされた。いずれにしても、「新しいパラダイムが必要であり、つながりを基礎にした強い個との連携を組織が図っていく必要がある」ということだ。花田先生が提唱されているのは、関係性資産（social capital）の時代へシフトするということである。

これからの時代を担うリーダーの育成については、江崎玲於奈先生のおっしゃっているファーストランナーの条件そのものである。江崎先生のお言葉によると、「卓越した個性的なタレントと創造力、Creative Failure を恐れず Risk をとって挑戦する」人である。さらに私は、グローバルな視野と絶対価値をもつインテレクチュアルなワシ型人間をどう育成するのかということであろうと思う。いずれにせよこれから長期的な人事基盤をどうつくっていくかが、各企業にとって大変重要な問題になってくる。

私は個人的にこれからの時代の長期的人事基盤の中心となるリーダーの育成について、以下のような点が大切であると考えている。

一番目は、「魂の基軸をもつ揺るぎないリーダー」を育成することである。今あらゆる分野で非常な勢いで流動化が起きているので、やはり絶対価値、魂の基軸をもつ揺るぎないリーダーをどう育成していくのかが大切であると思う。

二番目は、京セラの稲盛さんもQM誌の創刊号で言及されているが、「現象面にとらわれることなく、物の本質を時代を超えてつかみ取る力をもつリーダー」の育成が必要である。

三番目は「世紀をまたがるような構想力とグランド・デザイン力を持つリーダー」の育成についてである。長期的な社会構造の変化に対する視点に立ち、世紀をまたがるような大きな構想をすることが必要である。当時の東北芸術工科大学教授竹村真一先生が書かれた『22世紀のグランドデザイン』という本を先生にいただいたが、竹村先生はこの著書で「二十一世紀ではなく、現在さらに百年先のことを考えることが必要だ」と述べておられる。これは二〇〇一年度大学院の開発講座での内容であるそうだが、こういった視点からものを捉えていくリーダーの育成が必要であろう。

四番目には「常に自己を磨き続ける力、新しい時代における求心力を創造できるようなリーダー」の育成が重要となって来る。情報ネットワーク時代において、双方向性コミュニケーションや情報処理というテクニカルな分野の開発はもちろん必要であるが、さらに常に自己を磨き続け求心力を創造できるリーダーをどう育成していくか、ということも非常に大きな課題といえる。

（2）「次世代リーダー育成塾」の開講について

一九九八年四月に設立した「価値創造フォーラム21」の活動も、この四月から十六年目を迎えている。この間私どもフォーラムに参加された中心メンバーの皆様の多くは、その後それぞれの組織のトップに立って、危機の時代に立ち向かう〝価値創造リーダー〟として活躍されている。

私どもは、企業が健全な事業活動を通して社会に貢献し続けるためには、企業価値追求の姿勢や共生と共創の精神などを、世代を超えて継承し続けることが必要であると考え、今から五年余前のリーマン・ショック直後の二〇〇八年十一月に第一期「価値創造リーダー育成塾」を発足させ、そして三年後の二〇一一年十二月に第二期「価値創造リーダー育成塾」を共に日本経済新聞社後援のもとで開講した。

この次世代リーダー育成塾は、激しく揺れ動く世界潮流と経営環境のもとで、「次世代の価値創造リーダーの育成」と「現代の価値創造リーダーたちによる対外的情報発信」をめざして、第一期、第二期とも八社のコンソーシアム参加企業とフォーラム幹事会社を中心として約百名の未来を担う若手のリーダーの皆様が参加され、それぞれ九本ずつのプログラムが実施されたのである。

この育成塾の活動を通して、参加された皆様による価値創造理念の共有化と伝承、次世代を担う人材の横のつながりを図るプラットフォームの構築をめざすこととなったが、その成果物として各社の価値創造リーダーの皆様と経営学者との対話型コラボレーションをベースとした二冊の著作物が刊行された。

『経営の流儀―次世代リーダー育成塾』
嶋口充輝・竹内弘高・価値創造フォーラム21編（日本経済新出版社、二〇一〇年九月）
『経営の作法―次世代リーダー育成塾』
伊藤邦雄・石井淳蔵・価値創造フォーラム21編（日本経済新出版社、二〇一三年九月）

いずれにせよこの育成塾では、価値創造にまつわる知恵をいかに個々人が自ら習得するかどうかが中心課題となっている。「知識は教えることができるが、知恵は自ら学ぶしかない」という基本理念がこのプログラムを貫く哲学である。

その意味から、グローバルな視野と絶対価値をもつ〝インテレクチュアルなワシ型の価値創造リーダー〟の育成をめざすこのプログラムは、きわめて先端的、革新的であると私どもは自負している。今後ともこの基本的骨組みをベースにさらなる改善を心がけて、この育成塾の活動が皆様にとって、「海図なき航路へ向けて熱い思いを抱き、力強く船出するための次世代リーダー育成の場」となることをめざして努力を積み重ねていきたいと思っている。

3 コア人材育成への新たなる取り組み

(1)「エグゼクティブCHO協議会」の設立

「エグゼクティブCHO協議会」は、二〇一一年七月にQMフォーラム創立三十周年を記念して設立されたものである。これは、常に〝絶対の競争〟を通して経営の質を追求し続け、揺らぎなきリーダーシップとクオリティ・マネジメントを体現されている十名の経営者—東京海上日動火災保険の石原邦夫会長(現相談役)、サントリーホールディングスの佐治信忠会長兼社長、セブン&アイ・ホールディングスの村田紀敏社長、資生堂の前田新造会長兼社長、帝人の大八木成男社長、全日本空輸(現ANAホールディングス)の伊東信一郎社長、JFEホールディングスの馬田一社長、NTTデータの山下徹社長(現相談役)、三越伊勢丹の大西洋社長、パソナグループの南部靖之代表—の皆様に発起人になっていただき発足したものである。

エグゼクティブＣＨＯ協議会のメンバー企業は、一九八一年のＱＭフォーラム創立メンバー企業で現在もその源流を引き継いでいる企業、それぞれの業界でマーケティングと戦略人事の連動や長期的人材開発などの面で最も優れている企業、さらに常に経営の質を追求し続けている企業の中から一業種一社というかたちで選定させていただいた。会長には東京海上日動火災保険の石原邦夫さん、コーディネーターに慶應義塾大学の花田光世先生、顧問として慶應義塾大学の嶋口充輝先生、流通科学大学の石井淳蔵先生、一橋大学の伊藤邦雄先生にお願いし、東京海上日動火災保険、資生堂、帝人、ＡＮＡホールディングスの運営四会社メンバー企業のもとに、私が運営委員長を務めさせていただいている。

エグゼクティブＣＨＯ協議会では、〝研ぎ澄まされた対外感度〟と〝パワー&リスク・バランス感覚〟をもち、〝絶対の競争〟をめざして力強いリーダーシップを発揮できるＣＨＯ的コア人材の育成を目的とし、「マーケティングと戦略人事の連動」「グローバル人材の育成」「ＩＣＴとそれを担うコア人材の育成」の三つを基本的な研究テーマとして活動している。

協議会のメンバー企業からはそれぞれ、中核的トップマネジメントの皆様から指名された戦略人事と経営企画の統括者である「エグゼクティブＣＨＯ」に加えて、経営企画、人材育成、ＩＣＴ企画などを担当する執行役員クラスの方三名を選出していただき、協議会のコアメンバーを構成している。

協議会の活動の中心は、メンバー企業による事例発表会である。エグゼクティブＣＨＯを中心とした「長期的コア人材の育成への取組み経験」を共有化し、参加メンバー相互の交流をはかることを目的に、二〇一一年七月から二〇一三年三月まで、各社持ち回りで年四回、通算八回の研究会を実施した。研究会では毎回、顧問の先生方を中心としたゲストスピーカーによるワークショップも開催し、コア人材育成に関する最新の課題や動向についてご示唆いただいている。

二〇一三年七月に日経ＢＰ社より刊行された花田光世先生編著の『新ヒューマンキャピタル経営―エグゼクティブＣＨＯと人財開発の最前線』は、このエグゼクティブＣＨＯ協議会の各社の事例発表をベースに、花田先生のコーディネートのもとでその成果をまとめあげたものである。エグゼクティブＣＨＯの皆様は、それぞれマーケティング戦略、経営企画、コア人材育成など複数の異なるキャリアを積まれ、マーケティングと戦略人事の連動を促進するなど、それぞれの企業にふさわしいトップマネジメント、および補佐役として活動されてきた。そして二〇一三年六月には、二年前に東京海上日動火災保険の初代エグゼクティブＣＨＯに指名された永野　毅さんが、東京海上ホールディングスの社長に就任された。これは本当に素晴らしいことであり、永野新社長は東京海上グループの新しい時代へ向けて、絶対の競争をめざして力強いリーダーシップを発揮されることと確信している。このようなエグゼクティブＣＨＯ協議会の設立に尽力いただいた会長の石原邦夫さんに心より感謝申し上げたい。

なおこのエグゼクティブCHO協議会は、本年七月より「価値創造フォーラム21」に組織的に統合され、「次世代リーダー育成塾」とともにその中の二大中核プロジェクトとして、さらなる展開をめざすこととなった。

(2)「QM義塾社長大学」新体制の構築へ向けて

前述のようなこれからのコア人材の育成をめざそうということで、二〇〇三年六月の「QM義塾社長大学」の設立についてご紹介したい。これは一九八九年に出版されたサンリオの辻信太郎社長の名著『社長大学』にあやかって名付けたもので、皆様から与えていただいた「場」をこれからの人たちに伝承し、絶対価値をもつ揺らぎなきリーダーシップを確立してもらうために、当時のウェザーニューズの石橋博良社長とパソナの南部靖之代表と私と三人で設立したものである。これからの若い五十歳以下の経営者の方に場を提供して、市場主義や資本効率などを中心に教えるアメリカのMBAでは学べない、素晴らしい先達である経営者の皆様からの経営哲学やメッセージをこれからの人たちに直接伝えていこうというものである。

ウェザーニューズ創業者の石橋さんが亡くなられてから新体制を模索していたが、本年六月でQM義塾社長大学設立十年目を迎え、「志が野心に変わらない　トゥルー・アントレプレナーの組織化・持続化をめざして」の共通テーマの下で、偉大な父親の背中を見て育ち、常に〝絶対の競争〟をめざして、永続企業としての持続的発展に力強いリーダーシップを発揮されている四十から五十代の若手経営者の皆様を中心に、一業種一社でQM義塾社長大学の新体制を構築することとなった。

本書の執筆にとりかかっている二〇一三年九月現在の中核的トップマネジメント体制は、伊藤園の本庄大介社長、北野建設の北野貴裕社長、コーセーの小林一俊社長、コンフェックスの小野雅充会長、セイノーホールディングスの田口義隆社長、プロネクサスの上野剛史社長、リョービの浦上　彰社長の皆様となっており、将来的には十社体制をめざしている。

中核的構成メンバーになっていただいた経営者の皆様に、とりあえず次の時代をになう〝エグゼクティブ戦略オフィサー〟を指名していただいたが、さらに各メンバー企業の経営企画、コア人材育成、CSR担当など三名の役員や幹部または幹部候補にご登録いただき、社長大学のコアメンバーを構成して正式には来年の春に開講する予定である。

私自身経営コンサルタントとして、ダイエーの中内　㓛さん、青山商事の青山五郎さん、サンリオの辻信太郎さんなど創業経営者の皆様から、長年にわたって直接薫陶を受けさせていただき、そのことが今の私にとって大きな心の基軸になっている。創業者精神、アントレプレナーシップをどう組織化・持続化するかという問題、セルフ・ガバナンスからシステムとしてのガバナンスへどう展開していくのか、など仕事を通して多くのことを学ばせていただいた。

そして、いかに優れた絶対価値をもつワシ型の創業経営者であっても、残念ながら年とともにワシの翼が衰えていくのである。サンリオの辻さんのように未だにお元気で翼が衰えない方もいるが、一般的にはひとりの人間であるがゆえに、その寿命は永続性をめざす組織の寿命に比べれば短いのである。それゆえ永続性をめざす企業活動のためには、常に時代を超えた優れたリーダーの継続的輩出が不可欠であるといえよう。

その意味から、今回のQM義塾社長大学の新しい体制の構築にあたり中核的トップマネジメントの皆様を中心にして、これからの時代の同族企業・長寿企業の新しいあり方を模索し、その企業文化・組織文化の伝承、絶えざるイノベーションへの挑戦、企業ステージの進化と事業継承問題、リーダーシップの継続性とコア人材の育成、社会貢献活動のあり方などの切り口で探求していくこととしたのである。

この社長大学の特別顧問にはセブン&アイ・ホールディングス 村田紀敏社長、伊藤忠商事岡藤正広社長、三越伊勢丹ホールディングス 大西 洋社長、顧問には一橋大学 米倉誠一郎先生を中心としてご就任いただき、大所高所より私どもにご示唆とご指導をいただく予定である。

さらにQM義塾社長大学の新しい運営体制では私が理事長に、専務理事にパソナキャリアの渡辺尚社長、常務理事にアバージェンスの広川周一マネージング・パートナー、さらにベネフィット・ワンの白石徳生社長、キャプランの森本宏一社長がそれぞれ理事に就任して運営する体制に変更し、十年目の活動を経て今日に至っているところである。私自身四十九歳の時に価値創造をめざす経営者の皆様のご支援のもとに「価値創造フォーラム21」を設立させていただいたので、この社長大学の新しい運営体制も共に四十歳代の若手の理事の皆様に委ねていきたいと思っている。

4 リーダーシップの真贋

以上、長期的人事基盤の確立とこれからの時代のコア人材の育成についてお話ししてきたが、最後に「リーダーシップの真贋」という視点から西郷南洲とジョン・F・ケネディについて述べてみたい。

(1)『南洲翁遺訓』を現代に読みとく

価値創造のリーダーシップを見直すもう一つの目線という意味で、『南洲翁遺訓』を現代に読みとくという話をしたいと思う。

まず今なぜ西郷南洲かということであるが、これは激しく流動化して揺れ動く今日の社会の中で、私自身プロフェッショナルとして自分の信念を貫き通す闘いの最中、ふと「正義の揺り戻しの風」というものを清らかに感じた時に、いつも心に思い浮かべるのが西郷南洲なのである。西郷南洲というのは非常に爽快であり、悠然たる大きな人間的な魅力をもつ維新の英雄である。江戸城無血開城、廃藩置県の断行など、西郷の明治維新に果した役割はとてつもなく大きいものである。そして常にたゆまなき精進と努力の積み重ねにより、武士道精神を受け継いで大きく飛躍させたといえよう。彼自身は儒教、武士道を行動で体現した至誠の心をもつ無私の人で、私はある意味では東洋の心のシンボルではないかと思っている。

ところで『南洲翁遺訓』というのは、彼の心酔者であった出羽鶴岡の庄内藩の旧藩主を含む有志たちが鹿児島に西郷を訪ねて、その時直接薫陶を受け学びとった教えを記録として書き留め後世に残してくれたものである。天を敬い高い志を持つことと人を愛すること、稲盛和夫さんの京セラ社是になっている「敬天愛人」という、南洲のこの思想こそが人を動かす本質だと言われている。

西郷はどちらかというとインテレクチュアルであり、それからインテリジェンスの典型というのはその時代では大久保利通であろう。大久保たちが明治維新における官僚組織をつくり、殖産興業と富国強兵などにより近代化を進めていったわけである。その近代化のあり方や官僚機構の弊害という意味で、同じく西洋文明とふれても感じ方が違ったこの二人の対比を含めて、現代によみがえる遺訓としてとりあげる必要があると思う。このあたりのことを作家の江藤淳氏が、一九九八年に文藝春秋から出版した『南洲随想』で次のように述べている。

「……しかし、西郷が敗北し、城山の露と消えたとき、明治政府は果たして勝っていたのだろうか。政府もまたそのとき、取り返しのつかぬ失敗を露呈させたのではなかったか。西郷は、あの勝ち目のない戦を戦い抜くことによって、いったい何をいおうとしていたのか。それはそもそも言葉になるのか、しからざるか。

……アメリカ人はアメリカン・ウェイ・オブ・ライフということをよく言います。宗教、人種にかかわらず、一旦、米国市民になった人はみんなアメリカン・ウェイ・オブ・ライフというものが、世界で一番自由闊達でいいものだと思う。しかし日本はアメリカより十倍も古い国です。当然、ジャパニーズ・ウェイ・オブ・ライフがないはずはない。

西郷は単なる攘夷論者では決してあり得ない。軍人としても、政治家としても国際社会に決して眼を閉ざしていなかった。そんな西郷にとって、蒸気機関車を持ってきて、鉄道を敷いてガラガラ回せば日本が近代国家になるというのは、虚偽に過ぎない。日本人が〝外〟に合わせていくだけでいいのか──という気持ちがあったのでしょう。

村田にも、大久保に対する批判があった。その辺で、明治維新の改革は、初めからどこかがひと目盛りずれていた。……そんな彼らが〝拙者儀、今般政府へ尋問の廉有之〟と言うからには、立国の根本に対して自分は考えが違うと言いたかったのではないか。立国の根本とは、国民の気概、国民のプライドだと言いたかったのではないか。つまり、ペコペコするな、猿まねをするな。

……しかしすでに明治初期にして、光をもたらすはずの近代化が、実は、影を消していく荒廃のはじまりだということに最初に気づいたのが、西郷と彼に同調した人々だった。西郷の軍に加わった人々の中に村田新八という人物がいた。岩倉遣外使節団の一員として大久保利通とともに西欧各国を見て歩いた人物だ。大久保は村田の見識や判断力を高く評価していた。その村田は、使節団が帰った後も三ヶ月以上パリにとどまり、さらに見聞を深めて帰国した。だが帰国して、東京で、大久保と決裂した西郷が鹿児島に帰ったと聞くと、即日、政府をやめて郷里に帰った。その村田も西郷とともに鹿児島で戦死した。桐野利秋、篠原国幹、別府晋介などといった西郷の幕僚の中で、最も開明的で国際経験の豊かだった村田のような人物が、大久保ではなく西郷を選んだところに日本の近代化のはらんでいた問題があると私は思う。……」

ところで西郷は明治政府の動きについて、新しい時代の新たな幕開けの時だからこそ、まずは進むべき針路を明確に定めなければならないと主張し、明確な国家像、ビジョンが描かれていないと批判していた。西郷というと征韓論や西南戦争における行動から、よく彼は西洋文明を知らなかったのではないかと単純に思われるが、江藤 淳氏も述べているように実はよく知っていたということである。明治維新で人は世を挙げて文明開化に酔いしれる中で、西郷は西洋文明の影と闇の部分に気がついた唯一の日本人であった、とある識者は述べている。遺訓十一条にある西郷の西洋野蛮人論という見解は、欧米列強が互いに覇権を競って、未開の国々に対して武力行使して征服してきた歴史を指摘したものであるが、今日のアメリカのイラク戦争や中東情勢などの動向を見てみると、私はやはり先見の明をもつ達観であったというような気がしている。

いずれにせよ西郷の「場に対する責任をすべてひっかぶり、身をもって示した義に殉ずるという思想」は、我々日本人が忘れかけていた魂を揺さぶるものといえよう。絶対価値をもつワシ型リーダーであった西郷南洲の言葉は、時代を超えた不変の理（ことわり）であり、新しい世界が再構築されなければならない、そして日本のゆくえをこれからの人たちに示さねばならない今こそ、その教えを現代に読みとく意味は重い。

（2）時と永遠―ボストンの思い出とケネディの生家

私にとって初めてのボストンは一九八三年で、今から三十年前になる。先にも述べたが、当時マサチューセッツのケープコッドで会議があり、ここでの会議への出席が初めての体験である。冬のケープコッドの会議に出席し、そこでのベイクド・クラブ・パーティーで海風の強い寒い夜のテラスでビニールをかけて風を防ぎ、出席していた会計士たちとワイワイと楽しいひと時を過ごした際の「焼いたカニの爪と白ワインのおいしさ」が強烈な印象として心に深く刻まれている。

それ以来いつも私はニューヨークに行く時は、必ずボストンから入ることにしている。ボストンでアメリカの原点の香りを大きく吸い込み、時差をとってからニューヨークに行くような旅のスケジュールにしている。

それから一九八〇年代の最後、八九年頃であるがハーバード大学がC&Lのクライアントだった関係で、C&Lのパートナー向けに「グローバル・パートナー教育プログラム」というものを策定した。当時そのプログラムづくりに世界各国から集められ、八名のメンバーのひとりとして私も参加したのである。そして後日出来上がったプログラムに日本人として初めて参加したのが、私が初めてハーバードで過ごした体験となったのである。その頃は競争戦略論のマイケル・ポーターがまだ売り出し中で、このプログラムのセッションのひとつを担当していた。日本人は私一人だったので、例のジャパン・バッシングがすごい時期とも重なり、マイケル・ポーターが〝凍りつく鷲のような相対価値を追求する眼差し〟で私のことをにらみつけ、わざと強い口調で語りかけてきた記憶が強烈な印象として残っている。最近このマイケル・ポーターが「社会的価値」に注目すべきなどと主張しているが、私は当時の体験から何となく不自然で少し違和感を感じている。

その後二〇〇七年の九月上旬にニューヨークへ出張することとなり、いつも通りボストンからアメリカ入りした。久しぶりのボストンは、都市の再開発により高速道路が地下に潜って、チャールズ川の美しい眺めとビーコンヒルの街の美しい灯りなどは全く変わらないが、サブプライム問題や住宅バブル崩壊への流れの中で、以前に比べて全体的に少し荒れたような印象であった。

たまたま半日だけ自由な時間ができたので、一人でブルックラインという隣町の私の大好きな政治家、ジョン・F・ケネディが生まれた家を訪問した。ビールズ通り八十三番地、いかにもボストン郊外という感じで、ケネディの生家の玄関先にかわいいリスが遊んでいたのが印象的であった。ケネディは一九一七年生まれだから、生きていれば九十六歳ということになる。私が中学生の時に暗殺され、ちょうど今年で五十年目にあたる。私はこのブルックラインという町で、最も尊敬する政治家ケネディの死、良き時代のアメリカ精神の源流と衰退するアメリカのゆくえ、そして「静かで大きな時の流れ」というものに深い思いを馳せたのである。

そしてこの十月に、ケネディの長女であるキャロライン・ケネディが駐日大使として赴任することとなり、旧態依然のまま綻びがきている官僚主導の日米同盟を越えて、それぞれの国家レベルでの真の日米同盟の再構築に向けて〝何か新しい大きな流れ〟が動きはじめているのではないか、と感じる今日この頃である。

ところで〈資料6〉は、「時と永遠」という『旧約聖書』コーヘレト書からの引用で、ジョン・F・ケネディが大変好んだと言われる聖書の一句である。やはりすべての出来事には時というものがあるのであり、人との出会いと別れも時というものがあり、生まれてくることも死ぬことも時というものがあるということを示唆している。ある意味で、自分が経営者になって活躍するのもひとつの時があり、そういうすべての出来事に時があるからこそ、自らが「登場する場」に対しては全責任をもってやっていかなければいけないということを私はここから読みとり、これからの人たちに伝えていきたいと思っている。現在のわが国のリーダーである政治家や官僚に欠落しているのは、リーダーシップにおけるこの「時ということに対する認識」と「場に対する責任」だとつくづく思っている。

〈資料6　時と永遠　(旧約聖書　コーヘレト書より)〉

　日の下では、すべてに時期があり、すべての出来事に時がある。

　生むに時があり、死ぬに時がある。

植えるに時があり、植えられたものを抜くに時がある。

　殺すに時があり、癒すに時がある。

崩すに時があり、建てるに時がある。

　泣くに時があり、笑うに時がある。

嘆く時があり、(喜び) 跳ねる時がある。

　石を投げるに時があり、石を集めるに時がある。

抱擁するに時があり、抱擁を避けるに時がある。

　探すに時があり、失うに時がある。

守るに時があり、棄てるに時がある。

　裂くに時があり、縫うに時がある。

黙るに時があり、語るに時がある。

　愛するに時があり、厭うに時がある。

戦いの時があり、やすらぎの時がある。

　労苦することによって、その行為者に何の益があろう。

　私は、神が人の子らに与えて、苦労させる営みを見た。神はすべてをその時にかなって美しく造り、加えて、それらの中に永遠 (性) を付与した。だが人は、神　が造った業の初めから終わりまでを見いだすことは (でき) ない。


　私は知った、その生涯の間、楽しんで (自ら) 幸福を造り出すこと、これ以外に人の幸せはない、と。

　また、すべての人が食べて飲み、そのあらゆる労苦に幸せを見てとること、これこそが神からの贈り物である、と。

　私は知った、神のなすことはすべて永遠 (の世界) に属するのだ、と。それに付け加えるものはないし、そこから取り除くものもない。神が (そう) したのは、彼らが神を畏れるようになるためである。
　起こったことはすでに (それ以前に) 起こったこと、いずれ起こることもすでに起こったことである。神は過ぎ去ったことをまた追い求める。

(『旧約聖書Ⅳ　諸書』岩波書店　旧約聖書翻訳委員会訳)

※二〇一一年九月八日講演「〝絶対の競争〟とクオリティ・マネジメントのさらなる進化」を再編集し、修正・加筆したものです。価値創造フォーラム21（初稿『価値創造21　２０１２』二〇一二年四月三十日発行）

［参考文献二十五冊］

1 高丘季昭『こころざしを持って』リブロポート、一九九七年二月
2 村上和雄『生命の暗号』サンマーク出版、一九九七年七月
3 早川吉春『クオリティ・マネジメントを求めて』致知出版社、一九九七年十二月
4 田中健一『聖徳太子』都市出版、一九九八年六月
5 福原義春『部下がついてくる人—体験で語るリーダーシップ』日本経済新聞社、一九九八年十月
6 江藤淳『南洲随想その他』文藝春秋、一九九八年十二月
7 青木利晴『効率化から価値創造へ——ITプロフェッショナルからの提言』NTT出版、二〇〇四年三月
8 中村保男『絶對の探求—福田恆存の軌跡』麗澤大学出版会、二〇〇三年八月
9 飯倉照平『南方熊楠—梟のごとく黙坐しおる』ミネルヴァ書房、二〇〇六年十一月
10 江崎玲於奈『限界への挑戦—私の履歴書』日本経済新聞出版社、二〇〇七年九月
11 野中郁次郎、嶋口充輝、価値創造フォーラム21編『経営の美学』日本経済新聞出版社、二〇〇七年十一月
12 アラン『アランの幸福論』齋藤慎子訳、ディスカヴァー・トゥエンティワン、二〇〇七年十二月
13 ロバート・B・ライシュ『暴走する資本主義』雨宮寛、今井章子訳、東洋経済新報社、二〇〇八年六月

14 嶋口充輝『ビューティフル・カンパニー』ソフトバンククリエイティブ株式会社、二〇〇八年十月
15 根井雅弘『市場主義のたそがれ―新自由主義の光と影』中公新書、二〇〇九年六月
16 東和男『創成期の豊田と上海―その知られざる歴史』時事通信社、二〇〇九年七月
17 中谷巌『日本の「復元力」』ダイヤモンド社、二〇一〇年五月
18 平田雅彦『ドラッカーに先駆けた江戸商人の思想』日経ＢＰ社、二〇一〇年五月
19 片山修『なぜザ・プレミアム・モルツはこんなに売れるのか？』小学館、二〇一〇年六月
20 ジョン・ダンカン『知性誕生―石器から宇宙船までを生み出した驚異のシステムの起源』田淵健太訳、早川書房、二〇一一年三月
21 和田博文『資生堂という文化装置』岩波書店、二〇一一年四月
22 山下徹『貢献力の経営』ダイヤモンド社、二〇一一年五月
23 青山敦『京セラ稲盛和夫 心の経営システム』日刊工業新聞社、二〇一一年六月
24 山内昌之『リーダーシップ―胆力と大局観』新潮新書、二〇一一年十一月
25 花田光世編著『新ヒューマンキャピタル経営―エグゼクティブＣＨＯと人財開発の最前線』日経ＢＰ社、二〇一三年七月

II

現代の価値創造リーダーたち

1　石原　邦夫　東京海上日動火災保険株式会社　相談役

石原邦夫さんは、現在東京海上日動火災保険の相談役である。二〇〇一年六月に東京海上火災保険の社長に就任されて以来、二〇〇四年十月の日動火災海上保険との合併を経て今年の六月までの十二年間、社長および会長としてグローバル化など激しく揺れ動く保険業界の流れの中で、陣頭指揮の揺るぎなきリーダーシップを発揮され今日に至っている。

石原さんは一九六六年三月に東京大学法学部を卒業し、そのまますぐに東京海上火災保険へ入社し、国内営業・商品開発部門などを中心に活躍された。その後一九九〇年からの情報システム開発部長、情報システム管理部長として今日の東京海上グループの情報システムの基礎を構築された。一九九五年六月に取締役北海道本部長に就任し、その後九八年の常務昇格を経て四年間北海道本部長として活躍し、その間に九七年の北海道拓殖銀行の破綻も目のあたりに体験されたのである。一九九九年六月に情報システム・事務担当の常務取締役として本社に戻り、二〇〇〇年専務を経て、二〇〇一年六月に東京海上火災保険の取締役社長に就任された。その後日動火災海上保険との合併により二〇〇四年十月に東京海上日動火災保険の社長に就任し、二〇〇七年六月に取締役会長となられてから今年の六月まで、二十一世紀に入って激しく揺れ動く世界潮流のもとで十二年間にわたって常に〝絶対の競争〟をめざしてグループを率い、東京海上ホールディングスの今日の確固たる基礎を築かれたのである。

私が石原さんと初めてお会いしたのは二〇〇六年一月で、東京三菱銀行とＵＦＪ銀行の統合により誕生した三菱東京ＵＦＪ銀行の取締役会の席上であった。私自身三年余のＵＦＪホールディングスの社外監査役を経て、新銀行の社外監査役として二〇〇九年六月までの三年半、社外取締役をされていた石原さんとごいっしょさせていただき、当時の厳しい金融行政の流れの中で、常に威風堂々とご自身の意見を述べられる石原さんのお姿に、私は心より感銘を受けたのである。そして石原さんからは社外取締役としての目線とそのご発言から、コーポレート・ガバナンスにおける「パワー&リスク・バランス感覚」、つまり瞬時の攻めと守りのバランスの大切さを教えていただいた。

そもそも東京海上火災は私にとって、今日の価値創造の源流であるクオリティ・マネジメントを探求する代表的企業のひとつとして、一九八一年一月に設立した「ＱＭフォーラム」の発起人メンバー企業になっていただいたのである。そして前述のとおり、まさにちょうど二十五年目の二〇〇六年一月に石原さんとお会いできることとなり、クオリティ・マネジメントの源流を今日まで引き継いでご活躍されているその姿に熱い思いを感じさせていただき、私の前書である『続・価値創造のリーダーシップ』にこの旨書かせていただいた。

その後、坂田藤十郎さんを囲む「藤薫会」や「シルバー・オックス会」などを通して、私自身公私ともに薫陶を受けさせていただいている。とりわけ私が事務局長をつとめるシルバー・オックス会は、「志を同じくする仲間が〝パワー&リスク・バランス感覚〟の確立をめざして自己を磨きあげる場とするとともに、シルバーオックスのようにいかなる困難も突破する〝激しくもしなやかで野性的な行動力〟そして〝研ぎ澄まされた感性と気品〟をもつ人間形成をめざして」という経営者の集まりで、石原さんには会長として今日までお導きいただいている。

さらに長期的コア人材・グローバル人財育成の場である「エグゼクティブCHO協議会」が二〇一一年七月に設立されたが、石原さんには協議会の会長として各社のエグゼクティブCHOの皆様にご示唆いただいている。そして昨年の七月から現代の価値創造のリーダーの象徴として「価値創造フォーラム21」の三代目会長にご就任いただき、大所高所より私どもにご指導をいただいている。そのような意味から公私とも私の人生にとって、石原さんにお会いでき本当によかったと心から感謝申し上げている。

石原さんは一九四三年十月に、旧満州の首都だった新京(現在の長春)で生まれたが、第二次世界大戦が終わりを迎え、ソ連軍の進攻を受けた一九四六年八月にご両親と三人で引き揚げ第一弾として、着の身着のままで満州から戻られた。石原さんが二歳の時で全く記憶に残っていないが、ご両親が残してくれた二十枚あまりの写真から、当時の楽しげな暮らしぶりが伝わる原風景について、二〇一〇年九月の日経夕刊「こころの玉手箱」で語られている。石原さんは経済同友会の中国委員長や副代表幹事として活躍され、仕事を通じて何回も中国を訪れている。二〇一一年九月には、出張の合間に長春の生家付近を訪ねたが、写真に残された風景とは様変わりしていたとのことである。このあたりを「記憶にはなくても有為転変の激しい歴史の流れに翻弄された場所に自分もいたという事実は心に刻み込まれている」と述べられている。

さらに石原さんは、ゴルフやスキーなどスポーツや自然を堪能した四年間の北海道時代のことについて、いろいろな地域から集まった人が築いた北海道の国土は、初対面のよそ者ともすぐ打ち解ける人柄をはぐくんだのであり、満州から引き揚げてどこに住んでも「仮住まい」を感じていた石原さんには、非常に心地よかったとのことで〝こころの故郷〟ともいえる、と自らの幼い頃の思い出とともに語られている。

ところで石原さんは実家が水戸徳川家の「右筆」、つまり殿様の秘書役として手紙や公文書などを代わりに書くのが仕事だったそうで、そのような血筋もあってか、幼い頃から書道が好きで得意であったそうである。そして書道に最も打ち込んだのが大学時代で、駒場キャンパスでも本郷キャンパスでも、それぞれ書道部、書道クラブで活躍され、真っ白な紙に自分の世界を書き、自らの感性と腕を磨くとともに、書道の本質である〝道を究める〟ことを学ばれたものと拝察している。

このような背景があるからこそ石原さんは、一九九〇年から九五年までの五年間、当時世界で最も情報ネットワーク化が進展していた時期に情報システム開発・管理の責任者として活躍され、さらに社長・会長としてグループの経営を陣頭指揮された十二年間、まさに激しいグローバル化と情報ネットワーク化の二重のうねりが押し寄せた流れの中でも、「市場原理と人間原理の融合」と「インフラと感性の両立」をめざし、業界のトップランナーとして東京海上グループの王道をゆく事業展開を導かれたと私は思う。

石原さんは東日本大震災直後の『価値創造21　２０１１』の特別寄稿「価値創造」で、価値には時代を越えて存在する普遍的価値と、常形なく変化する動的価値があると指摘されている。そして「……普遍的価値を磨く中で、若き才能が動的価値を創り出す。両者は決して相反するものではない。価値創造において大切なのは、日本の誇る普遍的価値を再認識するとともに、新たな動的価値への洞察を深めることであろう。ＮＨＫの「坂の上の雲」を見ると、熱情に目を輝かせた若き先人達が、西欧列強を目指し、激動の時代を駆け抜けたことを思いおこす。彼らは、日本の普遍的価値を共有しつつ、海外文化の強烈な刺激を取り込んで、次代に続く動的価値を生み出した」と語っている。さらに今回の東日本大震災で、生まれ育った故郷を失うことへの石原さんの共感も込めて、「難局に面したいまこそ、熱い思いを抱いて、私達が新たな目標に向かって船出することが重要であろうと思う」との呼びかけは、まさに石原さんご自身がこれまでいくつもの困難を乗り越えて来られたが、その揺るぎなきリーダーシップの原点と基軸について語られているように私には思えてならない。

いずれにせよ石原さんは、常に理性と感性、市場原理と人間原理をあわせもち、さらに人間的魅力あふれる西郷南洲的香りも漂わせ、グローバルな視野と絶対価値をもつ現代の代表的な価値創造リーダーであると思う。このことは経団連副会長、日米財界人会議の日米経済協議会副会長として活躍される財界活動などにおいても、日本とアメリカの真の意味での橋渡し役としてグローバルに通用する価値を創り出し、ＳＡＭＵＲＡＩ精神とともに日本から世界へ向かって発信されているのである。

石原さんは会長として社員に向けた最後の講話で、「さて、私は今年の株主総会で、相談役になります。入社以来およそ半世紀にわたり東京海上日動と共に過ごしてきました。当社の社風といいますかＤＮＡがしっかりしみついています。今後は、これを財産として様々な活動に生かすと共に当社の発展に役立つことができればと思っています。有難うございました」と語りかけている。いまから百年前の一九一四年、東京海上保険から日本初の自動車保険が誕生し、東京海上グループの「人とクルマへの思い」が走り出したのである。〝Quality〟などの企業遺伝子は、石原さんはじめ歴代の経営者の皆様によって受け継がれ、これからの時代に向けてさらに深化されるものと確信している。

2　佐治　信忠　サントリーホールディングス株式会社　代表取締役会長兼社長

佐治信忠さんは現在サントリーホールディングスの会長兼社長である。サントリーグループは今年で創業百十四周年を迎えるが、これまでも数多くの試練を〝思い切った脱皮〟を繰り返すことによって乗り越え、成長を果たしてきたのである。「赤玉ポートワイン（現在の赤玉スイートワイン）」に始まり、日本発の本格的なウイスキーづくり、ビール事業への進出や一九八〇年代からのM＆Aへの挑戦、さらに一九九〇年代に総合酒類食品企業を実現したサントリーグループの今日までの歩みは、人のやらないこと、新しいことへ挑戦し革新することの連続であった。サントリーならではの企業遺伝子が、様々な新しい価値を創造してきたといえよう。このような流れの中で、二〇〇一年三月にサントリーの社長に就任した佐治さんは、グローバル化の激しいうねりと構造デフレ、さらにリーマン・ショックなど大きく揺れ動く経営環境の下で、常に〝絶対の競争〟をめざし新しい時代に向けた企業ステージの進化に陣頭指揮のリーダーシップを発揮されてきたのである。

佐治さんは一九六八年に慶應義塾大学経済学部を卒業し、すぐ渡米して一九七一年にカリフォルニア大学ロサンゼルス校経営大学院を卒業した。同年四月にソニー商事へ入社し三年間の社会人生活を経験し、一九七四年六月にサントリーへ入社された。その後一九七九年八月からサントリーインターナショナル社長としてニューヨークへ赴任。一九八一年八月からのサントリー大阪支店長などを経て、一九八二年六月に三十六歳で取締役に就任し営業部門を中心に活躍された。そして一九八四年六月に常務取締役、一九八七年六月に専務取締役、一九八九年三月に取締役副社長に就任し、主として営業・マーケティング戦略分野を担当し、二〇〇一年三月に五十五歳の若さでサントリーの代表取締役社長に就任した。その後サントリーグループの持株会社化に伴い、二〇〇九年二月にサントリーホールディングス代表取締役会長兼社長に就任し今日に至っている。

私と佐治さんとの最初の出会いは二〇〇〇年の秋で、私の長年の友人である外科医の北野善昭先生が独立して、クリニック開設を記念して開催されたパーティーの席上であった。佐治さんが北野先生の高校時代からの知り合いで、佐治さんのホームドクターをしていた関係で佐治さんが主賓として出席され、サントリーの社長になる直前の佐治さんとお目にかからせていただいたのである。それ以降北野先生たちとの関係も含めて、佐治さんには大所高所より長年にわたって薫陶を受けさせていただいている。

そもそもサントリーと私のご縁は、一九八一年のQMフォーラム創立メンバー企業になっていただいた時に遡る。そして佐治さんのお父上である佐治敬三さんにはクオリティ・マネジメントの先駆者として、当時のサントリー社長のお立場から「パイオニア精神」と「やってみなはれ」の原点について、一九八三年二月の『QM第四号』で語っていただいたのである。その中でも印象的なのは、「仕事の上での父とのふれあいが、激しい商人魂とのふれあいから始まったことに、私は感謝したい」というお言葉である。まさにこれが親子が絶対価値を継承して共有していく原点なのであり、佐治信忠さんは亡くなられた敬三さんのこのような血を引いていて、現在様々な分野でサントリーの新しいステージを構築されていると思う。また佐治敬三さんが専務時代の一九六〇年に、父親の鳥井信治郎氏に対して、「特色のない、ただのビールやなく、クッキリとした個性をもったビールをつくりたいんや」とビール事業への決意を初めて伝えたとき、黙って話を聞いていた信治郎氏は、ただひと言「…やってみなはれ」とおっしゃったとのことである。

私はこれが近年、〝絶対の競争の香り〟のする「ザ・プレミアム・モルツ」誕生にまで連なっており、五十年余の時空を超えて素晴らしいことだと思っている。さらに二〇一三年インターナショナル・スピリッツ・チャレンジ（ISC）において、「響21年」がウイスキー部門で最高賞を受賞するとともに、高品質で多彩な製品を生み出したメーカー（ディスティラー）の中から一社にだけ贈られる極めて栄誉ある賞「ディスティラー オブ ザ イヤー（Distiller of the Year）」を受賞した。まさに品質こそがお客様との信頼の絆をつなぐ生命線なのである。

佐治さんは二〇〇一年三月にサントリー社長に就任して以来今日まで、創業者・鳥井信治郎氏のチャレンジ精神「やってみなはれ」を受け継ぎ、時代の流れの中で組織的に深化させ、激しく揺れ動く経営環境の下で「人のやらないこと、新しいことに果敢に挑戦」し続け、自由闊達な社風のもと新たな価値の創造に向けて、陣頭指揮の揺るぎなきリーダーシップを発揮されてきたのである。そして新たな価値の創出の原点について、佐治さんは「市場の中で強烈な存在感を示していくためには、ナンバーワン、オンリーワンになる付加価値の高い商品をどこよりも早く生み出すことです。しかし新たな価値の創造とは、R&Dに限ったことではありません。営業、生産、サプライチェーン・マネジメントといったあらゆる部門で、新たな価値の創造に挑戦していかなければならないのです。そして、すべての挑戦、革新ではスピードこそがキーワードであることを忘れてはなりません」と〝絶対の競争〟への熱い思いを語られている。

そしてサントリーグループは企業ステージを進化させる中で、今日では酒類や清涼飲料事業にとどまらず、健康食品・外食・花・サービス関連事業など新規分野の開拓、さらにM&A戦略などによりアジア、オセアニア、欧州、米州、中南米、アフリカでの事業拡大など、多様な事業をグローバルに展開する総合酒類食品企業をめざして成長を続けている。さらに今年の七月にサントリー食品インターナショナルが東京証券取引所に上場し、グループ経営の新たなステージを迎えた。そして最近、二〇〇九年のオランジーナ・シュウェップスに続いて、欧州の定番飲料ブランドを有するグラクソ・スミスクライン社の飲料事業を調達した資金で買収するなど、グローバルな分野で新しいかたちでの価値創造へ挑戦し続けているのである。

私がおつき合いを始めた一九八〇年代の始め頃から、当時のサントリーでは最先端のＭＩＳの構築など優れた情報システムの活用などにより、常に「インフラと感性の共存する企業づくり」をめざしてきたのである。そして最近のグローバル化と情報ネットワーク化の激しいうねりの中でも、サントリーではＩＴを駆使した先端的なシステムの構築と現場・現物、現実の体感を常に優先することで情報に対する感度を磨き続けている。このあたりのことを佐治さんは、「どこでも重要なことは、自らが現場に行き、顧客の声を聞き、消費の現実を見て感じることです。そして、こうしたＩＴ技術やシステムを活用しながら、どこに問題、課題が潜んでいるのかを判断し、次の考動に生かすことができるのは人間だけです」とも指摘されている。

これまでの成長の原動力「やってみなはれ」とともに、サントリーの源流には「利益三分主義」の精神が脈々と流れている。これは、創業者・鳥井信治郎氏の信念で、事業で得た利益の一部は必ず「社会への貢献」のために役立てたいという強い思いである。創業期より継続している、養護老人ホームや学校運営等の活動も受け継ぎながら、企業理念「人と自然と響きあう」、コーポレートメッセージ「水と生きる」にもとづき、文化活動としてサントリー芸術財団、サントリー文化財団、サントリーホールやサントリー美術館の充実も図っている。また、環境経営の核として取り組んでいる水源涵養活動「天然水の森」や、水を育むことの大切さを伝える次世代教育活動「水育」、野鳥の保護をはじめとする愛鳥活動など、様々な活動を通じて社会との共生を進めるなど、さらなる社会貢献活動へと進化させている。

こうしたサントリーの絶対価値の実現をめざす多彩な活動こそが、サントリーグループが他の企業グループと大きく一線を画すものである。このあたりのことを佐治さんは、「常に社会との共生を実現しながら成長を目指してきたことがサントリー独自のＤＮＡであり、誇りです。社会と真に共生する〝Growing for Good〟な企業として、我々は成長を実現していくのです」と力強く語られている。佐治さんは感性とインフラが共存し、市場原理と人間原理が見事なほど融合したサントリーの企業文化・組織文化の下で、常にマーケティングと戦略人事が連動した将来をになうコア人材の育成をはかっている。加えて、最近ではグローバル人材の育成、ダイバーシティの推進などにも尽力され、企業ステージの進化を〝絶対の競争〟をめざすかたちで実現することに陣頭指揮のリーダーシップを発揮されている。佐治さんはそのような意味で、グローバルな視野と絶対価値をもつ現代の代表的な価値創造リーダーなのである。佐治さんはサントリーのさらなるグローバル化への流れの中で、優れた日本文化を〝ＳＡＭＵＲＡＩ精神〟と〝日本人の誇り〟とともに世界に向けて発信し、グループとしてお客様に新しい価値をいち早く届けられるよう考動する揺るぎなきリーダーシップを発揮され続けている。

3　大八木　成男　帝人株式会社　取締役会長

大八木成男さんは現在帝人の取締役会長である。リーマン・ショック直前の二〇〇八年六月、長島 徹さんの後任として帝人グループのトップに就任し、現場を預かるグループ事業会社の社長たちと一体となって、帝人グループの発展のために陣頭指揮のリーダーシップを発揮され今日に至っている。

大八木さんは東京都八王子市の出身で、慶應義塾大学経済学部を一九七一年三月に卒業し、帝人に入社された。入社後すぐ化学品開発部に配属され新入社員生活を送り、一九七五年一月から一年半ほど海外研修生としてアメリカのバブソン大学に留学し、今日のグローバルな視野の基軸を築かれた。帰国後は医薬業務部、帝人医薬出向などを経て、主として医薬営業企画部門を中心に活動し、一九九二年二月に医薬営業企画部長に就任した。そして一九九八年に東京支店長、九九年に執行役員、二〇〇一年に常務執行役員に昇進し、医薬営業部門の責任者として今日の医薬事業発展の基盤をつくられた。

二〇〇一年十一月に安居祥策さんの後任として長島 徹さんが社長に就任した新体制の下で、大八木さんは二〇〇二年四月に医薬事業本部長に、六月に帝人グループ専務執行役員に就任された。そして医薬医療事業グループ長として活躍し、二〇〇三年十月の帝人ファーマ設立に伴い代表取締役社長に就任された。大八木さんは帝人グループの業務についても、二〇〇五年四月からCIO、二〇〇七年四月からCSOとしてグループ経営の発展に尽力し、二〇〇五年に常務取締役、二〇〇六年に専務取締役に就任し、二〇〇八年六月に長島　徹さんの後任として代表取締役社長執行役員CEOに就任され、二〇一四年四月に取締役会長に就任された。

私が大八木さんと初めてお会いしたのは、二〇〇六年の夏頃で、当時価値創造フォーラム21の理事長をされていた長島さんのご紹介で、CIOとしてグループ情報システムを担当していた時である。そして偶然大八木さんが、私がQMフォーラム設立以来長年にわたってご指導いただいていた慶應義塾大学の故加藤　寛先生のゼミのご出身とわかり、それ以来、公私とも親しいおつき合いが始まった。その後長島さんの後任として、二〇一〇年四月から価値創造フォーラム21の理事に就任され、今日のフォーラム活動の中心的役割を果たしていただいている。さらに二〇一一年七月の長期的コア人材・グローバル人材育成の場である「エグゼクティブCHO協議会」の発足にあたり、ANAホールディングスの伊東社長とともに協議会設立の実質的発起人となっていただいた。

二〇〇八年一月下旬、帝人は六月の株主総会で大八木成男さんが社長に就任する人事を発表した。大八木さんは当時帝人ファーマ社長などとして、在宅医療分野での企業買収を通じ米国に進出するなどグローバル展開の足がかりをつくったが、帝人九十年の歴史で非繊維出身の初の社長誕生となったのである。同日の記者会見で大八木さんは、「新規事業の創出が企業の生き残りに不可欠」と発言し、高機能繊維の強化など既存事業の拡大とともに、これらの幅広い事業を組み合わせた新規事業の創出とグローバル展開により「グローバルエクセレンスの獲得」をめざすと抱負を語られた。同席した長島 徹さんは後継を託した理由として、新規事業であった医療事業を育ててきた実績とともに、「企業のトップには明るさと実行力が必要だが、どちらも私より上。心のキャパシティも広い」と熱いエールを送られたのである。

しかしながら、厳しさ増す素材産業の流れの中でも長期的な視点で目標設定し、「十年かけて高収益の体質に変えていくことが基本方針です。技術革新に基づくイノベーションを推進し、成長性と収益性の向上をめざす構造改革をやりたい」とスタートした大八木社長のこの五年余は、あまりにも厳しい状況の連続であったといえる。まず社長就任直後の二〇〇八年九月にリーマン・ショックの直撃を受け、十月に第一次非常事態宣言、翌年一月に第二次非常事態宣言を実施した。二〇〇九年四月に経営基本計画による構造改革と中長期的成長戦略をスタートさせ、松山工場を縮小しタイに生産シフトするポリエステル事業構造改革などに着手した。しかしその後、二〇一一年三月の東日本大震災、同年秋のタイの洪水被害、さらに二〇一二年の尖閣問題などによる中国との関係悪化など、想像を絶する出来事が続いたのである。

しかしながら大八木さんは、このような厳しい状況の中にあっても、常に将来に向けて自力成長できる技術を基軸に安定した事業構造への転換をめざし、二〇一一年三月にはコスト削減策と事業の構造改革が完了し「非常事態宣言」を終結させた。そしてポートフォリオの変革によるさらなる事業基盤の構築のため、「グローバル化」「営業力の強化」「ダイバーシティの加速」に注力し、二〇一二年二月に中長期経営ビジョン「CHANGE for 2016」の策定により、事業、地域、技術、人財の四つのポートフォリオ変革を掲げ、成長分野を中心に大型投資を行っていく積極経営に転じたのである。

また全体最適に向けて素材事業の中核会社などを段階的に帝人本体に取り込むなど、グループ会社の統合再編や機構改革を実施した。さらにソリューション提供型の取り組みである「ニトリとの新機能商品開発プロジェクト」の展開や「GMと量産車に向けて共同で熱可塑性CFRPの製品開発合意」、営業力強化に向けた「マテリアルビジネスアカデミー」などを発足させた。このように大八木社長は、技術や人財の分断、組織の壁をなくし、常に〝絶対の競争〟によるグループ全体最適をめざし、「One Teijin」を強化することに陣頭指揮の力強いリーダーシップを発揮され今日に至っている。

このような大八木さんの揺るぎなきリーダーシップは、私の目からは〝シルバー・オックス〟そのものであるといえよう。大八木さんには、私が事務局長をしている「シルバー・オックス会」の創立メンバーになっていただいたが、この経営者の会がめざす「研ぎ澄まされた対外感度、いかなる困難も突破する激しくもしなやかで野性的な行動力と胆力をもつリーダーシップ」がその原点であるように感じている。当時「研ぎ澄まされた感性と気品をもつフロネティック・リーダーをめざす」という「シルバー・フォックス会」の会長であった長島さんが、半分冗談で「大八木さんはシルバー・フォックスではない」というお話の流れから、新たに「シルバー・オックス会」が誕生したのである。大八木さんのこれまでの五年間をふりかえってみると、長島さんのこのご発言は〝顔のかたちや雰囲気〟が違うということ以上に、まさに大八木さんのリーダーシップの本質を示唆されていたのかもしれない。

さらに、このように物事に動じず胆力のある大八木さんのルーツは、幼い頃の八王子の生家における原風景にある。大八木さんの実家は代々、神奈川県津久井で糸の卸や撚糸を商いとしていたそうである。もともと津久井は、江戸時代後期から昭和初期にかけて養蚕と織物産業が発展した地域で、後に移転する八王子とも〝絹街道〟を通じて結びつきが深かった。大八木さんはこのような縁もあり、子供の頃から「帝国人造絹糸」と書かれた人絹箱を使って遊んだり、糸に慣れ親しんで育ったのである。ご両親が家業で多忙だったこともあり、大八木さんは幼い頃から自立心が旺盛だった。幼稚園に入る年頃になったとき、自分で勝手に幼稚園に通い始め、「知らない間にどこかの子が紛れ込んでいる」と大騒ぎになったこともあったとのこと。大八木さんは幼い頃のご自身を振り返り「腕白なガキ大将だった」と述懐するが、何事も人に頼ることなく、自分で決め自分で実行する少年であったようである。

大八木さんの座右の銘は「誠意、それが将」だが、これは大学を卒業する時に加藤寛先生から一人ずつ卒業アルバムに贈られた格言であったとのこと。卒業当初は、大八木さんはこの言葉の真意を測りかねていたが、やがて「上に立つものは命令だけしていれば良いというものでなく、自ら一生懸命やることで、下の者にも通じるようになる」という意味だと理解するようになったとのことである。いかにも大八木さんの今日のリーダーシップを予見するような言葉であり、さすが洞察力の深い加藤寛先生のメッセージは本当に素晴らしいものであると思っている。

帝人の設立は一九一八年であり、今年で九十五周年を迎える。帝人の歴史はまさに「変革と挑戦の歴史」そのものなのである。とくにリーマン・ショック後の激しく流動化する経営環境とグローバル競争の下で、常に商品やサービスのイノベーションに挑戦し続け、それを支える人財育成プログラムを策定し、価値を創造するコア人財・グローバル人財の育成などに尽力されている。〝魂の基軸〟をもって困難な状況を乗り越え、常に〝絶対の競争〟を通して力強いリーダーシップを発揮してきた大八木さんは、顧客とともに進化しＭＤ業務改革をリードする現代の価値創造リーダーなのである。

4　伊東　信一郎　ＡＮＡホールディングス株式会社　代表取締役社長

伊東信一郎さんは現在ＡＮＡホールディングスの社長である。二〇〇九年四月に山元峯生社長の後を受けて全日本空輸の社長に就任され、二〇一三年四月のＡＮＡグループの持ち株会社への体制移行を経て、ＡＮＡグループのトップとして今日に至っている。

伊東さんは宮崎県のご出身で、一九七四年三月に九州大学経済学部を卒業し、そのまま全日空へ入社された。入社後は、営業・整備・空港部門、本社など幅広い分野を経験した後、一九九九年に社長室事業計画部長、二〇〇一年に人事部長に就任された。そして二〇〇三年六月に取締役執行役員として営業推進本部副本部長兼マーケティング室長に就任し、全日空のマーケティングと戦略人事の連動した体制づくりに尽力された。その後二〇〇四年に常務取締役、二〇〇六年に専務取締役、二〇〇七年に代表取締役副社長に昇進し、CS推進会議議長、CS推進室担当、営業推進本部長として活躍し、今日の全日空の〝絶対の競争〟をめざす経営基盤の確立に力強いリーダーシップを発揮されたのである。そして二〇〇九年四月に全日空の代表取締役社長就任後は、グループガバナンスの強化に尽力され、二〇一三年四月には持株会社となるＡＮＡホールディングスの代表取締役社長（全日空の会長兼務）に就任。航空業界の激しい環境変化の中で、事業ポートフォリオの見直しや航空関連事業への戦略的投資等を含めて、持続的成長をめざし陣頭指揮の力強いリーダーシップを発揮されている。

私とＡＮＡグループとのご縁は、大橋洋治会長に二〇〇七年の四月から価値創造フォーラム21の特別幹事会社としてご参加いただいてからである。当時の全日空は私たちと出会う以前から、二〇〇一年四月に社長に就任された大橋さんのリーダーシップの下で、二〇〇二年四月にグループ経営ビジョンを発表して「価値創造経営の本格的実践」を柱に改革実行をスタートさせていた。その意味で全日空の歴史は、価値創造の歴史そのものなのである。

このような流れの中で二〇〇八年四月から全日空にフォーラムの代表幹事会社、大橋さんにフォーラムの二代目会長に就任していただき、新しくフォーラムの理事として当時副社長であった伊東さんが参加され、これが私と伊東さんの最初の出会いとなったのである。そして伊東さんにはフォーラム理事として、二〇〇九年十月のフォーラムの一般社団法人化の中心的役割を果たしていただき、さらに二〇一一年七月発足の長期的コア人材・グローバル人材育成の場である「エグゼクティブＣＨＯ協議会」にも、伊東さんに実質発起人として尽力いただいたのである。さらに伊東さんには、二〇一二年四月から価値創造フォーラム21の五代目理事長に就任され、十六年目を迎えるフォーラム活動の発展に力強いリーダーシップを発揮していただいている。

さて伊東さんが社長に就任されたのは二〇〇九年の四月であるが、ちょうど日航再建問題がクローズアップされた時期と重なっている。八月には国土交通省により「日本航空の経営改善のための有識者会議」が設置され、民主党政権になった九月以降、法的根拠がない「JAL再生タスクフォース」が設立されたがすぐに解散。企業再生支援機構がJAL再建の支援を開始し、政府主導でフルパッケージ型の再建が開始された。各紙の朝刊一面で、日航再建が政府主導で抜本リストラを迫ることが発表された九月二十六日には、ちょうど私どもフォーラムの「次世代リーダー育成塾」の記事が日経新聞の十二面に掲載された。当時の日本航空と全日空の経営体質・改革格差の根本的な違いと日本航空の危機の本質が浮き彫りにされ、各方面から大きな反響があったのは記憶に新しい。

この記事の中にある伊東信一郎社長と高 巖先生との対談「インテグリティーと顧客満足」で、全日空はアジアを代表する航空会社になることが目標で、「あんしん、あったか、あかるく元気！」をグループ全体の合言葉とし、品質、顧客満足（CS）、価値創造でそれぞれトップになることを目指してリーダーシップを発揮してきた、と伊東社長は述べている。さらに、「全社的なCSマインドの醸成、組織力を高めるための社員のエンパワーメント重視により、全社で危機感を共有しながら価値創造への挑戦をし続ける」と力強く宣言されたのである。また経営者が自らの言葉で理念を熱く語り、行動する、言行一致のリーダーシップに関連して、

「現場と徹底して語り合うことです。会社の理念がすべての社員のＤＮＡに埋め込まれるまで、浸透させなければと考えています」、さらに会社のかじ取りで支えとする言葉について、「現在窮乏、将来有望です。これは、初代社長の言葉です。どんなに時代が厳しくとも、希望を持って努力し続けなければいけません。また、インテグリティー（誠実さ）を貫く経営の大切さも痛感しています」とも語っている。

しかしながら、リーマン・ショックの色濃く残る状況からスタートした伊東社長のこの四年半は、二〇一〇年一月の日本航空の経営破綻、会社更生法と政府出資の下での日航再建と再上場問題など、常に〝公正の競争〟の面からの日航再建問題の重圧に加え、新型インフルエンザ、東日本大震災、領土問題などをめぐる中国との関係悪化、最近のＢ７８７の運航停止問題など、企業としての存亡の危機ともいえる厳しい状況であったといえよう。さらに航空業界自体も大転換を迎え、首都圏発着枠の拡大や航空自由化の流れ、アジアの急激な成長の中で内外のＬＣＣの参入や、外国航空会社を含む競合他社の勢力拡大、国境を越えた買収・合併など取り巻く環境は激しく流動化している。

このような状況の中で伊東社長は、グループで力を合わせて「強く生まれ変わる」を合言葉に、生産性向上や品質向上、さらに顧客満足のさらなる向上など、常に〝絶対の競争〟をめざして様々な改革に邁進し、陣頭指揮の揺るぎなきリーダーシップを発揮してこの難局を乗り越え、ＡＮＡグループの今日を導かれたのである。伊東さんの日航再建問題をめぐる〝公正の競争〟の視点からのご発言は、これまでの〝立ち位置〟からして至極当然のことであると私は思っている。また二〇一三年の三月末にＡＮＡグループは、「英国スカイトラックス社の５スターキャリア」の認定を受けた。日本のエアラインとしては史上初の快挙であり、ＡＮＡグループが常に〝絶対の競争〟をめざして、グローバルレベルでのクオリティと顧客満足度をめざしてきた努力の結果といえよう。

現代の代表的な価値創造リーダーである伊東さんのリーダーシップの原点は、前述の「物事に動じずインテグリティを貫く経営姿勢」と「退路を断って背水の陣で臨む胆力」であろう。このあたりのことを亡くなられた山元峯生前社長が、「私心のなさ、肝のすわり具合、心の広さ」の三点を後任指名の決め手にされたと語られていた。この社長交替時の記者会見の模様がテレビのニュースで放映されたが、山元さんの伊東さんを見つめる〝絶対の信頼の眼差し〟は、私を含め誰からみても鮮明に心に刻み込まれているといえよう。

伊東さんは宮崎の西都市という宮崎平野の自然の中で育ち、四季折々に移り変わる自然といきもの全般に親しみを覚えて、幼少のころから山歩き、川遊び（釣り・魚捕り）が大好きだったそうである。自然との共生の中で育たれた伊東さんの現在の趣味も魚釣りや家庭菜園などである。伊東さんの座右の銘、好きな言葉は『得意澹然、失意泰然（とくいたんぜん、しついたいぜん)』とのことで、勝 海舟が深く感銘を受けたことでも知られている。得意絶頂の時であっても常に謙虚で冷静沈着に、失意の時にも意気消沈することなく、逆に大所高所から泰然と構えることが大切だという意味である。このあたりが伊東さんの威風堂々とした人間性の原点なのかもしれない。伊東さんは常にフェアネスと仲間との信頼関係を大切にされ、ともかく伊東さんのまわりには自然体で人が寄ってくるのである。伊東さんの生い立ちと宮崎人としての素朴さ、九州人としての誇り高き立ち振る舞いに、私はとても深い感銘を受けている。

ＡＮＡグループもこの四月からＡＮＡホールディングスとして持株会社に移行し、激しいグローバル競争の中で各事業会社の自律的経営とグループ経営の強化により、大競争時代を勝ち抜くためさらなる迅速経営で攻勢をかけることになった。ＡＮＡグループはこの新体制に移行するにあたり、新しい経営理念と経営ビジョンを策定した。新経営理念は「安心と信頼を基礎に世界をつなぐ心の翼で夢にあふれる未来に貢献します」、新経営ビジョンは「ＡＮＡグループは、お客様満足と価値創造で世界のリーディングエアライングループを目指します」である。「マーケティングと戦略人事の連動」と「感性とインフラの共存」するＡＮＡグループは、伊東信一郎社長の〝絶対の競争への視座〟を軸とした価値創造のリーダーシップの下で、今後のさらなるグローバル化を含む経営戦略の展開と成長を支えるコア人財・グローバル人財の育成など、さらに大きく飛躍し続けるものと確信している。

5　林田　英治　ＪＦＥスチール株式会社　代表取締役社長

林田英治さんは現在ＪＦＥスチールの社長である。二〇〇二年九月ＮＫＫと川崎製鉄の二社が経営統合しＪＦＥが発足して以来、ＪＦＥホールディングスの役員として統合後の業務に尽力し、二〇〇九年四月にＪＦＥスチールの代表取締役副社長、二〇一〇年四月に代表取締役社長に就任された。二〇一〇年五月から二〇一二年五月まで、日本鉄鋼連盟会長としても活躍されたのである。

林田さんは神奈川県藤沢市で生まれ、一九七三年三月に慶應義塾大学経済学部を卒業し、そのまま川崎製鉄に入社され、主として水島製鉄所の生産現場や本社の経理部門を中心に活躍した。その後、ＩＭＤ（スイス）への留学、川崎製鉄の出資先であるＡＫスチール社（米国）での勤務を経て、一九九七年に鉄鋼企画部企画室主査、一九九八年に経営企画部海外事業管理室長に就任し、一九九九年から合併直前まで経理部長として活躍された。

二〇〇二年九月のＪＦＥ誕生後は、ＪＦＥホールディングスの管理部門担当役員として、二〇〇三年の事業会社の統合によるＪＦＥスチール誕生を主導し、さらに技術、生産現場、人事制度など統合後の新しいＪＦＥグループのめざす姿の実現に向けて尽力された。二〇〇二年九月の常務執行役員を皮切りに、二〇〇五年四月に専務執行役員、二〇〇八年六月に代表取締役専務執行役員へと昇進し、リーマン・ショックの影響の色濃く残る二〇〇九年四月に代表取締役副社長としてＪＦＥスチールに移り、二〇一〇年に代表取締役社長に就任され今日に至っている。現在ＪＦＥホールディングスの代表取締役も兼任されている。

私と林田さんとの最初の出会いは、二〇〇三年春に当時のＪＦＥスチール社長であった數土文夫さんに、フォーラムでのご講演の依頼に伺った時であった。その年の十二月のご講演を経て、數土さんがＪＦＥホールディングスのトップとして移られた後、二〇〇六年四月からＪＦＥホールディングスに価値創造フォーラム21の代表幹事会社に、數土さんに初代会長にご就任いただき、その窓口として林田さんと私たちとのおつき合いが始まったのである。

林田さんの圧巻は、何といっても二〇〇六年四月のキックオフ大会での數土さんの代理講演であった。急に數土さんが体調を崩され入院したため、「ＪＦＥの経営が目指しているもの」というテーマで林田さんに代理講演していただき、數土さんの想いを伝えるという意味で大変素晴らしいお話をされたのである。その後林田さんには、數土さんの後任として二〇〇八年四月から二〇一〇年三月までの二年間、フォーラムの理事としてご活躍いただき、二〇〇九年十月のフォーラムの一般社団法人化に尽力いただいたのである。

川崎製鉄において數土さんと林田さんは、一九九七年頃林田さんが鉄鋼企画部、経営企画部の時代からＪＦＥの誕生までの五年間位、経営企画担当役員をされていた數土さんの下で林田さんは直接仕事をされ、大きく成長されたとのことである。そして統合後のホールディングスの役員として、數土さんといっしょに統合後の実務、財務とＩＲ、企画と経理、さらに人事などを担当し、現場を熟知している事務屋のトップとして、技術屋の目からも尊敬された方であったとのこと。この頃の林田さんのリーダーシップについて、數土さんは「人の長所に目をつける感応派タイプで、いろいろな場面で切れ味が鋭いのを感じていた。ダイバーシティに対しても能力をもち、多様性に理解を示して協調し、すべて前向きに検討しましょうという参謀タイプの経営者である。そして人間性については、私利私欲がなく淡白で、公明正大を大切にし、常に透明性をもとうとしている」と語られている。

ＪＦＥスチールに移ってからの林田さんは、副社長、社長時代を通じてさらなるグローバル化に力強いリーダーシップを発揮されたが、この原点は一九八九年からの米国ＡＫスチール時代にあるそうである。林田さんのひとつの転機となったのは、三十五歳の時スイスのＩＭＤへの留学で、今日のグローバル・ビジネスの源流を体得された。日本に戻ってきてから、経営参謀としてＡＫスチールへの出資検討プロジェクトに関与された。そして一九八九年から五年三カ月、自らオハイオ州にあるＡＫスチールで勤務し、当時の江本寛治専務（後に社長）の下で、現地で悪化する業績の立て直し、財務リストラ、そしてナスダックへの上場も経験されたのである。林田さんはオハイオでの五年余の生活で、当時の激しい日米経済摩擦とその後九〇年代初頭の「強いアメリカの再生」を目のあたりに体験されたものと拝察する。

ＪＦＥスチール社長に就任されてからの林田さんは、二〇一〇年七月のインド・ＪＳＷスチール社への資本参加・技術協力を皮切りに、タイにおける自動車用溶融亜鉛鍍金ライン建設の決定、ベトナムにおけるスパイラル鋼管製造会社の買収。二〇一一年には豪州・インテグラ炭鉱権益の追加取得、レアメタル・ニオブ生産企業への共同出資、中国・広州ＪＦＥ鋼板有限公司冷延鋼板製造設備稼働、ブラジル鉄鉱石生産販売会社ＮＡＭＩＳＡ株式の追加取得。二〇一二年十月のタイ・サハビリヤスチールとの協力関係強化、二〇一三年六月のインドネシアにおける自動車用溶融亜鉛鍍金ライン建設決定と、原料の自社権益比率の向上と新技術の開発の下で、アジアでの事業拡大を中心とした確固たるグローバル化体制の構築を促進された。

国内事業においても、ＪＦＥスチールグループ電炉事業再編で二〇一二年四月の「新ＪＦＥ条鋼」の誕生など、グループ全体での最適な生産・販売体制の構築をめざした。さらに西日本製鉄所福山地区における第三高炉の大型化および第二高炉の休止による効率的生産体制の確立、高級鋼生産拡大に向けてＵＯＥ鋼管設備増設や転炉増設も実施した。そして林田さんの力強いリーダーシップの下で、市場のニーズに即した新商品・新技術の開発に注力し、オンリーワン・ナンバーワン商品比率のアップをめざした技術開発への取り組み、革新的なＣＯ２削減技術と環境負荷低減技術の開発にも挑戦し続けている。

林田さんは、「経理の人間は現場を知らないとダメ」という川崎製鉄の企業文化の中で、コスト競争力、稼働率、設備投資と償却のバランスなど、優れた管理会計制度の下でご自身の計数感覚を磨かれた。そして江本寛治さん、數土文夫さんという二人の技術畑出身の社長の企業参謀として、理系の心をもつ経営、技術を媒介としたマーケティングと戦略人事の連動、そして分析型でない価値創造型のマネジメントの本質などを学ばれたものと拝察している。このあたりの体験から林田さんは、社長に就任されてから「危機意識と自己変革力」「高い志と目標に挑む情熱（Passion）」「組織の活性化とコミュニケーション」「危機こそ基本に帰ろう」「日々の業務に埋没せず将来を考える」「考える機軸を常にお客様に置く」「職位に応じた責任を果たす」など熱い社長メッセージを抱きながら、陣頭指揮の揺るぎなきリーダーシップを発揮され今日に至っている。

このように〝胆力〟と〝瞬時のパワー&リスク・バランス感覚〟をもち、何事にも前向きに取り組んでいく林田さんのリーダーシップの原点は、何といっても中高時代から大学にかけての軟式テニス部での活動であろう。多くの仲間たちと厳しさの中でも楽しさと青春を分かちあい、とくに湘南高校時代はインターハイでベスト8に選出され、中心的選手として活躍されたのである。さらに林田さんのお父様が海軍兵学校の出身で、呉、佐世保、横須賀のそれぞれの基地を経て、藤沢で海軍通信学校の教官をされていた。その関係で林田さんが藤沢で生まれ、幼い頃から湘南の潮の香りをかぎながら、大海原へ夢を馳せた父親の背中を見て育ったそうである。このあたりの生い立ちが、林田さんの〝研ぎ澄まされた対外感度〟と〝国を想う心〟、そしてグローバルな視野と絶対価値をもつ揺るぎなきリーダーシップの原点なのかもしれない。

いずれにしても林田さんは、経営企画、事業企画、戦略人事などを帯電し、時代のスピードへの対応、方向性とバランス感覚、現場の熟知、インテグリティを貫く経営姿勢、市場原理と人間原理をあわせもち、現代のCHO的フロネティックリーダーのひとりなのである。

林田さんは二〇一〇年五月から二年間、激しく揺れ動く世界潮流の中で日本鉄鋼連盟の会長として活躍された。「資源の無いわが国にあって、日本を支えるのは技術を担うものづくり産業であるとの自負」を深く心に刻み、鉄鋼貿易の秩序ある発展に向けた取り組み、資源問題や環境・エネルギー対策、公平な競争環境の確立など、業界のリーダーとして〝絶対の競争〟に向けて陣頭指揮のリーダーシップを発揮されたのである。さらに林田さんは今年の八月から、創立者大来佐武郎先生の若者に対する情熱と期待から生まれた「大来塾」（フォーラム80'全期生会）の会長に就任された。林田さんは「大来塾」などの場を通して、未来志向型人間の育成やリーダーシップのあり方を、これからの人たちに伝えることにも力強いリーダーシップを発揮されている。

6 豊田 章男　トヨタ自動車株式会社 代表取締役社長

豊田章男さんは現在トヨタ自動車の社長である。米国発金融危機とビッグスリー問題の煽りを受け、連結損益が戦後初の赤字に転落し苦境に立たされるという「トヨタ・ショック」が吹き荒れた最中の二〇〇九年一月二十日、名古屋と東京で行われた社長就任内定の緊急記者会見の様子は、アメリカのオバマ新大統領の就任式と同じ日に世界中に放映されたのである。そして豊田章男社長は二〇〇九年六月二十五日の社長就任会見で、「お客様第一、現地・現物といった創業の原点に回帰し、現場に一番近い社長でいたい」と語り、新体制発足に合わせて海外市場を五分割し、独自の開発や生産、販売の戦略を練る〝小さなトヨタ〟として機能させるグローバル戦略の大幅な見直し、さらに経営の方向性を商品やマーケットに軸足を置くように変革し、これからは台数や利益ではなく、どんなクルマ、価格だったら顧客が満足するかが重要であると抱負を述べたのである。

私はこの話を聞き、当時のビッグスリー凋落のそれまでの背景と思いを重ね合わせ、豊田喜一郎氏、豊田章一郎氏などの優れた遺伝子を受け継がれた章男新社長の下で、マーケット・シェアなどの市場主義や資本効率という相対の競争だけなく、現場目線と創業の原点への復帰、そして商品開発と技術開発に軸を置く〝絶対の競争〟を実現することにより、トヨタは必ず力強く再浮上するものと確信したのである。

豊田章男さんは一九七九年に慶應義塾大学法学部を卒業、すぐ渡米してバブソン大学のMBAを取得、その後外資系金融会社などでビジネス経験を積まれ、一九八四年に帰国して四月にそのままトヨタ自動車に入社された。入社後は、工場現場から経理・財務、生産調査部と幅広い部署を経験され、一九九六年からは国内営業での業務改善支援室長としてトヨタ生産方式による販売店の改善施策を導入された。その後一九九八年にニューユナイテッドモーターマニュファクチャリング（NUMMI）に副社長として赴任し、トヨタとGMの合弁で一九八四年設立の「日米の競争と協調の象徴」としての製造現場で活躍し、二〇〇〇年一月よりGazoo事業部主査となってトヨタ自動車へ戻り、同じ年の六月に取締役に就任された。その後アジア本部本部長、豪亜中近東本部本部長、中国本部本部長などを歴任して、二〇〇二年常務取締役、二〇〇三年専務取締役、二〇〇五年取締役副社長に就任され、二〇〇九年六月に五十三歳の若さでトヨタ自動車の取締役社長に就任されることとなった。

私と豊田章男さんとの最初の出会いは副社長時代の二〇〇九年三月頃で、サンリオの辻信太郎社長たちとごいっしょにお目にかかり、会食をとりながら辻さんの名書『社長大学』の話などで盛り上がって以来である。そして二〇一二年の五月から日本自動車工業会の会長に就任するにあたり、豊田章男さん主催の「エグゼクティブ・ランチミーティング」の事務局責任者としてお手伝いすることとなり、その後定期的に豊田社長とお会いするようになった。これらの流れの中で豊田社長と同じ経営の志をもち、共に〝絶対の競争〟をめざされている経営者の皆様との交流が始まった。そして昨年七月から「価値創造フォーラム21」の特別幹事会社として豊田社長自ら幹事としてご参加いただき、新しい時代のフォーラム活動のさらなる進化に向けてご支援していただいている。

ところで当時、相対の競争を繰り返して破綻したGMとその後の迷走、およびトヨタの再生問題を同じ目線で見渡してみると、豊田章男社長の誕生は「絶対の競争への挑戦」という視点から非常に大きな意味をもつものといえよう。私は前回のトヨタ・ショックの本質は、世界ナンバーワンになるための急激なグローバル化と拡大路線を展開する中、GMを抜き去るという目先の目標に気をとられた反動として、「お客様第一」「現地・現物」といった創業の原点が置き去りにされたことにあるのではないか、また当時の経営陣があまりにも急速にグローバルな相対価値を追求していく流れの中で、油断や弛みが生じたからではないか、と思っている。

豊田章男社長はMBAを取得され、また外資系企業での経験ももっている。しかし、ここで重要なのは偉大な父親の背中を見て育ち、相対価値に出会ってもそれのみを追わず、逆に絶対価値を深めることができる数少ない若き経営者のひとりだということである。それは章男社長が「豊田綱領」の底流に流れる創業者精神を体現し、常に現場目線をもって商品開発と技術開発を軸とした〝絶対の競争〟に向けた真摯な経営姿勢を保っているからである。社長就任時の「成長のための失敗、チャレンジしての失敗は良いという風土を皆さんと一緒に創りあげていきたい」という社員への呼びかけは、「創意とくふう」「人材育成」というトヨタが大切にしてきた考え方の実践そのものであり、何と社員皆が奮い立ち、エンパワーされる言葉ではないであろうか。まさに江崎玲於奈博士が語ったファーストランナーの条件、「Creative Failure への挑戦」そのものであるといえよう。

しかしながら、豊田章男社長のこの四年余りは、想像を絶する苦境からの出発であったと私は思っている。トヨタは二〇〇九年から一〇年にかけて、アメリカで空前のリコール騒動に巻き込まれ、就任後間もない豊田社長が米議会の公聴会に引っ張り出され、すぐ欠陥隠しだとして郡検察による民事提訴も行われた。そして、米運輸省がトヨタの電子制御を最終的に「シロ断定」したのは何と二〇一一年二月であり、その間オバマ政権による異常なまでの〝トヨタ叩き〟の影響を受けトヨタの海外戦略は大きく揺れた。しかしながら豊田社長は、常に現場目線をもって商品開発と技術開発を軸とした〝絶対の競争〟を通して困難を突破し、東日本大震災、タイの洪水被害、中国の不買運動、さらに円高の問題も乗り越えたのである。その後業績も大幅に回復して見事に「世界のトヨタ」として、日本人の誇りとともに蘇らせたといえよう。本当に素晴らしいことである。

いずれにしてもトヨタグループは、「国内の生産・雇用を守り日本でしっかり稼ぎ、まずもって主力工場や研究開発の中核としての国内基盤を強固し、その上でグローバル展開も加速し世界へ挑む」という基本理念のもとで、〝危機こそカイゼン〟を積み重ね、さらにクルマと対話しながら商品力・技術力を磨き持続的な成長を実現しているのである。まさにそこには、〝絶対の競争〟をめざす企業の姿と豊田章男社長の揺るぎなきリーダーシップを強く感じるところである。GM復活の恩恵のないまま税収や雇用が戻らず、二〇一三年七月にデトロイト市が破綻したのとは好対照であるといえよう。

トヨタのグローバル戦略は、豊田章男さんが新社長になったときにひとつの転機を迎える。二〇〇九年の六月に新体制が発足し、その後の品質問題の反省を踏まえた品質改善に向けた人づくり、お客様が起点、本社主導を転換という考え方の流れで、二〇一一年三月に「グローバルビジョン」を策定し発表した。それまではすべてトヨタ本社で意思決定をしていたものを、豊田社長のめざす現地・現物で、海外の権限を強化していく方針へと舵を切ったのである。そしてトヨタはグローバルな市場でコスト競争力を高めるにしても、GMなどのように工場閉鎖や人員削減するなどではなく、一一年十一月のトヨタとBMWの技術提携などに見られるように、常に技術をベースにしてグローバル戦略とパートナリング戦略を展開しているのである。

さらにこの四月の大幅な組織改編で、四部門の「事業ユニット」を設置した。それは高級車レクサス事業を担当する「レクサス・インターナショナル」、先進国を担当する「第一トヨタ」、新興国を担当する「第二トヨタ」、部門開発と製品化を担当する「ユニットセンター」である。こうして従来の機能別体制に四つの横軸を刺し、これからの新しい時代に向けた「働き方改革」へのさらなる挑戦をスタートさせたのである。

また豊田章男さんは二〇一二年五月に日本自動車工業会の会長に就任し、その就任会見で国内の自動車産業を守りぬく気概、世界の自動車産業をリードする気概の「二つの気概」について力強く宣言された。九月には「お台場学園祭２０１２」を開催、将来を担う若者たちに自動車に興味をもってもらうための活動に陣頭指揮のリーダーシップを発揮され、来場者数ものべ三十八万人を超えて大成功を遂げたのである。

このような豊田社長の原点は、その〝分身〟であるレーサー「モリゾウ」である。豊田さんは自らハンドルを握ってクルマと対話してきたのであり、この五月にはＧＡＺＯＯレーシングチームを率いて、四年ぶりに「ニュルブルクリンク二十四時間耐久レース」にドライバーとして出場した。「モリゾウ」として走り続けてきたその姿は、豊田さんの「クルマづくりを通して、国家や国民のお役に立ちたい」との熱い思いと基本哲学を体現されている。このように豊田章男さんは公私とも、グローバルな視野と絶対価値をもつ若き価値創造リーダーなのである。

7　菰田　正信　三井不動産株式会社　代表取締役社長

菰田正信さんは現在三井不動産の社長である。二〇一一年の六月に五十七歳の誕生日を迎えた直後に社長に就任され、三井不動産グループおよび不動産業界のリーダーとして、岩沙弘道会長と一体となって揺るぎなきリーダーシップを発揮されて今日に至っている。菰田さんは社長就任直後に着手した二〇一二〜一七年の中長期経営計画を「イノベーション２０１７」と銘打ち、イノベーションの追求で成長性と収益性を高め、次の時代を切り開く価値創造の企業遺伝子のさらなる進化へ向けた自己変革に挑戦し続けている。

菰田さんは一九五四年に東京で生まれたが、もともとの菰田家のルーツは北部九州ではないかとのことである。一九七八年に東京大学法学部を卒業し、そのまま三井不動産に入社された。三井不動産に入社してからは、オフィスビル・住宅の事業企画部門やスタッフ部門など幅広い分野で活躍し、岩沙弘道社長誕生直後の一九九九年に業務企画室長（現　経営企画部長）に就任し、岩沙体制を六年間直接支える業務を担当された。二〇〇五年からは執行役員住宅事業本部都市開発事業企画部長として住宅事業の発展に尽力し、さらに三井不動産レジデンシャルの設立責任者として活躍し、二〇〇六年十月に新設された同社の取締役常務執行役員事業創造部長に就任した。二〇〇八年四月に三井不動産の常務執行役員アセット運用部長として本社に戻り、二〇〇九年に常務取締役、二〇一〇年に専務取締役へと昇進し、二〇一一年六月に五十七歳の若さで三井不動産社長に就任されたのである。

私が菰田さんと初めてお会いしたのは、二〇〇〇年代の初めで菰田さんが業務企画室長をされていた頃である。岩沙さんが一九九八年に社長に就任された時のご発言、「お客様に対する価値創造がすべてのスタートで、それをミッションとして、社会に対する価値創造、企業文化に対する価値創造、不動産業界に対する価値創造をめざす。それが究極的に株主に対する価値創造につながる」という内容が、当時のシェアホルダー・バリュー全盛期の流れの中で、私にはまさに「価値創造企業のミッションそのもの」であると深く感銘し、二〇〇三年五月発刊の私の二冊目の著書『価値創造のリーダーシップ』に書かせていただいた。その際の原稿のやりとりの窓口になっていただいたのが菰田さんで、今から考えるとこの頃の菰田さんは価値創造リーダーである岩沙さんの下で、業務企画などの仕事を通して戦略参謀として尽力し、ＣＨＯ的フロネシス経営者への道を歩み始めていたのかもしれない。

岩沙弘道会長には、二〇〇二年四月より二〇〇六年三月までの四年間「価値創造フォーラム21」の二代目理事長として、フォーラムの今日の基礎を築いていただいた。そして価値創造の本質的意味、価値創造リーダーや価値創造企業の概念などを示唆していただく流れの中で、専務時代の菰田さんは二〇一一年四月よりフォーラム理事に就任され、今日まで新しい時代へ向けたフォーラムのさらなるステージづくりに中心的な役割を果たしていただいている。

三井不動産グループは今年で創立七十二年を迎えるが、以前の東京ディズニーランド建設など臨海部の埋め立て事業から霞が関ビルなどの超高層ビルの建設、さらにJ・REIT創設など不動産の証券化、ららぽーとに代表される大型商業施設の展開、日本橋再開発など街づくりを通じた都市の再生、最近のスマートシティ構想の実現、物流センター建設など工場跡地の再生へと、わが国の社会の発展・変化に応じて自らのビジネスモデルを常に革新してきたといえよう。そして、どのような状況でも創意工夫を凝らして次の時代を切り開くイノベーションの企業遺伝子と価値創造のリーダーシップは、歴代の社長たちを通じて今日まで脈々と受け継がれてきたのである。

とくに一九九八年の金融危機の真っただ中に社長に就任され三井不動産のひとつの時代を築かれた岩沙弘道現会長から菰田正信社長へのバトンタッチは、価値創造企業における社長交代という意味で注目すべきものであるといえよう。私自身二〇〇七年からの六年間、三井不動産の社外取締役としての業務を通して、価値創造企業としてのコーポレート・ガバナンスのあり方や企業文化遺伝子の継承問題など、多くのことを学ばせていただいた。現在菰田新社長の陣頭指揮のリーダーシップの下で、三井不動産グループは新たなニーズを捉えた顧客志向の経営、異業種連携などビジネスモデルの革新、スケールメリットを生かすグループ経営の進化を軸に、国内事業のさらなる競争力強化とグローバル化への取り組みを推進している。

岩沙さんのリーダーシップは常に〝絶対の競争〟に根ざしており、「まねをされてもいいから、ファーストランナーであり続ける」「高くてもやはりこれがいい、とお客様に納得していただく」、そういう意味での〝絶対の競争〟の原点、王道を行くマーケティングを実施されて来られたといえよう。この考え方は現在の菰田正信さんに引き継がれ、志と夢、そして&マーク（共生）の理念をもって、日本橋や東京ミッドタウンの都市再生など国際競争力を持つ魅力ある都市づくりによる価値創造をめざし、「共生の精神」の下で幅広いパートナーを結集する協働ビジネスとして展開されている。

菰田さんは二〇一二年四月に発表した中長期経営計画「イノベーション２０１７」にもとづき、「三井のすまいモール」「三井のすまいＬＯＯＰ」の稼働、スマートシティ戦略の策定と各プロジェクトでの実行、ロジスティクス事業用地の取得、そしてニューヨーク、ワシントンＤＣ、ロンドン、クアラルンプールなどにおける事業機会の獲得など、国内マーケットの成熟化とグローバル化に対応した各種の取り組みを年度計画にとり込み、着実に実行に移しているのである。とくに質的水準の高い「スマートシティ構想」の具現化など、他の不動産会社とは〝絶対的格差〟となって現れているものと私は思っている。

「国内事業の競争力強化」と「グローバル化への取り組み」

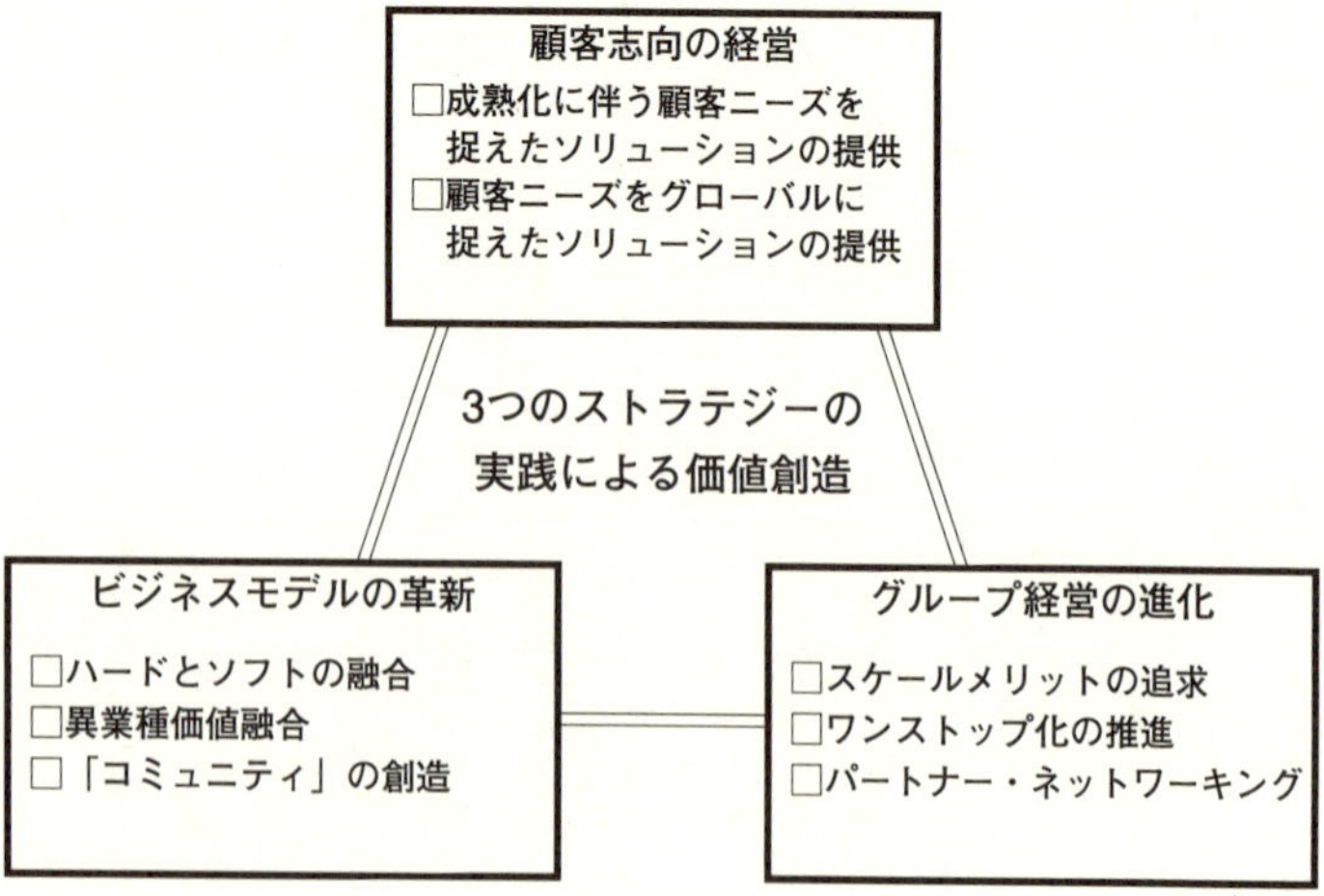

菰田さんは新たなニーズをとらえた顧客志向の経営、異業種連携などビジネスモデルの革新、スケールメリットを生かすグループ経営の進化の三つの重点戦略の実践により、さらなる価値創造へ向けた自己変革への挑戦に、陣頭指揮のリーダーシップを発揮されている。とりわけ菰田社長の海外での事業戦略は、現地の優良なパートナーと組むかたちで展開し、昨年は開発を担うパートナー企業から情報を得て、ロンドンとワシントンで物件を購入した。それ以外でも、シンガポール、中国などグローバルな世界でのビジネスにも、〝絶対の競争〟をめざして積極的に挑戦されている。

　さらにグローバル人材の育成について、菰田さんは現地スタッフの採用を積極的に進め、人材の多様化を図るとともに、三井不動産本社の社員をグローバル化し、海外研修や駐在を通じて異文化を学ぶなど多様な価値観を肌で感じることにより、コミュニケーション能力の向上にも力を入れている。また次の時代を開くイノベーションのDNAを受け継ぐ人材について、「これまでの成功モデルを否定することになっても、環境に合わせて自分たちのビジネスモデルを革新していくことが求められます。お客様や社会の変化に鋭く捉える感度と、業界の枠を越えて思い描くビジネスの実現に必要な人材とつながり、味方としていける人間力をを磨くことが大切です」と熱く語っている。

菰田さんは、学生時代バスケット部の選手として活躍され、俊敏性と適格な状況判断力、そしてチームワークの大切さを体得されたものと拝察している。菰田さんの〝パワー&リスク・バランス〟感覚をもち、常に〝絶対の競争〟をめざすリーダーシップの原点はこのあたりにあるのかもしれない。菰田さんは「日本には、まだまだ世界に誇れる高い技術や知恵、そして、それを成果に結び付ける粘り強さや組織力があります。今こそ〝日本の強み〟を再確認し、もう一度〝日本の輝き〟を取り戻すようにしていかなければならない」と力強く語っている。このような菰田さんの志を、三井不動産グループのさらなるグローバル展開とともに、世界に向かって発信していただきたいと思っている。いずれにせよ菰田さんは戦略人事と経営企画を帯電し、エグゼクティブCHO的な立場からトップになられた現代の価値創造リーダーのひとりなのである。

8　大西　洋　株式会社三越伊勢丹ホールディングス　代表取締役社長執行役員

二〇〇八年四月一日に三越と伊勢丹が経営統合し、三越伊勢丹ホールディングスがスタートした。当時の業界四位と五位の百貨店が統合して誕生したナンバーワングループは、百貨店業界のみならず日本の流通業界全体に大きなインパクトを与えたのである。この巨大企業グループの誕生に尽力し代表取締役会長執行役員CEOに就任された伊勢丹出身の武藤信一さん亡き後、二〇一二年二月一日に大西　洋さんが五十六歳の若さで、三越伊勢丹ホールディングスの代表取締役社長執行役員に就任した。

大西さんは一九七九年に慶應義塾大学商学部を卒業、その年にそのまま伊勢丹に入社された。営業本部MD統括部紳士統括部長や経営企画部総合企画担当長などを歴任し、メンズ館の成功に象徴されるように一貫してマーチャンダイジングの深化・発展を通じた経営の基軸づくりに取り組み、二〇〇六年の執行役員営業本部立川店長を経て、二〇〇八年に三越および伊勢丹それぞれの常務執行役員に同時就任し、二〇〇九年六月に武藤信一さんの後継者として伊勢丹社長に五十三歳の若さで就任された。そして二〇一一年四月の事業会社三越伊勢丹の統合による代表取締役社長への就任を経て、十カ月後の二〇一二年二月に三越伊勢丹ホールディングスの代表取締役社長に就任されることとなった。

二〇一〇年一月六日に病気療養中の武藤信一さんが六十四歳で亡くなられ、二月中旬に「武藤さんのお別れ会」が開催され、各業界から多くの著名人の皆様が参加された。そして三月に入ってから三越伊勢丹ホールディングスの新しいトップ人事、およびCEOを廃し合議制への移行が発表されたが、今から振り返ってみるとこの新体制の発足は、当時の武藤会長と石塚社長が百貨店業界における企業進化のさらなるステージをめざし、〝絶対の競争〟へ向けた強い志と絆の深さ、さらに将来への展望を深く共有されていたことによるものであり、この時点で大西さんの三越伊勢丹ホールディングスおよび三越の取締役への同時就任など、今日の大西社長誕生への伏線であったといえよう。

私と大西洋さんとの最初の出会いは「武藤さんのお別れ会」の直後で、それまで武藤さんが伊勢丹の社長として「価値創造フォーラム21」の幹事をつとめていただいており、その後任をどなたにされるか、フォーラムのご説明もふまえ伊勢丹社長の大西さんにお会いさせていただいたのである。その時私は、当時のリーマン・ショック後の重苦しい空気の中で、「秋晴れの空のようにさわやかで、大きく未来を見通すような大西さんの眼差し」を強く感じとり、さすが武藤さんが後継者として選ばれた若き価値創造リーダーであると深い感銘を受けたのである。この時のご縁で大西さんには、現在フォーラムの理事としてご指導いただいている。

私と伊勢丹とのおつき合いは、今日の価値創造の源流である〝クオリティ・マネジメント〟を探求する代表的企業のひとつとして、一九八一年一月発足のＱＭフォーラム創立メンバー企業になっていただいて以来三十二年余になる。そしてその年七月発行の『ＱＭ創刊号』で、当時の人事担当役員の方に「伊勢丹における全員専門職制度」を経営最前線としてインタビューした。それは一九七九年五月に商品群ごとの各事業部が商品開発、仕入、販売を全て管理し、マーチャンダイジング機能を革新・強化できるよう組織を大改革し、それを受けて六月一日から消費者志向型の組織を支える専門知識、能力、経験を身につけたマーチャンダイジングのプロを育成する全員専門職をめざす大がかりな人事制度の改正が実施され、「新しい時代へ向けた組織の活性化と人事の活性化の一体的展開」という意味で、当時としては大変革新的で画期的な取り組みであったのである。

ところでこの一九七九年という年は大西さんが伊勢丹入社の年であり、五月の紳士服部門への配属を皮切りに、紳士服部門バイヤーなど〝ファッションの伊勢丹〟の中軸的現場経験を経て、当時の人事担当役員が語っていた「いままでは、売るだけ、仕入れるだけ、陳列ができるだけでよかったわけですが、今後はマーチャンダイジング全体のできる人が必要なのです」という期待に見事に応え、まさに三十年の時空を超えた二〇〇九年六月一日に、経営の基軸に「マーチャンダイジングの組織化と現場目線」をとり込んだ大西新社長が誕生したのである。

このことは明治十九年から続く長い伊勢丹の歴史において、本当に深い意味をもつ出来事であると私は感じている。いずれにせよ「顧客とともに進化し、ＭＤ業務改革をリードする経営者」としての大西 洋社長の誕生は、〈価値創造リーダーへの道〉という意味から本当に素晴らしいことであったといえよう。

そもそも二〇〇八年四月の三越と伊勢丹の経営統合は、伊勢丹がもつ「店頭でお客様のおっしゃることを聞く力」と三越がもつ「個々のお客様との信頼関係」という強みをうまく融合し、顧客の生活価値全体を高めることをめざした新しい時代へ向けた総合的なサービス産業の構築なのであり、価値創造企業同士によるマージャー・アンド・ディベロップメント（Ｍ＆Ｄ）そのものであったといえよう。大西さんは故武藤信一さんの遺志を受け継ぎ、グループの現場レベルまでのＭＤ業務改革の浸透、企業風土のそれぞれ異なる両社の組織・人事の融合、さらに三越銀座店の共同での再開発など困難な課題に石塚邦雄会長と一体となって取り組んで来られたのである。そして現在それぞれが生き残りをかけて激しく揺れ動く百貨店業界の中で、大西さんは伊勢丹新宿店リモデルによる新しい価値創造、匠の技をグローバルにも生かす質の高い自主企画商品―ジャパンセンスィズへの取り組み、さらに業界の構造改革による新しいサプライチェーンの構築など常に〝絶対の競争〟をめざして新たなる挑戦を続け、「三越伊勢丹グループのさらなる企業進化」に向けて陣頭指揮のリーダーシップを発揮されているのである。

「これからの百貨店宣言」

問いつづける。変わりつづける。

01　こころ動かす「おもてなし」を。

02　いつも豊富な品揃えでお迎えする。

03　「すてき！」「便利！」をお買いあげいただく。

04　生まれ、育まれた、誇りある日本と。

05　この星と、未来へ。

ある意味で伊勢丹の価値創造は顧客づくりの歴史であり、現在まで伊勢丹はお客様の期待に応えることで「ご満足いただく」レベルから、期待を上回る価値を提供することで「感動していただく」レベルをめざし全社を挙げて取り組んできたのである。このように伊勢丹にとってのブランドの創造とは、「お客様の感動体験の創造」にほかならないのである。

大西さんは武藤さんの経営者としての志と遺志を受け継いで、三越と伊勢丹の統合したそれぞれの優れた企業遺伝子をさらに深化させ、お客様のご満足の最大化をはかり、お客様に感動していただくという新しい価値の創造を実現していくものと確信している。この象徴が三越銀座店と伊勢丹新宿店のリモデルといえよう。とくに伊勢丹新宿店リモデルは、世界一の百貨店をめざし百億円の投資を実行し、さまざまな商品を個別に売る百貨店から、まったく新しく顧客の生活の一場面と人生のひとコマを取り込みながら、新しい感動体験を約束するような空間と場づくりで、〈これからの百貨店宣言〉にあるように「顧客イノベーションによる新たな顧客価値の創造」をめざしているからである。私は百貨店のマネジメントの本質は、マーチャンダイジングの組織化と深化という奥深いものであり、単なる量的拡大や効率性などを追求する〝相対の競争〟だけでは、お客様に評価される百貨店経営はできないと思っている。昨年来のクリアランスの後ろ倒し問題も私は、大西さんの「五十二週のMDをしっかり組んで適正な商品展開すべき」という〝絶対の競争〟に根差すものと思っている。このように胆力があり軸のぶれない大西さんの原点は、幼い頃から甲子園へ出場し活躍した父親の背中を見て育ち、中学時代に野球部に所属して中心的選手として活躍し、フェアネスとチームワークの大切さを育んで来られたからと私は思っている。

顧客とともに進化し、MD業務改革をリードする若き価値創造リーダーである大西さんは、「現場力と経営力の統合」「マーケティングと戦略人事の連動」「グローバル化と長期的コア人材の育成」など、常に〝感性とインフラの共存する企業づくり〟に陣頭指揮のリーダーシップを発揮されている。私はそのような大西さんに「場に対する責任をすべてひっかぶり、身をもって示した義に殉ずるという思想」、まさに〝西郷南洲的なリーダーシップの香り〟を感じている。大西さんは若かりし頃から『論語』を愛読されていて、特に孔子の「夫子の道は忠恕のみ」という一節が好きだそうである。このあたりが大西さんの西郷南洲的香りの原点なのかもしれない。

Ⅲ　日本とアメリカ

――国のかたちと経営のガバナンス（その3）

1　あれから二年（二〇〇七年十二月～二〇〇九年十二月）

①　前二回の講演の切り口

二〇〇四年十一月九日の第一回目の講演は、日本とアメリカの国のかたちがどうできているのかを、明治期、アメリカ建国期まで遡り、百年超の眼で失われた十年を検証していきました。第二回目の講演は二〇〇七年十二月十八日でしたが、この頃は変化が大変激しい時期でした。そこで、その後の三年間を検証しようということで、日米の同時代史的視点から、再び見えてきた十年間についてもう一度整理・検討してみました。

第三回となる今回は、これまでと同様に私のつたない体験、寺島実郎さんのいう南方熊楠的「脳力（のうりき）」、そしてすべて検証されてはいませんが状況証拠を組み合わせて考えてみました。さらに今回は、プロフェッショナルの信念と良心に基づく「編集工学の手法」を取り入れ、二〇〇八年九月十五日のリーマン・ショックの日から書きはじめた八本のＱＭマンスリーメモをベースにまとめあげたものであります。

私は二〇〇九年六月に、ＵＦＪホールディングスの時代から通算七年間務めた三菱東京ＵＦ

J銀行の監査役を退任しました。私自身はたまたま七年ごとに仕事が変わっていますが、とくに二〇〇九年六月までの七年間は激動の年月であった、と自分なりに強く感じております。

二〇〇二年からの七年間はまさに小泉改革に象徴された時代であり、急激なグローバリゼーションの進行と規制緩和による激動の時代でした。企業再編やコーポレート・ガバナンス分野での商法改正、連結ディスクロージャー制度への移行、急激な時価主義会計の導入など、企業法務や企業会計の分野に大きな変化が見受けられました。

この間に起きた国内の象徴的な出来事としては、金融改革に関わる一連のプログラムの実施、ダイエーの産業再生機構入り、中内 㓛氏の死、三菱フィナンシャルグループとＵＦＪホールディングスの統合、さらに二〇〇六年八月の中央青山監査法人の消滅など、その問題の本質を含めて目のあたりにしたわけです。

海外においても、同時多発テロからアフガニスタンへの攻撃と平定、エンロン事件を契機とする二〇〇二年八月のアーサー・アンダーセンの消滅、二〇〇三年のイラク侵略とその後の泥沼化による統治の失敗。さらに最近のサブプライム問題に端を発した金融危機、そのさらなる拡大がもたらしたアメリカ発の世界同時不況。このような出来事によって世界は激しく揺れ動きました。

2 今回の問題意識

二〇〇七年九月初旬、私が十年ぶりにボストンとニューヨークを訪れたとき、今日のサブプライム問題の芽はすでにありました。マンハッタンにも大きな変化が起きていて、アメリカの社会そのものが崩れていると強く感じました。久しぶりにマンハッタンの街角にひとりたたずんだとき、日本をアメリカとともに滅ぼしてはいけない、もう一度きちっとアメリカと対峙して日本を守る仕事をやらなければならないと強く心に誓いました。

また、日米同時代史の切り口からこの十年間を振り返ってみて、現在の我が国の抱える問題は相当に根深いと考えるようになりました。「和風ハンバーグのような顔が実はアメリカ製の牛肉であったかどうか」という低次元のレベルの問題ではなく、もっと構造的に根深い問題があるのではないか、ということで今回分析を試みてみました。

実は明治維新まで遡って考えてみようと思ったのですが、時間と準備の都合でそこまでは戻れませんでした。ただし、やはり第二次世界大戦前の一九四〇年の戦時体制の確立が、後でふれるようにターニング・ポイントになっているようです。

3　この二年間における主な出来事

次項に掲げた〈資料1〉は、この二年間における主な出来事を私なりにまとめたものです。これを見ると二〇〇七年十二月からの二年間が、いかに激しく厳しい時代だったかがわかります。二〇〇八年三月のベア・スターンズの破綻から九月のリーマンの破綻へと、米国発の金融危機が実体経済を蝕み、世界同時不況の波として押し寄せ、大混乱が続いた二年間です。

わが国でも、最初の段階では日本の金融は大丈夫だということでしたが、実体経済が想像以上に悪化してしまいました。そして、わが国の業績が先進国中もっとも悪化するという構造上大きな問題が持ち上がり、いまだに先の見通しも立っていない状況です。そして二〇〇九年九月、わが国では政権交代が起きて、いわゆる〝五十五年体制〟が終了しました。

〈資料2〉は、「十年の対比から見えてくるもの」で、前回同様にGDPの推移、失業者数、雇用者数、日経平均株価、土地時価総額、為替相場、M&A件数の推移などを示しています。今回これについてのコメントは省略しますが、参考にしていただければ幸いです。また二〇〇九年の九月末で、国の借金が八百六十四兆五千二百二十六億円と過去最大となりましたが、これをめぐる問題については後でふれます。いずれにせよ、新政権も最初から難しいカジとりをせまられています。

2009年		・ＡＩＧ幹部への高額ボーナス支給問題発生
		・米政府、ＧＭ・クライスラー暫定支援策と再建計画の時限再提示を指定
	4月	・ロンドンにてG20金融サミット開催
		・時価会計緩和による第１四半期決算の強行
		・東証の2009年3月期、株式会社後初の最終赤字
		・クライスラー連邦破産法 適用申請
	5月	・米大手金融機関19社のストレステストの結果発表
		・民主党 小沢一郎代表が辞任し、鳩山由紀夫代表が就任
	6月	・クライスラー再建手続の完了、ＧＭ、連邦破産法適用申請を発表
		・エカテリンブルクでＢＲＩ Cs 首脳会議開催
		・日航丸抱え支援決定
		・米金融規制改革案の発表
	7月	・2008年10月から9ヶ月の財政赤字累計1兆862億ドルに
		・カルフォルニア州シュワルツェネッガー知事、ＩＯＵの発行と非常事態宣言
		・主要国首脳会議（ラクイラ・サミット）開催
		・ワシントンで「米中戦略・経済対話」が開催、Ｇ２体制スタート
		・キリン HD とサントリー HD の経営統合交渉が表面化
	8月	・オバマ大統領、バーナンキ FRB 議長再任を発表
		・民主党、衆院選で圧勝
	9月	・鳩山政権発足
		・鳩山由紀夫首相が温暖化ガス排出量25%削減を表明
		・ピッツバーグでG20金融サミット開催
		・ＪＡＬ、再建策を前原国交相に提出、日航再建は政治主導で抜本リストラへ
	10月	・ノーベル平和賞、オバマ米大統領に授与と発表
		・前原国交相が羽田空港の24時間ハブ空港構想を発言
		・北京にて米中首脳会談開催、共同声明を発表
		・前原国交相が日航再建に企業再生支援機構を活用する方針を表明
	11月	・ベルリンの壁崩壊20年
		・政府が3年半ぶりに、デフレを宣言
		・ドバイ失速、有数の政府系企業ドバイワールドが返済延期要請
		・1ドル＝86円69銭と14年4ヶ月ぶりの円高・ドル安
	12月	・スズキ、独ＶＷと資本提携を発表
		・パナソニック、三洋 TOB 成立
		・ワシントンでの航空協議で日米政府、航空自由化協定の締結で合意
		・米金融規制改革法案下院を通過
		・バーナンキＦＲＢ議長再任、米上院銀行委員会で承認
		・米医療保険改革法案、議会上院が可決

〈資料１　この２年間における主な出来事〉

2007年	7月	・参院選で民主党が第一党に
	8月	・サブプライム問題で世界同時株安
	9月	・安倍首相が辞任し、福田内閣が発足
	11月	・テロ特措法期限切れ　海自インド洋撤収
		・ワシントンにて日米首脳会談
		・サブプライム損失拡大ー米実体経済に影
	12月	・保険商品の銀行窓販が全面解禁
2008年	1月	・メリルリンチ、07.10～12期決算で住宅ローン資産の評価損が141億ドルと発表
	3月	・ＪＰモルガン・チェースがベア・スターンズを救済買収
		・福井日銀総裁任期終了、戦後初めての「総裁空席」
	4月	・後期高齢者医療制度スタート
		・衆参両院が白川副総裁の総裁昇格同意
	6月	・「国家公務員制度改革基本法」法案成立
		・岩手・宮城内陸地震
	7月	・洞爺湖サミット開催
	8月	・北京五輪開幕
	9月	・米政府、米住宅公社2社を管理下に置くと発表
		・リーマン・ブラザーズが連邦破産法適用申請、ＡＩＧへの緊急支援の実施
		・バンクオブアメリカがメリルリンチを買収
		・福田首相突然の辞任、麻生内閣発足
		・米下院、金融安定化法案を否決
	10月	・日経平均が大幅下落、下落率11.41％はブラックマンデー以来過去2番目
	11月	・オバマ大統領選で圧勝
		・ビッグスリー首脳、米政府議会で支援を要請
		・金融サミット、G20が米ワシントンで開幕
		・米シティ追加救済
	12月	・自動車救済法案破棄
		・米史上初の事実上のゼロ金利政策
		・米政府議会でＧＭ・クライスラーに174億ドルのつなぎ融資を決定
2009年	1月	・オバマ大統領就任
	2月	・7870億ドルの米景気対策法の成立
		・ＧＭ・クライスラー再建計画の全面見直し
		・シティグループ事実上の米政府管理下に
	3月	・ＡＩＧに対する４回目の政府支援、事実上の米政府管理下へ
		・総額2兆円の定額給付金を含む補正予算が成立
		・ダウが12年ぶりの安値となる6547ドルまで下落
		・日経平均がバブル後安値を更新し、7054円98銭に

〈資料2　10年の対比から見えてくるもの〉

原則暦年	1990	1995	2000	2005	2006	2007	2008
名目国内総生産（兆円）	442.8	495.2	503.0	501.7	507.4	515.5	505.1
実質国内総生産（2000年連鎖価格、兆円）	447.4	479.7	503.1	536.8	547.7	560.7	554.0
消費者物価指数（2005年基準）	94.1	100.7	102.2	100.0	100.3	100.3	101.7
就業者数（万人）	6,250	6,457	6,446	6,356	6,382	6,412	6,385
失業者数（万人）	134	210	320	294	275	257	265
失業率（%）	2.1	3.2	4.7	4.4	4.1	3.8	4.0
雇用者数（万人）	4,835	5,263	5,356	5,393	5,472	5,523	5,524
雇用者報酬（兆円）	227.3	269.0	271.1	258.6	263.7	262.1	264.0
一人あたり雇用者報酬（万円）	470.2	511.1	506.1	479.5	482.0	474.6	477.8
・日経平均株価（円）	29,475	17,355	17,161	12,412	16,117	16,990	12,143
・東証一部株式時価総額（兆円）	365.2	350.2	352.8	522.1	538.6	475.6	279.0
・全国平均市街地地価指数（2000年度末＝100、年度末）	133.9	126.1	100.0	69.1	65.7	64.4	63.9
・土地時価総額（年末、兆円）	2,477	1,838	1,542	1,222	1,243	1,276	1,235
・全国株式売買高（10億株）	144.4	127.3	186.7	643.6	535.9	577.3	560.2
・為替相場（円/$）	144.8	94.1	107.8	110.2	116.3	117.8	103.4
・原油入着価格（$/bbl）	21.8	18.1	28.5	51.2	63.9	69.2	103.5
・長期債務残高（兆円）	266	410	646	758	761	767	770
・米国債保有高（年末、10億米ドル）	140	227	318	670	623	581	626
・世界競争力ランキング（IMD）	1	4	21	21	17	24	22
・国内M&A件数	754	531	1,635	2,725	2,775	2,696	2,399

（資料提供：三井物産戦略研究所）

2　この頃思うこと

1　Two Decades の蹉跌—ベルリンの壁崩壊から二十年

二〇〇九年十一月九日、ドイツがベルリンの壁崩壊二十周年を盛大な式典で祝いました。二〇〇九年は一九八九年十一月の「ベルリンの壁崩壊」からちょうど二十年目の〝Two Decades〟の年であり、さらに一九九九年一月の欧州統一通貨である「ユーロの誕生」から十年目の〝One Decade〟の年でもありました。

ベルリンの壁崩壊を契機として東欧の共産党政権が次々と崩壊し、一九九〇年の東西ドイツの統合、さらに九一年のソ連解体によって冷戦が終えん、それまでにない新しい世界を迎えました。欧州では、九三年のヨーロッパ連合（ＥＵ）の発足とその後の拡大・強化を背景として、国家の枠組みを超えた通貨・金融政策の統合をめざしたユーロが、今日では基軸通貨であるドルの一大対抗勢力となるまで大きく成長しました。

ただ、サブプライム問題に端を発した金融危機が、今回は欧州をも直撃しました。これはアメリカよりももっとダメージが大きいといわれています。とくにＥＵでは、東欧諸国への貸出、英国、スペインなどの不動産バブルの影響が出ています。また移民問題など、解決しなければならない課題も山積みです。その他にも加盟国の財政健全化も課題になっており、ギリシアの財政再建は待ったなしの状況です。

ＥＵの新たなステージとして、二〇〇九年十一月十九日にヘルマン・ファンロンパウ・ベルギー首相が大統領に選任され、さらに十二月一日には新たな基本条約であるリスボン条約が正式に発効となりました。ＥＵの将来像をめぐる加盟国間の対立や、三度にわたる国民投票への批准否決という事態はありましたが、それらを乗り越えて新体制への移行は果たされたわけです。二十七カ国でＧＤＰ千六百兆円という最大の単一市場が誕生し、二〇〇九年は政治の面での統合の時代を迎えることとなりました。

これに対するアメリカの二十年は、東西冷戦終えん後の一九九一年に湾岸戦争が起き、クウェートに侵略したイラクを多国籍軍が追い返した後、軍事技術の民生化によってＩＴ革命がスタートしました。それに加えて九〇年代には、クリントン政権下で情報ネットワークと経済のグローバル化が二重のうねりとなり、ＩＴとＦＴの結合とともに急速に世界中を駆け巡りました。そしてアメリカではモノづくりの終えんとともに、金融ビジネスを中心とする経済大国、そして軍事大国としてのアメリカの一極支配の体制が確立していきました。

ところが二十一世紀に入ると、第二次クリントン政権におけるこの分野での急激な規制緩和とＩＴとＦＴの融合の流れのなかで、ＩＴバブルの崩壊とエンロン事件が発生しました。このことがその後の不動産バブルの崩壊、そして今日のサブプライム問題に端を発する金融危機につながっていきます。これまでのアメリカビジネスにおける良い意味での相対価値の追求が、金融が実体経済を支配するというかたちで拝金主義と結びつき、アメリカそのものが変質していった矛盾がもたらしたものと私は思っています。

では、欧米に比べてこの二十年間の日本はどうだったのか。これは後ほどまとめてお話ししたいと思いますが、「Two Decades の蹉跌」という言葉を私は思い浮かべました。それは、二〇〇八年十二月に、たまたま仕事でミラノの帰りにクロアチアに立ち寄ったときに感じたことです。私はよく仕事で海外へ出向きましたが、このとき生まれて初めてバルカン半島へ行きました。クロアチアは、一九二九年にユーゴスラビア王国に統合され、第二次世界大戦後の社会主義の時代を経て一九九一年六月に独立宣言をしましたが、すぐに内戦に突入しました。そしてセルビア人問題に起因するユーゴ内戦で、大変大きな被害を被った国です。

ユーゴ連合軍の砲火を浴びて、主要都市のザダールやドブロヴニクといった旧市街は破壊されましたが、現在では観光都市としてみごとに復活して中世都市のたたずまいを保っています。内戦は今からわずか十八年前のことです。私は初めてこの街を見たときに、人々の街に対する誇りの高さ、民族としての意識、そして国のゆくえに対する不断の努力を感じました。修復されたドブロヴニクの美しい街並みを見ていて、「日本はこの二十年間、いったい何をやっているのか」との思いに囚われました。私はこの街で当時の漂流する日本の現状をふまえ、心の底から「Two Decades の蹉跌」という言葉を思い浮かべたのです。

2 学問と学者の品性―ポール・サミュエルソンが我々に残したもの

二〇〇九年十二月十三日にポール・サミュエルソン氏が亡くなりました。慶応義塾大学経済学部在学中、私は当時の福岡正夫教授から近代経済学の最先端であった「サミュエルソン経済学」を教わりました。サミュエルソンは経済学に数学モデルを導入して体系化し、市場重視の新古典派経済学とケインズ経済学を融合した「新古典派総合」を提唱し、どちらの側からも尊敬、信頼された「知の巨人」だったといえます。

サミュエルソンは一九八三年六月に「ケインズの遺産活用を」というテーマで、日経新聞にケインズ生誕百周年の特別寄稿をしています。サミュエルソンはクルーグマンやスティグリッツなど、現在最先端で活躍している経済学者たちが「再びケインズの時代」と指摘しているように、ケインズ経済学の復活宣言のなかで再び注目を浴びています。

このサミュエルソンの最大のライバルであったのが、規制緩和や自由放任主義と結びついたマネタリズムを主張したミルトン・フリードマンでした。「金融危機についてのマネタリストの誤りが証明された」と、死ぬ直前までサミュエルソンは語っていたようです。フリードマンは大変素晴らしい学者でしたが、彼は経済学者の顔と後年の新自由主義のスポークスマンという二つの顔を持っていました。

サミュエルソンは「私には夢がある。それは、古風で冷酷な資本主義の効率性を大部分残しつつ、同時に混合経済の持つ人間味を保つことである。つまり血の通った経済学だ」と述べています。私はこの記事を読み直してみて、私たちが価値創造リーダーへの道を考えるときの「市場原理と人間原理の融合」というキーワードを思い浮かべたのです。

私はフリードマンに欠けていたのは、人間原理という視点ではないかと思います。つい最近シカゴ大学で、フリードマン・インスティテュートの建設計画に対して、フリードマンを批判する勢力から反対運動が起きたという話も聞いています。私は、さもありなんと思っています。アダム・スミスにしても、ケインズや最近亡くなったガルブレイスにしても、偉大な学者はそれぞれの哲学と人間原理の視点を持っていて、その生きざまを後世に伝えてくれていたのだと感じています。

もうひとつ、この学者の品性に関連して、どうしても触れておきたいことがあります。フォーラム特別顧問の中谷　巌先生が、二〇〇八年の暮れに『資本主義はなぜ自壊したのか―

「日本」再生への提言』という本を上梓されました。中谷先生はこの本を書かれた理由として、「アメリカ流の新自由主義思想に基づく改革を進めていくと社会が分断され、日本という国が持っている伝統的な良さや日本産業の競争力が失われていく、という点について私の遅ればせながらの気づきを率直に書いてみたかったことに尽きる」と語っています。

中谷先生は早くから市場開放と構造改革の論陣を張り、小渕内閣の経済戦略会議の中心メンバーとして活躍され、その後小泉内閣で市場原理主義が独り歩きするのを一歩引いた立場で見続けてこられた人です。そして、グローバル資本主義が日本社会にもたらす副作用を分析・整理して、これからの時代の日本というアイデンティティを再確認しようとする「学者・人間としての良心」を書き込んだものだと感じました。そして、人間や社会的要素を抜きにした市場主義的経済理論を政治の原理とすることへの反省を促しているのではないか、と思っています。

二〇〇九年二月の日経新聞の朝刊に、「いま若者たちへ」という中谷先生からの寄稿がありました。このなかで中谷先生が、「青春時代にさまざまな葛藤を自分が抱えていたこと。そこからそれを脱するきっかけとなったのが米国留学体験であり、当時を振り返り、今の若い人たちも〝とんがる〟ことを抑えないで、自分を磨いて、そしてそれを活かすための志を立ててほしい」という熱いエールを送っています。

中谷先生は大阪出身で、お父様は超多忙な商売人だったそうです。そのため、子どもには構っておれず、さらに先生は七人兄弟中の六番目の三男坊だったので、親を振り向かせるためにかなりとんがって、やんちゃをしていた子供だったそうです。私はこの記事を読んで、中谷先生はやはり偉大な商人である父親の背中を見て育ち、幼い頃から初期がんしゅうと大阪商人の商人魂、商人道の原風景など絶対的なものを心に抱き、さらにハーバード留学でアメリカ的相対価値に出会い、その後政府や大学の要職に就くことなどを通して、再び絶対価値的なものを深められたと私は拝察しております。

私自身も八〇年代前半に初めてアメリカビジネスと出会い、当時の開かれたアメリカ社会に感動したひとりでありますが、絶対価値と魂の基軸をもった上で留学しないと、肉親のぬくもりや初期がんしゅうをもっていない人は、相対価値と出会ってすぐ拝金主義に染まってしまうものとつくづく感じました。

ところで慶應義塾の今日と学問の品性の問題ですが、今回の金融危機でスタンフォード大学やハーバード大学などで、ポートフォリオマネジャーが運用してきた基金に大きく穴が開いて、教職員のリストラ、授業料の値上げ、図書館の閉鎖などが相次ぐ、という新聞記事を見ました。わが慶應義塾でも、やはり運用資産の含み損が五百三十五億円だということです。現実には千億円近くあるという先生もいます。今わが母校も金満問題を抱え込んでしまって、大学にまで拝金主義の波が流れ込んでしまったのも事実だと思います。

このような強欲資本主義の考え方が大学にまで流れ込んでいくなかで、学者の中にもグリーディで福沢諭吉をとても語る資格のない方が、最近外から若干入り込んで来ているのではないかと感じています。私の目からみれば、ちょうど最近亡くなられた尊敬すべき先達のお二人の政治学者―私どものフォーラムの顧問をやっていただいた小島朋之先生と三十年以上も前に神宮テニスクラブでごいっしょした神谷不二先生が、学者としての品性と学問に対して真摯な姿勢を持つ「典型的な慶応義塾の先生」ではないかと思っています。

最近では政府の有識者会議などで官僚の顔色ばかりうかがって、本物の学者としての実力がないくせに急速に這い上がっていくような人も見受けられます。また、真摯に学者として学問の〝絶対の競争〟に挑戦せず、ライバルを叩くことに専念して急速に這い上がってくる人も見受けられます。私どもフォーラムの顧問の先生方は、皆様大変素晴らしい先生方ですが、何人か過去に私どもに近づいてきた著名な方がいらっしゃいました。これは私の判断で婉曲にお断りさせていただいた、ということだけは本日皆様にお伝え申し上げたいと思います。

3 トゥルー・ベンチャーの輝き

二〇〇九年十一月一日にサンリオのキティちゃんが生誕三十五周年を迎えました。そこで十一月二日の十二周年記念のオープン・フォーラムの際に、お忙しいところご無理をお願いして、サンリオの辻信太郎社長に来ていただきました。サンリオは今年の統一テーマである「感動価値の創造」そのものである「ソーシャル・コミュニケーション・ビジネス」を展開しているので、是非懇親パーティーでキティちゃんのことを話してくださいとお願いしたのです。

そのとき、辻さんは「キティというキャラクターは、三つメッセージをもっている」と次のようにおっしゃいました。

一つは〝かわいい〟ということです。〝かわいい〟を世界中に広めていこうと。〝かわいい〟とは「人から愛される。もてはやされる」また「かわいい人になってください」というメッセージです。二つ目が、左の耳に付いているリボンが〝仲良し〟を意味し、キティちゃんは、〝仲良し〟を広めるという意味でリボンを持っています。三つ目が、「みんなで仲良く助け合って生きていこう」というメッセージです。

キティちゃんには口がないそうです。よく見ると、たしかに口がありません。どうしてかというと、辻さんいわく、「行動で示さなければいけない」ということです。口で言うのではなく、態度で示そうという意味があるのだそうです。

キティちゃんは、「仲良く」「助け合い」「かわいい人たちになってくださいね」というメッセージを世界中の人々に広げるために、世界中にある三千五百のギフトゲートを中心として伝えているということでした。私はこの辻社長の言葉を聞いて、まさにこれが「トゥルー・ベンチャーの輝き」そのものではないか、と強く感じました。

私が理事長をしている「QM義塾社長大学」は、今から七年前の二〇〇三年六月につくったもので、辻さんが以前日経から出版された『社長大学』という本にあやかって創設されたものです。ウェザーニューズの石橋博良さん、パソナの南部靖之さんと私と三人で辻社長をお訪ねして、「これからの人たちにも絶対価値をもつ揺るぎないリーダーシップを確立してもらうための場をつくりたいから、ぜひ協力してください」とお願いしたのです。QMというのは、クオリティ・マネジメントのことで、「志が野心に変わらない トゥルー・ベンチャーをめざして」というテーマで今日まで活動しています。

この副理事長をしているウェザーニューズの石橋博良さんが、二〇〇九年五月にモナコで、「ワールド・アントレプレナー・オブ・ザ・イヤー」で表彰されました。彼は、「ワークシェアではなくドリームシェア」「大堅企業への道」「アントレプレナーシップの組織化と真のアントレプレナーの奥行きをめざす」と熱く語っています。

私と石橋さんとの出会いは、一九八〇年代中頃で、石橋さんがオーシャンルーツの日本支社長をやっていた頃です。もともとオーシャンルーツはカリフォルニアのベンチャー企業でしたが、香港のイギリス系企業が買収してしまいました。買収後の企業と以前の企業では、利益と投資に対する考え方が全く違っていました。カリフォルニアの企業は、稼いだものは「自由に使いなさい」といいます。一方、香港の企業は全部集中管理なので、投資するのにいちいち本国の決裁をとらなければなりません。それでベンチャー経営から植民地式経営への移行時のとまどいで、石橋さんが非常に悩んだ時期があるのをよく覚えています。

その後、石橋さんは一九八六年に独立して、現在のウェザーニューズを設立します。そして、独自のウェザー・マーケティングを展開しました。さらに九三年には、以前勤めていたオーシャンルーツを逆に買収して、ウェザーニューズを世界一の気象会社にしました。

現社長の草開千仁社長はウェザーニューズの第一期生の若き経営者ですが、アントレプレナーシップの組織化を引き継ぎ、石橋さんの夢である「気象庁の無血開城」、勝海舟と同じようにこれをめざして陣頭指揮のリーダーシップを発揮し、会社に活力を与え続けています。最近、ウェザーニューズは元南極観測船「しらせ」を購入し、環境のシンボルとして再生していく動きをしています。二〇一〇年の五月、千葉での一般公開をめざして頑張っているということです。これらのことも私から見れば、「トゥルー・ベンチャーの輝き」のひとつではないかと思っていますし、素晴らしいことであります。

4 コーポレート・ガバナンスの最新事情——社外取締役の役割、監査役の任期など

フォーラム特任顧問の牛島 信先生が、「もう『閑散役』はいらない」というタイトルで、日経ビジネス二〇〇九年九月二十八日号に寄稿しています。会社更生法に基づき再建を図っていた春日電機という元東証二部上場の企業で、新しい経営者が会社の資産を社外に不正流用するという違法行為が発生しました。これに監査役が敢然と立ち向かって差し止めを求める仮処分申請を実施し、臨時株主総会も仮処分で開催禁止となり、裁判所が監査役の主張を認めることとなる事件が最近起こりました。このような監査役の活躍は、日本のコーポレート・ガバナンスの大きな転換点となる、と牛島弁護士が指摘しています。

この法的根拠が二〇〇八年四月に施行した金融商品取引法百九十三条三で、「会社に法令違反があることを発見した監査法人は、会社に通知義務がある」としています。そして二項で「会社が法令違反を是正しないときには、金融庁へ通知義務が発生する」とあります。したがって、もし金融庁に報告されて問題が顕在化した場合には、監査役は問題を見過ごしたことになり、株主から責任を追及されるとのことです。

そもそもわが国では監査役は株主総会で選任されるうえ、四年という長い任期を有しています。監査役の役割としての取締役の職務執行のチェックという意味では、いまだに多くの企業

において監査役は機能しているとは言いがたく、「閑散役」などと揶揄されるほどだと牛島弁護士は指摘しております。法律の上で監査役が強い権限を与えられていても行使できない状態が続きましたが、金商法の改正をきっかけに最近この状況に変化が生じ、監査役が自分自身の権限と責任を理解し始め、ようやく監査役が本来の能力を発揮する時代になりつつあるとも述べています。

これはまったく私の個人的な見解ですが、新会社法の下でのガバナンスの変化に対応して、監査役の任期は四年をひとつの区切りにすべきだと考えています。これは常勤監査役も非常勤監査役も含めてです。この新会社法の下での権限の強化、事業報告、内部統制に対する責任の重さ、株主代表訴訟や法令違反事実発見の際の通知窓口といった役割からすると、個人的な見解ですが、やはり監査役がその責任を全うするための「場の目線」を維持するには、四年一期が限界ではないかと思います。常勤監査役でも社外監査役でも、ガバナンスの質を維持する上で、やはり「四年一期を任期とすべき」だと思っています。いずれにしても、変な人を監査役に選んでしまうと大変な時代を迎えているといえましょう。

社外取締役をめぐる最近の問題でも、昨年の春頃から上場企業の取締役会に社外役員の「義務化」をめぐって、東京証券取引所など市場関係者と日本経団連など企業経営者の間で火花が散ったのです。さらに経済産業省の企業統治研や金融庁の金融審議会は社外取締役の原則導入を主張し、経済界では米国企業の不振を背景に「日本的経営」への自信を深め、監査役など日本の企業統治を高く評価して、社外取締役導入への抵抗が強かったとのことでありました。

そもそも二〇〇三年施行の改正商法で、「委員会等設置会社」を大会社に選択できる道を開き、その場合取締役会内に監査、報酬、指名の三委員会を設け、各委員会の過半数を社外取締役として監査役不要、同時に監査役設置会社も監査役の半数以上を社外で構成することとなりました。しかし現在のところ、わが国の一部上場企業の約九十七％は監査役設置会社で、社外取締役の設置は任意となっています。今回のガバナンスをめぐる揺り戻しの議論の背景には、買収防衛策の導入など少数株主を軽視する傾向が残る日本企業への市場関係者の不満があり、また最近ではＪ―ＳＯＸに伴う内部統制コストの増加にも関連して、ガバナンス構築にどれほどコストをかけるべきか、社外取締役とともに社外監査役の費用も問題化されつつあります。

さらに二〇〇九年の九月中旬に民主党によって「公開会社法草案」が開示され、これから三年ほど議論が続くことになる予定です。監査役に従業員代表の選任を義務づけたり、社外取締役の条件を厳格化し、さらに子会社の重要な意思決定を親会社の株主総会案件にするなど大きな変化が見られます。主にドイツの共同決定制度など統制型の内容となっており、政権交代のなごりもあり政治主導と切り離して、あくまでもわが国のコーポレート・ガバナンスの進化の方向性の視点から検討すべきであると私は思っています。

このような流れの中で東京証券取引所は、昨春からのコーポレート・ガバナンスをめぐる議論を受け、二〇一〇年から経営陣と利害関係のない「独立役員」の導入、企業への議決権行使結果の開示義務付けなど、資本市場の透明性を高める新制度を発足させました。上場企業は新制度の下で、三月末までに社外取締役・社外監査役の中から「独立役員」を一人以上選び、東証に届け出ることが必要となりました。昨年の経済産業省や金融庁からの報告書がこの制度の基礎となっており、少数株主保護のため海外投資家からの要望などが背景となっていますが、これが現実にどのくらい機能するか注目を集めているところであります。

ところで社外取締役については、従来はそれにふさわしい人材をどのように見つけるかが大きな問題となってきました。最近では一部で、社外取締役の老害化も問題にされています。一般に日本の社外取締役には独立した優れた個人の取締役の方も少なくないが、どちらかというとフランスでいう機関取締役的な方が多いのです。機関取締役というのは、大口取引先や大株主などの企業から派遣された役員で、そういう立場から発言する社外取締役のことです。わが国の社外取締役はあくまでも個人ですが、社外取締役の多くは現実に意識の面で機関取締役的な方が少なくないのであります。ただ優れた先達の経営者の方である場合、機関取締役的な立場であっても本人のセルフ・ガバナンスがきいている限り、社外取締役としての経営陣に対する影響力が監査役よりはるかに大きく、経営に対する牽制機能とともに取締役会の活性化に役立っている点は評価されねばならないと思います。

最近のわが国のコーポレート・ガバナンス改革のモデルになった米国で、社外取締役の活用などによりきちっと企業統治をしていたはずのシティグループやAIGなどの金融機関、GMやクライスラーなど自動車大手が破綻し、現在ガバナンスに関して様々な問題が顕在化しています。

ここで是非思い起こしていただきたいのは、二〇〇一年十二月にエンロン事件が起こった時期に、いろいろな分野でそれまでのアメリカ的なシステムが破壊されて様々な議論がおきました。その代表例がわが国では、「だからこそ、よりガバナンスのシステムを強化するのだ」というオリックスの宮内義彦氏と、「いや、ガバナンスのマインドを強化しなければだめである」という富士ゼロックスの小林陽太郎氏のガバナンスをめぐる「マインドかシステムかの論争」でありました。私は結果的にはいくらよいシステムをつくっても、継続してそれにふさわしい人材がいなければだめだと思うし、そもそもコーポレート・ガバナンスの本来の意味が企業経営における「倫理的統治・管理の規範」を考えることにあったのであり、今回のサブプライム問題に端を発した金融危機がこれを証明したものと考えています。ただこれらの議論は、共にアメリカビジネスに造詣の深い優れたワシ型のリーダーであるお二人が、資本効率やマーケット・シェア、市場主義などの相対価値に出会って「さらなる絶対価値を深める」のか、それとも、「さらなる相対価値を深める」のかという問題と深く関わっているといえましょう。

ところで、私の専門分野は企業ガバナンス論ですが、歴代の経営者の皆様から薫陶をいただいた資生堂と三井物産が、私にとってプロフェッショナルとしての学びの場であったと同様、二〇〇二年六月から三年余りのＵＦＪホールディングスの時代から二〇〇九年六月までの三菱東京ＵＦＪ銀行の時代までの七年間が、私のコーポレート・ガバナンス修業の原点となっております。とくにＵＦＪホールディングスの厳しい状況と凍りつくような取締役会の下で、立派に振る舞われた当時の三名の社外取締役の先達の皆様、帝人の安居祥策さん、リコーの浜田広さん、トヨタの大木島巌さんから学んだことは、私にとって大きな感動体験であり、今日の心の支えとなっています。

現在私もいくつかの企業の社外取締役に就任していますが、これらの時期に薫陶をいただいた先達の皆様の感動的な立ち振る舞いとその姿勢にふれ、私も努力を積み重ね、そのようにあやかりたいと心に誓っております。そして社外取締役に必要とされる場の目線と独立性を保ちながら、価値創造企業としての競争・戦略ガバナンスの構築をめざし、社内の取締役たちとのやり取りを通して取締役会に新しい風を吹き込み、何といっても企業ガバナンスの中核としての取締役会そのものを活性化していく、というかたちで関与していきたいと思っています。

3　〝絶対の競争〟とクオリティ・マネジメントの探求

1　クオリティ・マネジメントの源流

クオリティ・マネジメントというコンセプトは、今から二十九年前の一九八一年に私がつくったものです。「明確な企業ビジョンと経営戦略のもとに、企業活動のあらゆる局面において、プランニングとコントロールの両面にわたるQualityの追求を通し、組織の活性化が個人の活性化に結びつくManagementの確立をめざして」と定義しました。これは当時おつき合いのあった京セラ、サントリー、伊勢丹、イトーヨーカ堂、東京海上火災、日本生命、レナウンなどの優れた企業およびその経営者の皆様がめざされていたことを、経営哲学、企業文化、組織文化などの面で私なりに経験的にまとめて、時代の流れとともに深化させてきたものであります。このクオリティ・マネジメントをめぐる諸問題が「エンパワーメント経営」へとパラダイム転換し、さらに価値創造企業における「価値創造のリーダーシップ」へと展開して、今日に至っているといえます。

前身の「QMフォーラム」が一九八一年から九七年まで十七年間続き、その後資生堂の福原義春様たちのご支援のもと、九八年から「価値創造フォーラム21」がスタートして、二〇一〇年で十二年となります。したがって、今春からはQMから通算すると三十周年目の活動となり、ひとつの時代の大きな節目だと私自身は感じております。

私どもがこの十二年間の「価値創造フォーラム21」の活動で学んだことは、企業価値の向上を追求していく過程で、企業価値を社会的価値や文化的価値を含んだ奥行きの深いものとして捉えることです。そして価値を創造しつづける企業には、数値化できない企業文化や、脈々と受け継がれる遺伝子が存在し、価値創造の原点にはつねにお客様や社会に対する価値創造をベースとした絶対価値の創造と深化があることを学びました。

ところで私は、以前から官僚を「ダチョウ型人間」と表現し、価値創造とほど遠い存在であると述べています。まずこのあたりのことからお話したいと思います。

以前上智大学教授（現名誉教授）の渡部昇一先生が、『インテレクチュアル・ライフ―知的生活』（The Intellectual Life／P・G・ハマトン著／渡部昇一、下谷和幸訳）という本を翻訳されました。ハマトンという人が書いたもので、一九七九年に講談社から発刊されています。当時渡部先生は、『知的対応の時代』をはじめ多くの知的生活シリーズの著書を出され、私も大変興味をもって読ませていただきました。

この本の中でハマトンは、人間には二つの知があると述べています。一つはインテレクト

(Intellect)で、いわゆる知力、知性のことです。渡部先生はこのようなインテレクトをもっているのが〝ワシ型人間〟で、豊かで大きな構想力をもっているのが特徴であると述べています。

もう一つはインテリジェンス(Intelligence)で、あの子は頭がいいという意味で使う言葉で、知能、知恵のことであります。渡部先生はこのインテリジェンスをもっているのが〝ダチョウ型人間〟だと述べていて、私は官僚タイプの人はこのようなインテリジェンスの塊ではないかと思っています。それは今日の日本の教育制度がインテリジェンス中心であり、偏差値、受験戦争など入口がよければ最後までいい思いをするという日本のシステムは、まさにこのインテリジェンスの世界そのものだといえるからです。

わが国では知能指数の高い人間が試験選抜エリートとして、国家公務員、官僚となっていくので、官僚には自然とダチョウ型人間が多くなるわけです。このようにわが国では、官僚の人たちの〝知の育ち方〟の背景があるので、残念ながら今この国の危機に構想力をもって見渡せるようなワシ型人間はなかなか出現しなくなっています。

さらに現代のリーダーを分類する場合、私はまず二つの価値に分けます。その一つが〝絶対価値〟で、Basic Value と呼んでいるものです。これは本質的価値であり、人の心を豊かにする価値です。もう一つは〝相対価値〟で、Instrumental Value です。これは効率的価値で、人の生活を便利にする価値です。

このワシ型人間とダチョウ型人間、絶対価値と相対価値の組合せで、私自身がリーダーを五種類に分類した仮説を作り、親しい経営者の皆様にご意見をうかがって、賛同をいただき今日に至っております。まずこのあたりのことから本日お話ししたいと思います。

まずインテレクチュアルなワシ型人間とはビジネスモデルを創造できる人です。このうち、「絶対価値をもつワシ型人間」が、私は価値創造リーダーだと思っています。身近な経営者としては、資生堂の福原義春さん、富士ゼロックスの小林陽太郎さん、三井不動産の岩沙弘道さん、ＪＦＥホールディングスの數土文夫さんたちが、時代を見渡すような深い構想力と哲学的なリーダーシップをもち、絶対価値をもったワシ型人間であろうと思います。

「絶対価値をもつダチョウ型人間」とは、足腰の据わった実務家であり、昔の官僚もそうでした。絶対価値をもつワシ型人間とその価値を共有しながら、基軸がぶれることなく、きちっと実務をこなしていくリーダーのことです。

「相対価値をもつワシ型人間」とは、典型的にはジャック・ウェルチです。ウェルチは、企業家精神を維持しながら大企業の体力と小企業の魂をめざすというかたちで、アメリカにおける新しいビジネスモデルをつくって成功しました。日本でいえば、オリックスの宮内義彦さんあたりでしょうね。宮内さんもそういう意味では、素晴らしい経営者です。

そして、「相対価値をもつダチョウ型人間」は、いわゆる効率屋リーダーです。企業においては効率屋タイプの人材は必要ですが、価値創造企業においては絶対価値をもつワシ型リーダーが築きあげてきた価値を壊さない範囲で活動させなければなりません。コスト・カッターは瞬間的には必要ですが、やはり価値創造リーダーではないと私は考えています。

「相対価値をもつブロイラー型人間」とは、現在の官僚の多く、とくに最近の教育制度で生まれ育ったインテリジェンス面のみ優秀なチマチマした人たちです。時代を見渡すような構想力やグランド・デザイン力に欠けるところが問題です。

② 「相対の競争」から「絶対の競争」へ

「相対から絶対の競争へ」というキーワードは、当フォーラムの理事・コーディネーターである嶋口充輝先生がおっしゃった言葉です。競争概念について、ライバルをいかに叩いて相手のシェアを奪うかという陣取り合戦的な「戦争型競争」から、お客様にいかに喜んでもらえるかをライバルと競い合う「恋愛型競争」に移りつつあると指摘されています。まさにいま競争が、創られた価値をライバル間で奪い合うスタイルから、いかにより高い市場価値そのものを創造するかというスタイル、つまり「相対から絶対」の競争に向かって動きはじめているのです。

嶋口先生は男女の恋愛にたとえて、恋敵のライバルを叩き潰しても、最終的に本人が好きになってくれなければ話にならないからとも指摘されています。

したがって相対の競争をめざす企業は、ライバルを潰すためだけに単なるシェア競争や価格競争に陥ります。そして結果的にデフレを促進することとなります。いま必要なのは、顧客と企業が適切な関係性のもとで交流と対話を積極的に進めながら、共創価値をつくり出していくことです。絶対の競争をめざす企業は、必ず何らかのかたちで「相互交流型のインタラクティブ・マーケティングの仕組み」を自然発生的に構築しているといえます。

3 絶対の競争への視座—GM vs トヨタ

このような「絶対の競争」をめざす切り口で、「GM vs トヨタ」、「JAL vs 全日空」のことを、二〇〇九年十月三十一日付のQMマンスリーメモ（8）を中心としてお話しさせていただきます。まず「GM vs トヨタ」の事例から話を進めます。

時を遡ること一九九八年十二月下旬、当時のさくら銀行からの緊急増資の要請に対し、三井グループのある中核企業が三百億円の引受を行いました。一九九〇年四月に太陽神戸銀行と三井銀行の合併によりさくら銀行が誕生しましたが、バブル経済の崩壊とその後の構造不況の流れ、さらに当初の予想を大きく上回る太陽神戸銀行の不良債権の額など、それらに対処するために実行されたさくら銀行の一連の大型増資のひとつに対応したものでした。

当時は、日本債権信用銀行と日本長期信用銀行が相次いで破綻した金融危機の真っただ中でもあり、私がこの三井グループのある首脳に対して、「大変でしたね」と声をおかけしたところ、その方が「早川さん、これはある意味で捨てるような金だよ。我々は三井グループの中核企業だから、たとえ戻ってこない金であっても支援せざるを得ない。でも、拡大三井グループであるトヨタ自動車とイトーヨーカ堂が今回の出資に応ずれば、これは本物だがね」と述べられたのが印象的でした。

後から伝え聞いた話では、この件に関してトヨタ自動車でもイトーヨーカ堂でも、時を同じくして社内で大激論があったそうです。創業家の豊田章一郎会長と伊藤雅俊会長は「出資に応じるべき」と主張され、経営に責任をもっていた当時の奥田 碩社長と鈴木敏文社長は「お断りしたい」と反対されたそうです。結局、その後の公的資金導入の決定などの問題も加わり、最終的にトヨタ自動車もイトーヨーカ堂も出資に応じることはありませんでした。このことは私の目から見れば、資金の苦しみを体験した創業家の情と絶対価値、現役経営責任者の相対価値の視点からの当然の意見対立であり、当時の状況としては株主を意識した経営者の相対価値重視の判断が正しかったともいえるでしょう。

そして、市場主義、マーケット・シェア、資本効率などの相対価値を大切にしたこれらの優れた経営者の強いリーダーシップの下で、グローバルなネットワーク社会の到来と時代の流れに果敢に挑戦して、トヨタ自動車は世界のトヨタとして二〇〇八年に生産台数と販売台数ともGMを抜いて世界一の座に、イトーヨーカ堂も流通業界で圧倒的地位を確立して今日に至っているのです。

そのトヨタが、今回の米国発の金融危機とビッグスリー問題の煽りを受け、苦境に立たされました。その発端は二〇〇八年十二月下旬、〇九年三月期の業績予想が前期の二兆二千七百億の最高益から一転、世界的な販売不振と円高の直撃を受け、連結損益が戦後初の千五百億の営業赤字となる二度目の下方修正を発表したことです。さらに二〇〇九年二月初旬、連結営業損益が四千五百億以上の赤字に拡大されると、さらなる下方修正がなされました。

こうして「トヨタ・ショック」が吹き荒れた最中の二〇〇九年一月上旬、トヨタが六月末の株主総会で豊田章男副社長を社長に就任させる人事を固め、十四年ぶりに創業家出身者を社長としてグループ全体の危機意識と求心力を高め、収益回復へ「原点回帰」をはかるとの報道がなされました。一月二十日の臨時取締役会の決定で社長就任が正式に内定し、名古屋と東京で行われた緊急記者会見の様子は、オバマ米新大統領の就任式と同じ日に世界中に中継されました。その後今回のトヨタ・ショックの原因は、ここ数年の海外生産能力を高めて経営のグローバル化と規模の拡大を一気に推進した経営陣が、金融危機情報への対応遅れでブレーキを踏むタイミングを間違えたこと、「グローバル・マスタープラン」の一人歩き、規模の拡大などによる社員の官僚化、覇者のおごりと油断などと指摘されました。

二〇一〇年三月期の連結最終損益が二期連続で赤字になる見通しの中での社長就任にあたり、豊田章男新社長は二〇〇九年六月二十五日の会見で、「お客様第一、現地・現物といった創業の原点に回帰し、現場に一番近い社長でいたい」と語り、新体制発足に合わせて海外市場を五分割し、副社長が各地域の責任者に就き、独自の開発や生産、販売の戦略を練る〝小さなトヨタ〟として機能させるグローバル戦略の大幅な見直し、さらに経営の方向性を商品やマーケットに軸足を置くように変革し、消費者ニーズを汲み上げるマーケティング会社の新設など、「これからは台数や利益ではなく、どんなクルマ、価格だったら顧客が満足するかが重要である」と抱負を述べたのです。

私はこの話を聞き、ビッグスリー凋落の背景と思いを重ね合わせ、豊田喜一郎氏、豊田章一郎氏などの優れた遺伝子を受け継がれた章男新社長の下で、マーケット・シェアなどの市場主義や資本効率という相対の競争だけなく、現場の目線と創業の原点への復帰、そして商品開発と技術開発に軸を置く〝絶対の競争〟を実現することにより、トヨタは必ず力強く再浮上するものと確信したのです。

そもそもGMなどビッグスリーは、過去に約束した年金・医療費などのレガシーコストや高い賃金が収益を圧迫し、巨大労働組合（UAW）との複雑な関係など様々な問題を抱え、金融危機が起こる前から業績は不振でした。これら企業の経営者の多くは、顧客に支持される車をどうつくるのかという意識を欠落させ、車という商品を使っていかにもうけるかで頭をいっぱいにし、摩滅した現場感覚で短期利益だけを追及してきました。さらには買収でライバルを飲み込み、競争相手を消すことで寡占状態をつくり、規模の経済の追求やM&A戦争など〝相対の競争〟のみで生き残ってきたといえます。

とくにGMは、二〇〇〇年からスタートしたワゴナーCEO体制のもと、GMACのオートローンに活路を求め、カード、住宅ローンなど自動車ローン以外の分野、さらにはリースや保険にシフトして金融重視を鮮明にし、二〇〇四年にはGMの最終利益に占める金融事業の比率は七十八％にまでなっていました。同社では、二〇〇九年三月末にワゴナーCEOが退任するまで、四人のトップのうち三人までが財務部門の出身であり、ワゴナー氏への二千三百万ドルという高額退職手当支給や、五月十一日に発生したGMの六幹部による自社株売り抜け疑惑など、ウォール街とまったく変わらないグリーディな風が吹き抜けていたのです。

新たにCEOに就任したヘンダーソン氏は、「コスト・カッター」の異名をとる人物と伝え聞いていますが、彼の下で企業文化や発想、習慣を一変して、売れる車を造り、本当にGMを再建することはできるのでしょうか。技術に磨きをかけ、現場を巻き込んだ持続的な自己変革、そして不断の改善・向上を追求する「トヨタイズム的な絶対の競争」をめざす経営姿勢こそ必要とされていると考えるからです。

電気自動車開発のベンチャーである米テスラ・モーターズへの出資を決めたダイムラーや独自の戦略を展開したフォードなど、マーケットと技術面で先を読んだ迅速な対応をみせる企業と経営者がいるなか、派手なM&A戦略を優先した相対の競争しか知らない経営者ばかりで、環境や安全対策に迅速に切り替える技術をもち現場に精通したトップが不在では、早期の再建は難しいと私は思っています。

一九八四年にトヨタと合弁で「日米の競争と協調の象徴」として設立されたNUMMI(ヌーミー)を通して、トヨタ生産方式を学んだはずのGMは、実践的知恵を組織化できずに破綻。その後の再建計画におけるトヨタとの合弁の解消と撤退は、最終的にトヨタにとって国内外で初の主力工場閉鎖の決定へと至り、章男社長もかつて副社長を務めるなど協力関係を維持して来たNUMMIの二十五年目での幕引きは、新社長として最初の苦渋の決断となったことでしょう。

その後のオペルやサーブ売却の迷走、二〇〇九年十二月一日のヘンダーソン新CEOの解任、さらにGMACの事実上の国有化などを見ていると、GMのその後は私からは予想どおりの展開であり、自力再建に赤ランプがつき始めているといえましょう。

このような流れのなか、ＧＭ破綻とその後の迷走、およびトヨタの再生問題を同じ目線で見渡してみますと、豊田章男社長の誕生は「絶対の競争への挑戦」という視点から非常に大きな意味を持つものと思います。私は、今回のトヨタ・ショックの本質は、世界ナンバーワンになるための急激なグローバル化と拡大路線を展開するなか、ＧＭを抜き去るという目先の目標に気をとらわれた反動として、「お客様第一」「現地・現物」といった創業の原点が置き去りにされたことにあるのではないか、またあまりにも急速にグローバルな相対価値を追求していくなかで、油断や弛みが生じたのではないか、と考えています。

豊田章男新社長はＭＢＡを取得され、また外資系企業での経験ももっています。しかし、重要なのは、偉大な父の背中を見て育ち、相対価値に出会ってもそれのみを追わず、逆に絶対価値を深めることができる数少ない若き経営者のひとりだと考えています。それは、「豊田綱領」の底流に流れる創業者精神を体現し、常に現場目線をもって商品開発と技術開発を軸とした〝絶対の競争〟に向けた真摯な経営姿勢を保っているからです。章男社長の「成長のための失敗、チャレンジしての失敗は良いという風土を皆さんと一緒に創りあげていきたい」という呼びかけは、「創意とくふう」「人材育成」というトヨタが大切にしてきた考え方の実践であり、何と社員皆が奮い立ち、エンパワーされる言葉ではないでしょうか。まさに江崎玲於奈博士が語ったファーストランナーの条件、「Creative Failure への挑戦」そのものといえます。

現在のトヨタは、激しく揺れ動く世界的な自動車産業再編のなかで、「過剰な生産能力と環境技術への対応」という二つの構造的問題を抱え、九月末のトヨタFS証券の売却決定や十月下旬の住宅事業の完全分社化の発表、さらに十一月初旬のF1撤退の発表など、自動車産業への本業回帰と成長戦略をめざすための矢継ぎ早の改革を打ち出しています。これらの出来事は、その改革意識とスピード感を感じさせる対応といえるでしょう。最近のトヨタ車不具合問題に対する米国当局の姿勢と世論が、これまでのアメリカという国の体質からして少し気がかりですが、豊田章男新社長の〝絶対の競争〟をめざす陣頭指揮のリーダーシップにより、現在の苦境を乗り越え、多極化する新しい時代に向けた「さらなるアントレプレナーシップの組織化」をはかることで、日本人の誇りとともに「世界のトヨタ」として必ずよみがえるものと私は思っております。

4 絶対の競争への視座──JAL vs 全日空

次のテーマは「JAL vs 全日空」です。二〇〇九年九月二十六日各紙の朝刊一面で、日航再建が政府主導で抜本リストラを迫ることになったと報道されました。そして同時に、「JAL再生タスクフォースチーム」を設置し、とくに取引銀行からの日航の財務内容が不透明であるという指摘を含めて、再生機構ＯＢを活用したこのチームに、十月末をメドに根本的に再建計画の骨格のまとめ直しを任せるという動きが出てきました。

ちょうど、この「日航再建策、抜本見直し」が一斉に報道された同じ日に、たまたま私どもフォーラムの「次世代リーダー育成塾」の記事が日経新聞の十二面に掲載されました。ここで全日空の大橋洋治会長がキーノート・スピーチで、社長を務めた二〇〇一年から四年間の大変な苦境を乗り越えて来たことを踏まえて、「企業にはそれぞれの義があります。当社の義は、航空機の安心・安全運航に尽きます。これが経営の根幹であり、社会への責任です。利益を追うのではなく、義を肝に銘じて大きな志を持って誠実に経営に取り組む。それが経営者にとって常に大切な心構えです」と語りかけました。

さらに、「頭が切れるだけでは、リーダーとしては不十分です。人間として深みのある人物こそリーダーにふさわしい。最も大切なのは、人としての心です。その上で、胆力、知恵、行動力に磨きをかけて、第一等の人物に成長してください」と話し、大橋会長は後任の山元峰生前社長、二〇〇九年四月の伊東信一郎社長へのバトンタッチの背景、〝絶対の競争〟をめざす全日空の歴代の社長に流れるリーダーシップの継続性について触れられ、さらに「今のような厳しい時代だからこそ、ピンチをチャンスに変えて志を果たすとの強い意志が必要である」と語っています。

伊東信一郎現社長と高　巖先生との対談「インテグリティーと顧客満足」のなかでは、全日空はアジアを代表する航空会社になることが目標で、「あんしん、あったか、あかるく元気！」をグループ全体の合言葉とし、品質、顧客満足（ＣＳ）、価値創造でそれぞれトップになることをめざしてリーダーシップを発揮してきた、と伊東社長は述べています。さらに、「全社的なＣＳマインドの醸成、組織力を高めるための社員のエンパワーメント重視により、全社で危機感を共有しながら価値創造への挑戦をし続ける」と力強く宣言されました。

また経営者が自らの言葉で理念を熱く語り、行動する、言行一致のリーダーシップの重要性に関連して、「現場と徹底して語り合うことです。会社の理念がすべての社員のＤＮＡに埋め込まれるまで、浸透させなければと考えています」、さらに会社のかじ取りをする上で支えとする言葉について、「現在窮乏、将来有望です。これは、初代社長の言葉です。どんなに時代が厳しくとも、希望を持って努力し続けなければいけません。また、インテグリティー（誠実さ）を貫く経営の大切さも痛感しています。安心・安全を第一に、ＣＳの向上などあらゆる面で質にこだわる経営を追求していきます」とクオリティ・マネジメントの実践などについて語っています。

私はこれらの記事を日本航空をめぐる最近の諸問題と合わせて読んでみて、日本航空と全日空の経営体質の根本的な違いと日本航空の危機の本質は、まさにこのことであると深く感じ入ったのです。日本航空は一九八七年に完全民営化され、「ナショナル・フラッグ・キャリア」として今日に至っていますが、わが国の閉鎖的な航空行政の中で「親方日の丸的公社体質」を引きずり、米同時テロとSARSの流行、そして今回の金融危機と過去十年で三度にわたる公的支援を仰いでいます。さらに三年前の経営危機の最中にお家騒動まで起こして、政府の支援がなければ会社の存続まで心もとなく、残念ながら民営化の理念からはほど遠い実態となっているといえます。

次に、日本航空と全日空の違いが出たのが、二〇〇九年六月下旬から七月上旬にかけての増資です。ここで、両社の経営体質と改革格差の明暗がはっきりしました。日本航空は異例の政府保証のついた日本政策投資銀行の金融危機対応融資などで千億円、全日空は公募増資で千五百億円です。このとき、政府の監督下で再建する日本航空と、自力で資本を厚くする全日空との市場からの評価の違いが大きく浮かび上がりました。日航の場合、当時受けた融資は社債の償還など当面の資金繰りに充てられましたが、全日空は公募増資の資金で燃費効率のよい中型機の購入を行うなどさらなる経営基盤の強化を進めることとなり、ここで、さらに両社の差が経営改革格差の拡大の反映と評価されました。

その後の四―六月決算で日本航空の最終赤字が九百九十億円の過去最大に拡大、国交省の過剰介入したかたちでの有識者会議の開催、米デルタ航空やアメリカン航空との提携問題の突然の浮上などがあり、さらに九月二十四日に日本航空の西松遙社長による再建計画案の説明と改正産業活力再生法申請に基づく公的資金の注入要請がなされましたが、それに対して前原国交相は「具体性、実現可能性が不十分」と指摘するなど、日本航空再建問題は大きく揺れて迷走することとなりました。

これも先ほどのＧＭ vs トヨタの例と同様に、私から見ると、「官的な相対価値で競争を避ける日本航空」vs「絶対の競争をめざす全日空」という構図になります。日本航空の今回の救済劇は、再建の道筋が描けないまま追加融資には応じられないという銀行団の当然の主張に対して、麻生政権がどさくさに紛れて、六月二十二日の丸抱え支援決定に端を発しているのです。企業を再生するには、経営者と従業員との一体となった血みどろの努力が必要なのであり、危機意識を共有して労使一体となってレガシーコストなどを含めたコスト削減を積み重ねていれば、事態はここまで悪化しなかったと私は思っています。官的な相対価値とは、政府依存体質で何をやっても責任をとらず、最終的に自分たちが生き残ることしか考えないもので、この点では経営者側も組合側も全く同じだろうと思います。

いずれにしても、小手先の対策で乗り切れる段階はもはや過ぎており、長年にわたり自助努力と自己変革を怠り組合問題や年金問題などを積み残した日本航空は、今回のＱＭマンスリーメモ（8）として書き残した十月三十一日のこの時点で、私は株主、従業員・ＯＢ、債権者などが公平に痛みを分かち合って法的整理で一度解体し、これまでの経営責任を明確にした上で「新旧分離」して新しいリーダーの下で再出発しなければ無理だろうと思っていました。このあたりのことが、歴代のトップが「市場原理と人間原理の融合」を図りながら、〝絶対の競争〟をめざし労使一体となって苦境を乗り越えてきた全日空とは、人材育成の問題を含めて経営の質の絶対格差があまりにも大きいものといえます。

その後、このＪＡＬ再生タスクフォースが十月十三日に、日航が少なくとも二千五百億円の債務超過に陥っていると指摘し、新たなる再建案を提案しましたが、財務省やメーンバンクなどが相次いで、年金債務の減額や公的資金・政府保証の行方が不透明なままでは無理と突き放し、タスクフォース自体が空中分解してしまいました。最終的に十月二十七日に、「企業再生支援機構」を活用することになり、その後の稲盛和夫氏のＣＥＯ就任、近々予定されている会社更生法の申請などを経て今日に至っています。

このタスクフォースは設置から一ヵ月あまりで解体してしまいましたが、ＪＡＬの問題点を明らかにしたという点では意味があったと私は思っています。老朽化した航空機材の問題を含めて「日航は債務超過の状態」にあり、手厚い年金や世界一高いパイロットなどの賃金体系を見直さなければ、やはり経営破綻は免れないということをタスクフォースははっきりさせたといえます。いずれにしても、この日航問題に対する抜本策が今日まで先送りされてきたのは、日本航空側にすべての責任があったのではなく、実は過去の航空行政などの問題とも深く関連しています。日航の経営実態から目をそむけて「オーストリッチ・コンプレックス」を続けてきた航空行政のあり方、過去の空港の乱立や不採算路線を日航に押し付けてきた族議員や自治体など自民党時代からの利権政治による負の遺産、それに国交省ＯＢのグループ企業を含めての天下りを受け入れ、親方日の丸的に放漫経営を続けてきた日航経営陣、これらが複合的にからんで今日の状況に至っているといえます。

最近前原国土交通大臣が、航空と港湾の成長戦略について語っていますが、この面では日本は非常に遅れています。シンガポールは一九六五年に建国された若い国ですが、現在、港湾でのコンテナの扱い高で世界第一位です。東京は二十四位、横浜は二十九位です。そしてチャンギ国際空港も、お客様志向や効率、サービスの追求によって、自他とも認める世界ナンバーワン空港に成長しています。そういう意味で、わが国における航空行政と港湾行政は、Four Decades を超える蹉跌ではないかと私は思っています。

たまたま、十月上旬に前原大臣が、羽田空港の国際化を含めて「ハブ空港化」についても触れたことは、非常に大きな意味があると思っています。一九九六年欧米に遅れること二十年で、国交省が航空会社の新規参入や便数、運賃設定などについて規制を大幅に緩め、運輸行政の一大転換がされました。しかし、その中で大動脈の中心にあった羽田空港だけは、発着枠についてそれはなされませんでした。事実上競争を制限してきたわけですが、その背景にあったのは日本航空に対する配慮だといわれています。

いずれにせよ日本の航空業界にとって、これからは国際的な競争力強化がまずもって重要な課題です。そのためには日本航空と全日空の両社が健全な競争を維持し、日本の航空業界全体の底上げをする必要があります。重要なのは長期的な視点でのわが国航空産業の成長と競争促進なのであり、日航を甘やかしてきた既得権益を含む政官業のもたれ合いに鋭くメスを入れ、航空業界全体に関する決めごとについては透明性のあるかたちで審議を重ね、今こそ真の競争力確保に向けて航空行政を大転換することが必要であります。いかにして「公正・公平な競争」を基本とした航空行政の今後のあり方と業界の再生ビジョンを描いていけるか、民主党の重要な産業競争政策の真価が問われているといえましょう。

5 「絶対の競争」への示唆―武藤信一氏を偲んで

次に「絶対の競争への示唆」という切り口から、本日どうしてもとりあげさせていただきたいのは、三越伊勢丹ホールディングスの武藤信一会長のことです。

二〇一〇年一月六日、当フォーラムの幹事になっていただいている武藤信一様が、六十四歳の若さで亡くなられました。本当に残念でなりません。二〇〇九年に体調を崩され、六月一日付で伊勢丹社長の座を大西 洋氏に譲られ、しばらく治療に専念されて十月くらいから業務に復帰されると伺っていました。後から秘書の方に聞いたのですが、体調の回復も順調で十二月の持株会社の取締役会にはご出席されていたそうです。それが年明けに体調が急変され、亡くなられてしまったとのことです。

武藤さんは二〇〇一年六月に社長に就任されてから顧客価値マーケティングに加えて、仮説の構築と検証という科学的手法によるＭＤ業務改革を実施し、クオリティ・マネジメントの企業遺伝子のさらなる進化を通じて「感性とインフラが共存する企業づくり」をめざし、顧客の期待を上回る価値の創造のため、陣頭指揮の強力なリーダーシップを発揮されて来られました。それはまさに、〝絶対の競争〟そのものへの挑戦であり続けたといえます。

武藤さんのリーダーシップはメンズ館の成功に象徴されたように、「伊勢丹の価値創造は顧客づくりの歴史」であり、お客様の期待に応えることで〝ご満足いただく〟レベルから、期待を上回る価値を提供することで〝感動していただく〟レベルをめざして、全社をあげて「お客様の感動体験を創造」するというかたちで、常にお客様目線に立つインタラクティブな取組みを実践されてきたのであります。

二〇〇八年四月に実現した三越との経営統合後も、企業風土のそれぞれ異なる両社の組織・

人事の融合やグループへのＭＤ業務改革の浸透など、困難な課題に石塚邦雄社長とともに陣頭指揮で取り組んで来られました。消費不況の逆風もあって統合成果を充分具体的なものとするプロセスは道半ばであり、さぞご無念であったと拝察いたします。ただ武藤さんが直接育てて来られた大西　洋社長はじめ若手の経営陣の皆様、さらに若いこれからの人たちが武藤さんの遺志を継いで、三越のトップと一体となりこの苦境を乗り越えるものと確信しています。

私はフォーラム活動を通じて、〝絶対の競争〟への示唆や「感動価値の創造」などいろいろと教えていただき、また武藤さんの志高くインテグリティを貫く真摯なお姿にふるえるような感動を受けさせていただいたひとりであります。本日ご出席の皆様とともに、心より武藤信一様のご冥福をお祈り申し上げたいと思っております。

4 日本とアメリカ—危機の本質（1）

① リーマン破綻の日、シンガポールにて

二〇〇八年九月十五日の月曜日に、アメリカの大手投資銀行のひとつリーマン・ブラザーズが破綻しました。ちょうどその日私は仕事でシンガポールにいて、金融の中心街に近いラッフルズ・プレイスにあるフラトン・シンガポールのホテルから、あわただしいビジネスマンの動きとただならぬ気配を感じていました。その時の状況を二〇〇八年九月十五日のQMマンスリーメモ（1）として書き記しましたので、本日ご紹介したいと思います。

……早朝からテレビを見ていて驚いたのは、イギリス系のBBCとCNNの報道姿勢の著しい格差でした。CNNはアメリカで大変な騒ぎになっているとただ伝えるだけでしたが、BBCが次の三点についてくり返し報道していたのがとても印象的でありました。

BBCの報道によると今回のリーマンの破綻の件は、三月のベア・スターンズの破綻と比べて「ダブル・スタンダード」であること。リーマンには損失の実態がつかめない、という

「リーマンの闇」があること。政府はリーマンをバンク・オブ・アメリカに救済してほしかったようだが、バンカメがメリルリンチの救済合併を決めた「民の判断は妥当」であったことなどであります。

そしてリーマンの破綻の後は、ＡＩＧのゆくえに関する憶測など、ＡＩＧ一色の報道が十五日のテレビの内容を独占しました。シンガポールの現地の局からは、それらに加えてアジアの目線から今回の金融危機について様々なコメントがなされていました。

ちょうど同じ日にＮＨＫの放送で自民党の総裁選挙の状況が流されていましたが、何ともいえない違和感と複雑な思いが私の脳裏をめぐったのをよく覚えています。日本は世界、いやアジアからも何ら問題にされないノー天気なアメリカ周辺国に成り下がってしまったのかと……。

心に羽根の生えた官僚たちは一斉に口をつぐみ、ある意味で確信的な「オーストリッチ・コンプレックス」そのもの、つまりダチョウには危険や困難な局面にさらされると頭を地面に突っ込むという習性があり、まるで地中に頭を隠せばオオカミが自分を襲って来ないと信じている、つまり「目に見えなければ、どんな危機も存在しないことになるかと思い込める人々」のように映ったのであります。

さらに福田前首相による無責任な政権運営放棄の後を受けた前回の自民党の総裁選、世界が激しく揺れ動くこのような局面でテレビに映る各候補の街頭演説の様子は、まさにニューヨークのチャイナタウンにある「ダンシング・チキン・テーブル」を思い浮かべました。つまり本物のチキンの強さを見分けるダンシング・チキン・テーブルに、父親の背中を越えられないジュニアたちやカメレオンのような女性政治家、またとてもテーブルに乗れる器でないブロイラーたちが勘違いして乗ろうとするなど、わが国の末期的な政治状況と国のゆくえについて憂慮した一日となった、と強く感じたのです。……

2 シティ＆AIGの救済問題

アメリカの金融危機の深刻化は、九月十五日のリーマンの破綻とその翌日のAIGへの緊急支援以降、市場の反応は厳しさを増してダウ平均は歴史的に下落し、その後のワシントン・ミューチュアルの破綻、ワコビアのウェルズ・ファーゴへの身売りなど、相次ぐ破綻・再編が加速するなかで大手銀行と証券に経営不安が増加して、さらなる株価の下落のもとで、二〇〇八年十一月下旬のアメリカ金融界を象徴するシティグループ救済の問題までに至りました。

シティグループは、約三週間前の十月末に二百五十億ドルの資本注入を受けたばかりであり、正直言ってこれには私も大変驚いたのですが、週明けの十一月二十四日の朝、ニューヨークの株式市場が開くまでにと、二十三日の深夜という異例のタイミングでシティグループへの二百億ドルの資本再注入による追加救済が決定されました。それだけサブプライム問題をめぐる傷が深く、かつそれほどまでにシティグループの闇が深かったといえます。

私は今回の一連の問題は、まさにリーマンの破綻を放置するという当時のポールソン財務長官の判断、ゴールドマン・サックスCEO時代と同じ市場原理主義的な判断と当事者意識の欠落が、必要以上に金融危機の状況を制御不能にして事態をさらに大きくしたのではないかと思っています。

そしてさらに驚いたのは、この時点におけるシティグループの取締役会議長に、あのロバート・ルービンが就任していたことでした。ルービンこそ第二次クリントン政権において、財務長官としてアメリカ民主主義の知恵が生み出したグラス・スティーガル法を廃止して、急激な規制緩和を推進した政府側の当事者、実質責任者だったからです。その本人が、今度はシティグループという民に入り込んでいたわけです。

わが国でも最近、優れた価値創造リーダーの経営者の皆様、三井物産の島田精一さんや帝人の安居祥策さんなどが、それぞれ「民から官」へ移られ活躍されるようになりました。従来のダチョウ型の官僚的リーダーシップではなく、豊かな構想力をもつワシ型のインテレクチュアルなリーダーシップという意味では、わが国では一部の例外を除いて「官」より「民」の優れた経営者の方がはるかに優秀なのです。私のビジネス体験からもアメリカでは、現実に「民から官」「官から民」、へと優秀な人材が移動して活躍しています。でも今回のシティグループをめぐる「民から官」、さらに「官から民」というルービンの動き、彼に対する批判と責任を問う声は、政府への圧力と究極のインサイダー問題という視点から全くその通りであり、米シティ救済をめぐる問題の根は相当深いと私は思っています。

そして、オバマ政権成立後の二月中旬、「新金融安定化計画」を発表、続けて共和党とのすったもんだの末に、総額七千八百七十億ドルの米景気対策法の成立にこぎ着けました。しかしながら実体経済の回復のメドは立たず、二月二十七日にシティグループが事実上の政府管理下に置かれ、三月二日にはニューヨーク証券取引所の株価七千ドル割れとともに、ＡＩＧに対する四回目の政府支援で支援総額が千八百億ドルにも拡大しました。にも関わらず、ＡＩＧの株価は五日に三十五セントにまで急落、シティグループの株価は一ドル二十セント、翌日ＧＭ株は一ドル二十七セントに急落して、米国の経済崩壊の加速度的進行が見られたのであります。

ここで不思議なのは、「なぜＡＩＧとシティの救済なのか」ということです。一九二九年の大恐慌のときは、いわゆるペコラ委員会が設置され、何が原因でこのようなことが起きたのかを徹底して究明していきます。私は、やはり問題をきちんと究明することが必要だと思うのですが、何故か今回はこれが全く進んでいません。

たまたまリーマンの破綻から半年経ったとき、公的資金を受け再建途上であるＡＩＧが、幹部社員四百人に高額ボーナスを支給するという問題が起きました。米国民の間からも「ごう慢で欲張りな会社、税金の不正流用、破産させるべきだ」などの批判が相次ぎ、これについてはオバマ大統領も批判していましたが、これを見逃したことでガイトナーの責任を問う声も上がってきました。

③ ウォール街の懲りない面々

これらの空気を反映してか、二〇〇九年四月五日の日経ヴェリタス紙面で、「ウォール街の懲りない面々」という特集記事が掲載されました。血税で救われた金融機関が払った二〇〇八年のボーナス、しめて百八十四億ドル。世界経済を大混乱に陥れたウォール街は、いまや「巨額報酬」の象徴だ。ごう慢、強欲と批判されても、当然の権利と主張する。壁（ウォール）の中の、懲りない金融エクゼクティブたち……と。

シティ取締役ロバート・ルービン氏―開き直りと保身、「偉大な長官」晩節汚す。ＡＩＧ子会社元社長ジョセフ・カッサーノ氏―ＣＤＳ損失の「戦犯」、退職後も「相談料」契約。メリルリンチ元ＣＥＯジョン・セイン氏―オフィス改装に百二十万ドル、ボーナス千万ドル要求。リーマン元ＣＥＯリチャード・ファルド氏―破綻処理に反発、賠償前に妻へ家「贈与」。これではまるでリタイアした後も特別待遇を受けたと以前問題にされた「ミニ・ウェルチ現象」どころではなく、「トリプル・ウェルチ現象」ではないかと思うわけです。

さらに驚くことに同日の日経朝刊で、オバマ政権の経済政策の司令塔であるサマーズ国家経済会議（NEC）委員長が、政権入りする前の一年余りの間に顧問を務めていたヘッジファンド「D・E・ショー」から総額約五百二十万ドルの高額報酬を、そして講演料としてゴールドマン・サックス、リーマン・ブラザーズ、シティグループ、JPモルガンチェースなどから合計二百七十七万ドル受けとっていたことなどが、四月三日のホワイトハウスの情報公開で明らかになったのです。サマーズ氏はガイトナー長官とともに、新しい金融監督体制の確立やファンドと政府が共同で金融機関の不良資産を買い取る制度の立案などの金融対策を主導し、金融機関幹部の高額報酬が反発を受ける中、金融対策への影響を懸念する見方が広がる可能性があるとの記事で、これではファンド等に対する規制を強化するのが難しいのは当然であります。

4 時価会計の緩和とストレステストの実施

二〇〇九年の四月中旬に、米大手金融機関六社の第1四半期決算が全て発表されました。そこでは四月にアメリカで時価会計の緩和が行なわれ、時価会計緩和を活用しなかったモルガン・スタンレーを除く各社の最終損益が黒字になったという報道がありました。この時点でＩＭＦから（あとでＦＲＢや財務省、ＩＭＦとの意見が割れてくるのですが）、今後も米金融機関の損失拡大懸念と、金融システム安定のために米金融機関に二千七百五十億から五千億ドル規模の追加資本が必要との指摘がありました。そして時価会計の緩和をめぐって金融専門家の間からも、本業の収益力を反映せず、これによって財務の実態が見えなくなり、不良債権の実態が全くつかめなくなった、と指摘されることになりました。

今回の時価会計の見直し議論は、二〇〇九年の三月上旬頃から再熱してきました。証券取引委員会（ＳＥＣ）や、財務会計基準審議会（ＦＡＳＢ）などからいろいろ意見をとっているのですが、そもそも米金融機関からの不良資産買い取りを定めた先の金融安定化法案で、ＳＥＣに時価会計の適用を部分的に停止できる権限を与えてしまいました。最終的にＦＡＳＢは四月二日に、時価会計の適用除外となる金融資産の対象を広げるなど緩和策を決定し、二〇〇九年の一―三月期決算から新基準が導入されることとなりました。ここに至るまでのやりとりで、米金融業界と議会をはじめとする強い政治的圧力を受け、独立機関としてのＦＡＳＢの権威が大きく失墜したともいえます。

時価会計導入をめぐる様々な問題について前回の講演でも述べましたが、わが国でも会計基準の国際化という錦の御旗の下で、ある意味で会計が政治の道具として使われました。今回のアメリカの時価会計緩和への動きを見て、わが国であのような時期に時価主義会計を強行に推し進めた人たちは、残念ながら当時の行政の責任者たちを含めて、つまるところ「アメリカによるダブル・スタンダード推進の手先」ということになってしまったといえましょう。その後の彼らの行く末を見ていると、私はさもありなんと思っています。

この時価会計の緩和をうけて、次に実施したのがストレステスト（資産査定）です。米政府と米連邦準備理事会（ＦＲＢ）は五月七日に、大手金融機関十九社の健全性を審査するストレステストの結果を発表しました。景気が一段と悪化すると計六千億ドル弱の損失が発生し、バンク・オブ・アメリカ、シティグループなど十社で計七百四十六億ドルの資本不足の恐れがあると査定したのです。この結果を受けて各金融機関は増資などの健全化対策に着手しましたが、証券化商品の損失率などの査定方法や大前提となる経済指標の妥当性、四月のＩＭＦ報告との乖離など査定の信頼性を疑問視する声も少なくありませんでした。

今回のストレステストの結果を受けて、米株式市場などで金融不安の最悪期は脱したという観測も浮上しました。しかし時価会計の緩和が銀行の損失増加に直結し、資本増強に向けた公的資金必要額の大小とも密接に関連しているのであり、ＦＲＢと金融機関との激しいやりとりも含めて、この間に政府当局による強力な支援があったのは事実であろうと思います。そのような意味から、私は大手金融をめぐる一連の状況は、さらなる実態経済悪化の予想も含めて

「本物の夜明けではなく、さらなる闇」があるものと思っております。

このさらなる闇をめぐる問題に関連して、二〇〇九年四月二十五日の日経朝刊で紹介された「米当局がメリル救済圧力」という記事が注目されます。バンク・オブ・アメリカのルイスＣＥＯが、二〇〇八年経営危機に陥っていた証券大手メリルリンチを買い取るよう、ポールソン前財務長官とバーナンキＦＲＢ議長から圧力を受けていたと司法当局に証言し、ニューヨーク州のクオモ司法長官が議会関係者らに報告したという内容です。この問題は様々な分野で大きくとり上げられ、その後六月の米下院公聴会でそれぞれの証言がなされましたが、現職のＦＲＢ議長にまでウォール街とワシントンをめぐる疑惑の眼差しが注がれるようになろうとは予想できませんでした。結局二〇〇九年九月にルイスＣＥＯが責任をとって退任したことは、皆さんの記憶にも新しいところだと思います。

いずれにせよアメリカでは、規制する側と規制される側の両方を渡り歩く人たちがいるので、このあたりは日本ではちょっと信じられない状態です。前述したルービン以外でも、サマーズ、ポールソン、セインなどゴールドマン・サックス、メリルリンチ、シティグループなどの金融機関と、財務長官やニューヨーク証券取引所ＣＥＯなど政府高官の間を行き来しています。アメリカでは現実に、官と民の間でも優秀な人材が移動して活躍していますが、ウォール街におけるこのような実態には、改めて驚くべきものがあります。

5 ウォール街を吹きぬけるグリーディな風

グリーシィなやつ—この言葉は今から二十五年ほど前の一九八五年頃、現在でも親しい友人である北欧系アメリカ人が私に教えてくれたものです。私が当時三十歳前後だったMBA出身のC&Lのマネージャーを指して、「ああいうアグレッシブで有能だが、少し脂ぎっている男を英語でなんていうんだ」と彼に聞くと、「グリーシィ」と教えてくれました。それから二十五年余の歳月を経って、彼らグリーシィな男たちが、実は今やグローバルビジネスの最先端で活躍しています。今回の「ウォール街の懲りない人たち」とは、市場主義や資本効率など良い意味での相対価値の追求から拝金主義的なものも学んでしまって、自分の地位と報酬が上がるに伴い、「グリーシィ」から「グリーディ」に変質してしまった人たちなのではないか、と私は思っているわけです。そして、このグリーシィからグリーディに変質した人たちが、現在ウォール街にグリーディな風を吹かせたといえます。

今日のウォール街を吹きぬける風はまさにグリーディそのものであり、緊急時には何でもありという空気が米国を支配しています。至るところに以前ブレジンスキーが指摘したような「ダブル・スタンダード問題」を引き起こして、ドル基軸防衛のためには何でもありの世界になってしまっています。問題の所在を把握しているはずなのに全く解決に取り組まないという政府高官の姿勢など、私の目から見れば「犯人が裁判官になったようなもの」であり、余りにも異常といえます。

このような現在の世界的金融危機の本質について、ＪＦＥホールディングスの數土文夫さんは「欲望をコントロールできず、金融資本主義と市場原理主義を放置した結果であり、人災である」と語っていますが、私も全くその通りと思っております。九〇年代半ばからの急激なグローバル化と情報ネットワーク化のうねりの下で、金融工学の著しい発達と行き過ぎた規制緩和を背景として、〝良き時代のアメリカの香り〟がグリーディな風に吹き消されるなかで、自分の利益しか考えない経営者のモラルハザードの欠落とセルフ・ガバナンスを持たない経営者たちが引き起こしたものといえます。

二〇〇一年の米エネルギー大手エンロンの巨額不正会計事件は、経営陣が高額報酬を求めて株価をつり上げようとして起きたものです。事件を受けて、社外取締役の役割強化など経営監視の仕組みが強められたはずだったのですが、今回のサブプライム問題では何も変わらないまま金融腐敗に至ったことを示してしまいました。問題発生の原因と責任の所在を明らかにしない限り歴史は繰り返すのであり、大恐慌時のペコラ委員会的なものを再び設置するなどの対応が必要であると私は思っています。それは、前回の世界大恐慌のときには、検事出身のペコラ氏が委員長となって委員会をつくり、株式暴落がなぜ起きたのか、誰の責任（刑事・民事）なのかを厳しく調べ上げて、公的資金を注入して銀行を救済することを市民に説明、同意を得ようというアクションがありました。それを踏まえて、証券取引委員会やグラス・スティーガル法の設立へと向かったのです。しかし、今回は実態がそのときよりも悪すぎるからか、不思議なことにその後まったく原因を追及しないで、損失の実態やインサイダーの有無もわからないまま今日に至っています。

5　日本とアメリカ―危機の本質（2）

1　オバマのジャンプ・スタート半年

オバマが大統領に就任してジャンプ・スタートから、二〇〇九年七月二十日の段階でちょうど半年が経ちました。大型景気対策など経済危機への対応、先ほどの大手金融機関へのストレステストの実施などを踏まえ、GM、クライスラーなど自動車大手の経営問題にもある程度片をつけ、当面一定の成果をおさめたかたちで、この時点では高支持率を維持しました。首脳外交でも対立点を先送りにしたかたちでその成果を演出し、ある意味でオバマの「軟着陸型」の政権運営が鮮明になったのではないでしょうか。

七月中旬頃までに米金融大手の四―六月期決算が出そろいましたが、公的資金をもらっているシティグループとバンカメの本業はよくありませんでした。JPモルガンやゴールドマン・サックスは大変高い収益を出し、公的資金組は資産劣化、優勝劣敗が加速したといえます。その反面、企業の倒産件数や失業率は増え続け、雇用底入れなど景気回復の楽観論が後退し、米政権や下院民主党から追加経済対策の必要論が浮上してきました。

さらに七月になって、カリフォルニア州の財政危機が鮮明になり、シュワルツェネッガー知事が非常事態宣言を宣言し、ＩＯＵと表記される借用書も発行しました。この段階で、各州も七月初めの時点で財政危機に直面していて、アリゾナやオハイオなど少なくとも七州、直近の会計年度に赤字に陥る州が全米で四十八にのぼるという報道がなされました。

また二〇〇八年十月からの〇九会計年度の財政赤字が、九カ月間の累計で一兆八百六十二億ドルと初めて一兆ドルを突破したと発表され、ＦＲＢの長期国債購入拡大への懸念とともに、長期金利の上昇要因として意識されるようになりました。そのような意味から、米金融機関の安定性をめぐる議論は、今後の倒産率、失業率の悪化とともに不良債権の増加による損失発生の可能性は高く、さらに米商業用不動産問題や消費者ローンの問題などを含め、米銀復活でなくまだまだ闇の中にあると私は思っています。

2 ドル基軸の維持と「G2体制」の始動

このような流れのなかで二〇〇九年六月あたりから、アメリカの財政悪化を受けて新興国を中心として米国債保有を減らし、米ドル中心の外貨運用をそれ以外の資産に置き換えるという大きな動きが出てきました。さらに、六月中旬にロシアのエカテリンブルグで行われた、いわゆるＢＲＩＣｓの首脳会議で、ロシア、中国、ブラジル、インドなどが金融危機に対応するための協力体制の構築や、米ドル基軸の現行通貨体制の見直しの必要性などを話し合ったと報じられました。当然ドルの信認維持と関連して、アメリカの財政の健全化が政治課題として急浮上してきたのです。

さらに七月下旬にはワシントンで「米中戦略・経済対話」が開催され、ここで米中それぞれの生き残りをかけた激しい駆け引きが始まり、中国とアメリカを中心とした「Ｇ２体制」の新しいパワーゲームが動き始めました。これは日米同盟にも大変大きな影響を与えることになります。この「Ｇ２体制」が本格的に動き出すということは、時の流れで劣化していった日米関係の問題などどこかに吹き飛ばしてしまい、アメリカと中国が連携して世界規模の経済対策、安全保障、環境問題に取組むということであります。現在世界的に全く相手にされなくなったわが国の与野党や官僚を含むリーダーたちは、米国債の保有問題を含めこの現実をどのように受けとめ、どのように対処しようとしているのでしょうか。

今後、米国の金融の混乱が収まらず、さらにドル資産がもっと減るとなると予想されれば、中国はドル体制と決別して米国の経済は当面成り立たなくなり、オバマの計画は実行できなくなるのは事実でしょう。「米国はいつまで持つであろうか」―このような視点で改めてオバマ政権の中心メンバーを見直してみると、いくつか気がつくことが思い浮かぶのであります。

まずゲーツ国防長官、ニューヨーク連銀総裁から転出のガイトナー財務長官など前ブッシュ政権からの継続の人材。それから途中で辞退したリチャードソン商務長官の問題を含め、サマーズ国家経済会議委員長、ホルダー司法長官、ボルカー経済再生諮問会議議長、パネッタCIA長官など民主党クリントン政権で活躍した人材の大幅な登用であり、「第三次クリントン政権」と評価されているようです。また新政権の安保・外交体制に親中派の人材が登用され、アジア外交はクリントン時代からの対中接近もあって米国の親日派は絶え、最近では日本の影響力はゼロに近くなったと伝え聞いています。

さらに今回の政権では「ウォール街人脈に連なる人たち」が大きな影響力を与えています。一九九九年十一月に銀行と証券の分離で有名なグラス・スティーガル法を骨抜きにより事実上撤廃し、規制緩和、金融の自由化を推進してサブプライムによる金融危機の原因をつくり出した人たち、それぞれクリントン政権でFRB議長、財務長官、財務次官として当時監督的立場にあったボルカー、ルービン、サマーズ、ガイトナーなどが今回その解決も担当しているのです。六月下旬に米国で、銀行と証券に垣根を再び強化する金融規制改革案を発表しましたが、彼らが第二次クリントン政権の時何をしたのか、ということを思い出してみますと、「何か無理がある」と考えるのは私だけでしょうか。オバマは本当にこの状況をCHANGEできるのでしょうか。

３ 日米同時代史的に見た小泉改革―九七年以降の国のかたちの経営学的検証

一九九七年から今日まで、クリントンからオバマまでアメリカで三人の大統領が交替する間に、日本では首相が十二人も交替しています。あまりにもひどい話です。日米同時代史的にみてみますと、一九九七年から二〇〇六年までの橋本内閣から小泉内閣に至る十年間は、わが国においてはグローバリゼーションの著しい進行の下で、市場主義の導入による規制緩和と金融開放という大きなうねりの期間でありました。そしてとくに一九九七年という年はクリントン第二次政権がスタートした年で、橋本内閣による金融ビッグバンと行政改革の実施、さらに今日の日米同盟の基礎になる「日米防衛　新ガイドラインの見直し」が行なわれた年でもあります。

この第二次クリントン政権においてこそ、まさに一九九七年から「貿易の自由化から資本の自由化へ」と、アメリカの対外的な経済政策の基軸が大きく転換した時期で、グローバリゼーションの進行とともに今日の世界的な流れをつくりあげたのです。この時期に、日本に大きな影響を与えたのがローレンス・サマーズでした。現在はオバマ政権の国家経済会議（ＮＥＣ）の委員長ですが、彼が財務省副長官をしていた九八年に、「金融安定化策に関する訪日ミッ

〈資料3　米国の双子の赤字〉

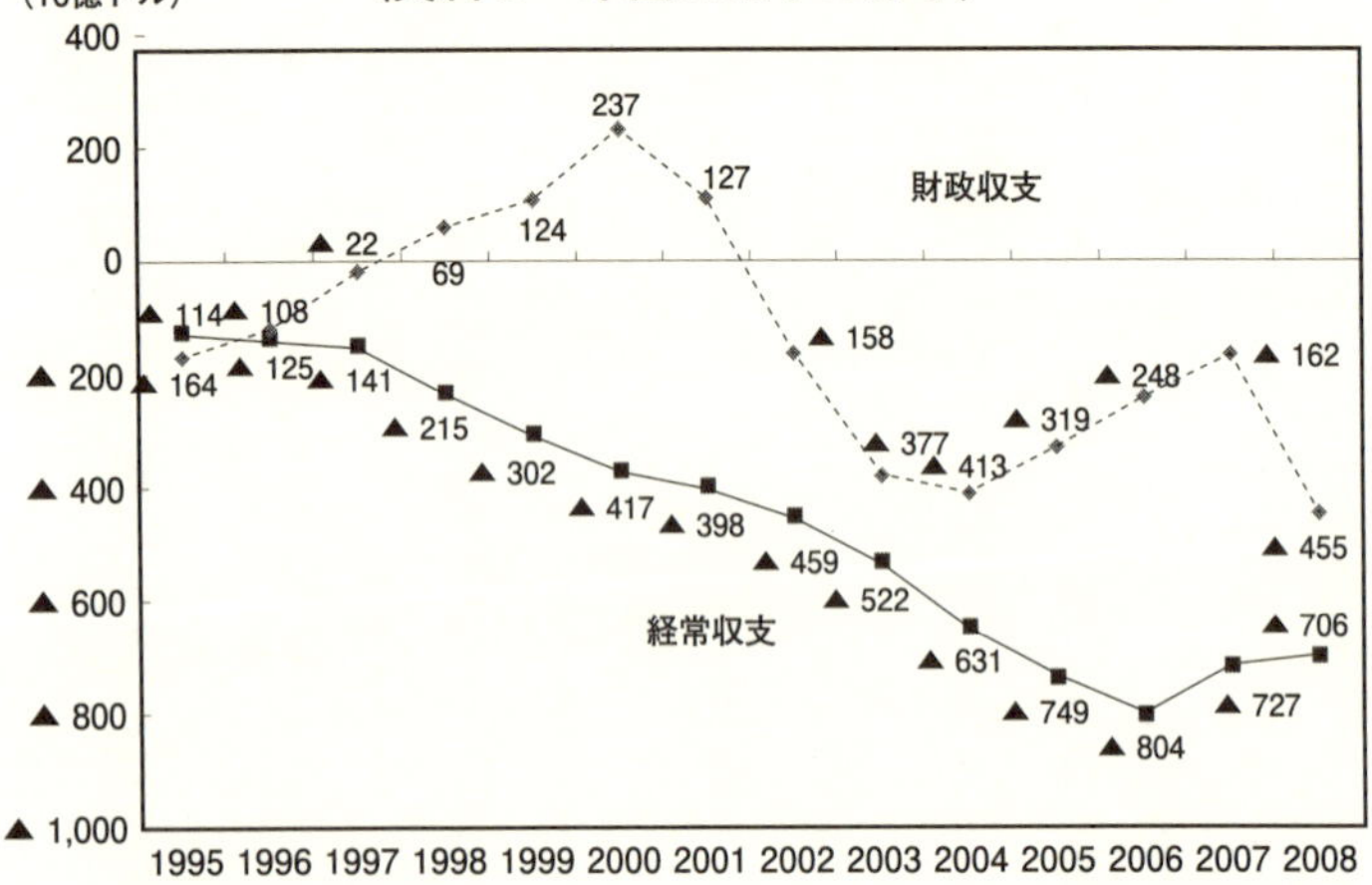

（出所）Global Insight

（資料提供：三井物産戦略研究所）

ション報告」を携えて来日し、不良債権処理と金融機関の統合、低金利政策の維持、金融行政の護送船団方式の取りやめ、さらにはいわゆる〝ゾンビ企業〟の処理などを突きつけてきました。サマーズは大変優秀な人と言われていますが、財務長官として対日政策を実務面ですべて担い、その後の日本の金融動向に非常に大きな影響を与えた人物です。

クリントン政権の後を受けて、二〇〇一年一月にブッシュ政権が発足します。そしてブッシュが大統領になった四カ月後に小泉純一郎氏が首相になり、いわゆるブッシュ＝小泉の時代が始まります。このブッシュ政権において、イラク戦争の戦時支出の増加などによりアメリカの財政支出は再び赤字に陥り、双子の赤字の時代が続くこととなりました。しかしサブプライム問題に端を発する金融危機が発生するまでは、ブッシュ政権は双子の赤字であろうとも、アメリカと同盟国である日本、そして急成長をする中国とのトライアングル資本主義を構築し、アメリカにキャッシュを流入させるスキームを維持していました。

二〇〇一年四月に小泉内閣がスタートしますが、その前年の十一月に〝加藤の乱〟が起きました。その頓挫を受けて、「新しい政治改革の担い手」として登場したのが小泉首相です。しかし、やはり登場した場面と時代的な背景から見ると、米国における戦時経済への突入とウォール街のグリーディな風を受けて大きく変質しつつあったアメリカの影響をまともに受けることとなったと考えられます。私は、この〝加藤の乱〟がもし成功していれば、わが国の二大政党制への大きな流れはもっと早くでき、その後の政界の液状化と国としてのガバナンスの喪失状態は少しは防げたのではないかと思っています。場に対する責任という意味から、私は加藤の乱の当事者たちには、もう二度と表舞台には登場しないでほしいと思っています。

前頁の〈資料3〉は、この時期の「アメリカの双子の赤字」の状態の推移を示しています。財政収支は少しよくなっていますが、相変わらず経常収支は悪化しているのがわかります。

いずれにしても、二〇〇一年六月のキャンプデービットでのブッシュ・小泉会談で、それまでの「年次改革要望書」が「規制改革および競争政策イニシアチブ」へとかたちを変えアメリカから積極的に提案されるようになりました。それを受け入れる方向で政府間主義での了解覚

〈資料４　政府長期債務残高〉

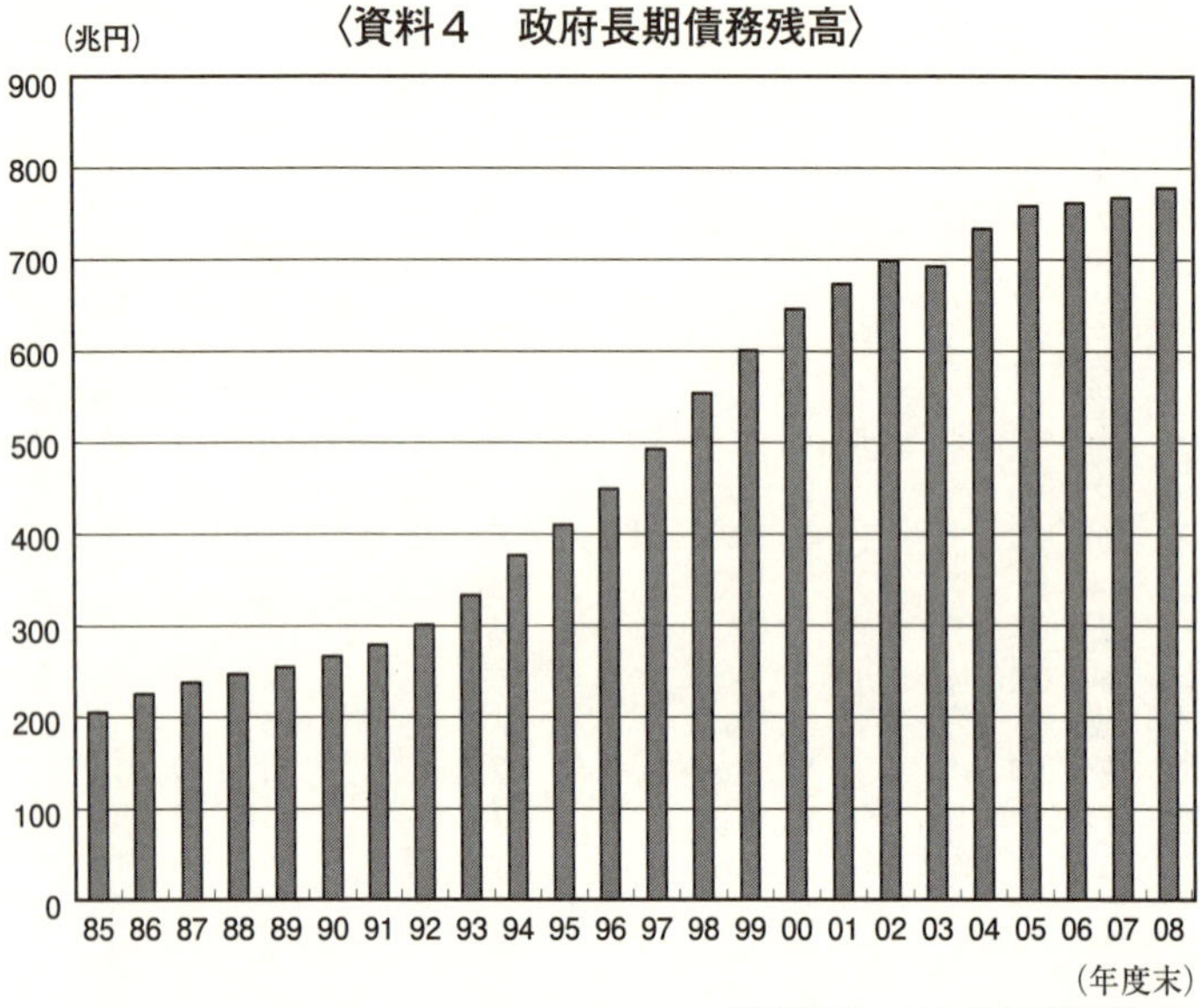

（資料提供：三井物産戦略研究所）

書（ＭＯＵ）などを通して官僚が実質的に政策提案をするなど、前述のトライアングル資本主義のもとゼロ金利政策を含め、アメリカの覇権を支える基盤がつくられることになったものといえます。

　この小泉政権は二〇〇六年九月まで続きましたが、さてこの小泉構造改革をめぐる評価については、現在行き過ぎた市場原理主義との決別や改革路線の揺り戻しなど、当時の自民党内でもその評価が分かれていました。私は小泉氏は、既成の政治手法とは異なる新しいタイプのリーダーシップを発揮し、過去の様々な既得利権の構造にメスを入れ、規制緩和による構造改革へ挑戦したことは評価したいと思います。そして自民党の派閥政治を崩しましたが、もう少し早い時代、少なくとも加藤の乱以前に登場していれば状況は違っていたと思っています。本来実施すべき財政の改革は全然手つかずで、政府債務残高の推移が〈資料４〉でわかるように、結果的に在任五年半で五百三十八兆円から八百二十七兆円へと二百九十兆円増加し、官僚機構の改革も不充分で、旧い自民党を壊すといって結果的に自民党の延命をはかることになったと思います。

そしてブッシュと小泉首相は個人的には大変親しかったが、国と国としては日米関係の実態が最も乖離した時代だったのではないかと思います。今までの旧い派閥もある種のガバナンスであったが、旧い体制を崩したところに知らないうちに黒船を深く呼び込んでしまい、国としての競争力とガバナンスの崩壊、貧困層の増加による格差社会の到来、さらに和を重んじる精神など日本文明の核とそれを支える民族としての優れた型を崩してしまったと思っています。「創造のための破壊」によってどのような社会を作るのかという深い理念もなく、残念ながら改革パートナーとともに日本の強みをあえて放棄して、「破壊のための破壊」をくり返してしまいました。そしてイラク戦争支持や郵政民営化など、きちっと総括しないまま国民は国家観とモラルを失い、ウォールマート疾風が吹き荒れる「マクドナルド化した格差社会」を招き寄せてしまったように個人的には思っています。

いずれにせよ小泉構造改革は、小泉氏が活躍した時代と登場した場面が「市場主義導入による規制緩和、官から民へ」という構造改革の大きな流れのなかで、変質したアメリカの影響を強く受けたという日米同時代史的問題、さらにいっしょに改革に取組んだパートナーたちがグリーシィからグリーディに変質し、心に羽根の生えた人たちが多かったということが言えるのではないでしょうか。小泉政権にとって最大の構造改革であった郵政民営化の問題も、郵政貯金などの資金が自動的に不必要な公共投資などにまわるのをやめさせるという点では評価できますが、「官から民へ」の民営化をめぐるアメリカとの関係を含めた利権構造の闇、さらに究極のインサイダー問題の視点からきちっと検証されなければならないと思っています。それが今日の「郵政民営化見直し論」や、さらには「かんぽの宿問題」とも深くつながっているような気がしてならないわけです。

4 漂流する日本と「失われし十年」の本質

先ほど述べましたように、アメリカが赤字であっても中国と日本からお金が入っていくというスキームのなかで、中国は少なくともグリップをもっているわけです。たとえば状況によっては米国債を売るよ、とか何とか言ってしっかりとアメリカの首根っ子をおさえています。これに対し日本は、あまりにも二十一世紀に入ってから、米国の覇権構造の中に組み込まれてしまっているのではないかと感じます。

二〇〇九年の七月で作家の江藤淳氏が自らの命を絶たれてからちょうど十年目となりました。亡くなる前年の一九九八年に文藝春秋から出版した『南洲随想』を改めて読み直してみました。江藤氏は十年前のわが国の状況と橋本内閣の行革について、「今の行革というのは横から来ている行革じゃないかと思うのです。横からというのは、国の中からではなく、つまりちょうど〝日米ガイドライン〟が横から来ているように、国の外から来ているんじゃないかと思う。つまり、日本人のための行革ではなくて、外国人のための行革なのです。そんなものに国民が一生懸命になれますか」と述べています。これを読み直してみて、私はわが国の漂流と「失われし十年」の本質はまさにこれだと思ったのです。この頃はまだ自民党単独政権でも、ある意味で旧い派閥というガバナンスがありました。現在は前述のように小泉改革の流れの中で、旧い派閥は消えてガバナンスが全く消滅してしまったところに、一気にアメリカからいろいろな申し入れが殺到してきたように見受けられます。

アメリカは双子の赤字を抱える中で、今後ますます日本を巻き込もうとするでしょう。当然国益を考えての動きですから、このもつれた糸をどのように解きほぐし、独立した国としての主体性を回復していくべきなのか、外交面でも旧態依然の日米同盟も綻びてきているわけで、抜本的な手術が必要かと思われます。

最近騒がれている日米安全保障条約改正に関わる密約問題や北朝鮮問題にしても、今日の日本はあまりにもアメリカの内政の影響下にあります。同盟という以上、義務範囲として日本は何をするのか、日本に有事があったときに海兵隊はどこまで守ってくれるのかを含めて、同盟の相互の義務範囲を明確化する必要があります。そして同盟のあり方を含めて、きちっと国と国として対峙し直す時期にあります。鳩山内閣における日米同盟をめぐる一連の騒動は、単に普天間基地の問題だけではなく、「こうした問題に深く根ざした新たなる挑戦」として私はとらえてみたいと思います。

次に石原慎太郎東京都知事は、毎年アメリカから年次改革要望書が送られていることに対して、産経新聞二〇〇五年十一月七日朝刊の「日本よ」という記事で次のようにコメントしています。「……それはこの日本に毎年アメリカから『年次改革要望書』なるものが送られてきて、日本はそれを極めて忠実に履行してきているという事実だ。……こうしたアメリカ側からの要望に対して、日本の政党なりの一部たりとも国会議員が反論したり、日本側からの要望を対抗案として行ったという話を聞いたこともない。これは国会の卑屈、政治家の全く無知怠慢としかいいようがない」と述べています。さらに「私が議員でいた頃から、アメリカの財務省は日本の大蔵省を、国防総省は防衛庁を彼等の日本支局と口にして憚らなかったが、それを如実に裏づけるものが毎年一方的に送りつけられてくる『年次改革要望書』の履行に他ならない」とも述べています。

これはちょうど四年前の記事ですが、今日のわが国が抱える問題から、非常に貴重で重要な指摘であると思います。そしてこの『年次改革要望書』については私自身検証していませんが、時代背景とその後の出来事などから状況証拠的に間違いないと思います。そしてこの『年次改革要望書』の履行の裏付けとなるのが、次に述べる「政府間主義の存在」なのです。

以前フランシス・フクヤマの『アメリカの終わり』という本を読んで、私は「政府間主義の存在」ということを知りました。この本によると政府間主義とは、プリンストン大学のアン・マリー・スローターが名づけたものだそうです。それは主権国家を代表する役人による了解事項の決定やその他の取り決めのことで、官僚機構における中間的なレベルで非公式に行なわれるものです。政府の最上層レベルで正式に検討して、互いに了解したものとは異なるものです。そういう意味で、これは了解覚書、つまりメモランダム・オブ・アンダースタンディング（MOU）と呼んでいます。こういうかたちをとって、主権国家によって取り決められているという点で、相当程度の正当性を有するものの、正式な協定に比べると透明性は低くて責任能力も低いものだそうです。

私はこれを見て「ああ、これだ！」と思いました。本を読んだ後で、当時の三井物産戦略研究所の渡部恒雄さんにも聞いたのです。「政府間主義というのはどうなの、現実にあるのですか?」渡部さんは「ある」と言うのです。つまりそれぞれの国の官僚同士でやっているわけでしょう。本来ならばそれを国に持って帰ってきちんと政府で検討し、場合によっては国会などで審議すべきことも、官僚の了解覚書レベルで相当に決めてしまっているのです。とくにわが国では、政治家が官僚を統制・コントロールできていないので、政府間主義の了解覚書レベルで確認していったことが、現実の政治と行政においてほとんど決まってしまいます。この政府間主義の存在のもとでアメリカからのさまざまな投げかけを、国民の知らないうちに自己増殖した官僚たちの思惑で決めていってしまうなど国家のかたちが崩され、ここにわが国の漂流の本質があるのではないかと思っています。

5 米大統領就任から間もなく一年――オバマはいつまでもつか

オバマのアメリカ大統領就任から間もなく一年が経過しようとしています。当然のことですが、アメリカの金融はその後もドル基軸を防衛しようとしています。二〇〇九年の秋ころからFRBや財務省は景気回復宣言や株高の演出などにより、ある程度危機を脱したので出口戦略が見えていると宣言しているように思えます。しかし、IMFや国連委員会、さらに世銀の総裁は、やはりドル基軸体制を見直さなければならないと言っています。これは二〇〇九年の下期から、それぞれのギャップとして表面化しています。

銀行の不良資産はさらに劣化の可能性を抱えて、とくに商業用不動産が非常に悪化していま す。さらにアメリカのノンバンクのＣＩＴグループが経営破綻し、アメリカ地銀等の経営難が続いており、二〇〇九年だけで百四十行破綻しています。それほど根深いのです。そこへ十二月上旬にドバイの信用不安が起きて、ドバイワールドが返済延期を要請してきたわけです。アブダビが救済することで一息ついてはいますが……。

アメリカの景気は八月以降も悪化し、十月の失業率は十・二％に達して戦後最悪の記録を更新中です。また、財政赤字は二〇〇九年度の会計年度、つまり二〇〇八年十月から二〇〇九年九月までに、前年度の三・一倍となる一兆四千百七十一億ドル（百三十兆円）という戦後最大に達しています。このような流れのなかで、住宅価格の先行き懸念や商業不動産のさらなる悪化の可能性があり、今後二番底リスクはやはりあるだろうと思います。今のところ安定しているように見えますが、まだまだまやかしで根深いものがあり、本物の夜明けとはほど遠いと私は思います。

さて、本当にオバマ大統領はいつまでもつのでしょうか。この政権が年内にめざしていた重要施策のうち二つまでが、新年に持ち越されています。そのひとつが、内政の最重要課題と位置付けられている医療改革法案です。これは、アメリカの民主主義の根幹に触れるものであり、上院と下院で意見が割れています。またＦＲＢへの批判が高まっているなか、金融改革でも議会の壁ができています。さらにはロシアとの核軍縮の条約も先送りになり、二〇〇九年一月の就任当初七十％あった大統領への支持率は、最近では五十％を割り込む水準までに下がっています。オバマ大統領は一月下旬に一般教書演説を予定していますが、この演説でどこまで巻き返せるかが課題になっています。

もうひとつの最近の大きな問題として、ＦＲＢがこれまでマネーサプライの指標であるドルの供給量をＭ３のレベルまで開示していましたが、二〇〇六年以降Ｍ３の公表をとりやめています。したがって、ＦＲＢによってドル通貨供給量が隠されてしまって、投機的資金を含めて現在どのくらいドルが刷られているかがわかりません。この問題に重ねて、最近ＦＲＢのバランスシートが著しく悪化してきているので、大変厳しいと考えざるを得ない状態です。とくにここのところ、財務省やＦＲＢへの批判が、バーナンキ、ガイトナーへの逆風となっています。

6　真の二大政党への道

1　わが国官僚制の歴史的展開

わが国官僚制の歴史的展開を検討する上で、大変参考になると思ったのが野口悠紀雄先生が著した『1940年体制―さらば「戦時経済」』という本です。この本の出版は一九九五年ですが、今日の官僚制の問題点に関して核心をついた記述があるので、改めて本日皆様に紹介したいと思います。

二〇〇九年九月十四日、麻生内閣で最後となった事務次官会議が、あの漆間巌官房副長官がチェアマンとなって開催されました。今日のわが国における官僚支配を象徴する事務次官会議は、新聞記事によると一八八六年以来百二十三年間続いてきたということです。閣議での議案上程に向けた省庁間の合意を示す場ですが、今日まで実質決定の場として機能してきたものです。今後は閣僚委員会を新設するとのことです。

野口先生がこの著書で述べているのは、一九四〇年体制の確立によってわが国の官僚制が大きく変わったということです。「官僚制度は明治以来の伝統をもっているけれども、性格は戦時期に大きく変質した」、と述べています。一九三八年の「国家総動員法」の制定、近衛第二次内閣の下での「統制会」の成立などの影響を指摘しています。

さらに野口先生は、「現在の官僚たちは、明治の天皇の官僚の子孫ではなく、戦時期の革新官僚の子孫なのである」とも述べています。そして革新官僚の前身は、一九三一年の満州事変以降に登場した「新官僚」だといいます。新官僚とは、陸軍が「内務省をはじめ大蔵省や商工省など、各省にわたって革新の熱意のある官僚の協力を求めたことに呼応した人たち」です。彼らの多くは満州政府に送り込まれ、統制経済の実施や治安維持に貢献しました。岸信介氏もこの新官僚のひとりであったとのことです。

実は、わが国は財務会計よりも管理会計が発達している国ですが、この管理会計の原点はかつての満州鉄道にあります。新官僚と同じように、原価計算や管理会計の今日の基盤は満鉄時代に確立されたのであり、これも戦時体制によってさらにシェイプアップされたものです。

その後、内務官僚中心だった新官僚から、経済官僚中心の革新官僚へと受け継がれ、その活動の中心は一九三七年にできた内閣企画院となります。革新官僚は当時の社会不安を背景として、ヨーロッパの様々な理念に感化され、そのなかにはマルクス主義に感化された人も多かったそうです。さらに後期の革新官僚には、全体主義的な国家統制を支持するナチス・ドイツのコルポラティビズモ（職能団体主義）の影響を強く受け、熱烈な日本主義者も多くいた、と野口先生は指摘しています。そして彼らの思想の中心が、「企業は利潤を追求するのではなく、国家目的のために生産性を高めるべきだという考え方と、所有と経営の社会的分離により、所有の基礎に立たずして（国家の）経営を統制する基礎条件を確保することにより、所有権に対する根本思想を変革した」とも述べています。このあたりのことについて、京都大学の中西輝政教授も、『日本の「岐路」』（二〇〇八年、文藝春秋刊）などで同じように指摘しています。

まさにこれが、いま言われているわが国の官僚社会主義体制の確立につながっているのです。そして、わが国の官僚制は戦後の高度成長に大きな役割を果たすこととなりますが、その源流はこの戦時体制にあるのであり、実に根深い問題を抱えているのです。GHQの占領政策のなかで、「間接統治方式を採用して日本国政府の行政機構をそのまま活用し、旧体制、とくに経済官庁の機構は無傷のまま生き残ってしまった。つまり、消滅したのは軍部だけで、内務省以外の官庁はほとんどそのまま残ってしまった」と野口先生は述べています。そして何年入省という人事の年次序列は、戦前からの連続性を今日まで維持しているそうです。

GHQ＝アメリカは、日本の官僚制について十分な知識をもっていませんでしたから、的外れの官僚制度改革となってしまったのです。日本のことを何も知らないアメリカに対して、「結局英語のできる官僚たちが画策して巧妙に立ち回り、GHQ内部での不協和音を日本の官僚が利用して、うまく生き残ってしまった」とも指摘しています。さらにGHQには、ニューディール政策に従事したいわゆるニューディーラーたちがかなりの数存在しており、彼らも国家社会主義的な傾向を強く持っていたので、革新官僚たちを使った間接統治がうまくいったのかもしれません。いずれにせよ、戦後の国家社会主義的官僚制はこれからの要素が複雑にからんで、戦前からの連続性を維持して今日に至っているといえます。

2 官僚制―Two Decades の蹉跌

八〇年代まではわが国の官僚制度も機能し、うまく国をリードして高度成長に大きく貢献したことも事実です。問題の本質は、その後の政治システムの劣化や政治家の質の低下とともに、知らず知らずのうちに官僚制に対する政治からの指示が不明確となり、官僚組織そのものも自己増殖して今日に至っていることです。この二十年間、冷戦構造の終えんとグローバリゼーションの進行という世界的に大きなパラダイム転換のなかで、残念ながらわが国の官僚制が二十一世紀を迎える体制を構築できずに今日まで来てしまった、ということでしょう。まさに「Two Decades の蹉跌」そのものといえましょう。

野口先生は前掲書で、一九九三年の連立政権が成立した時のわが国の政治状況にもふれています。それによると、これまでの五十五年体制における政党間の対立とは、「万年政権党＝自民党＝官僚が立案した政策をサポートする政党」vs「万年野党＝何でも政府に反対党」であったと。そして政党の基本理念から一貫した政策を唱えてきた政党、私の言葉でいう「絶対の競争をめざす政党」はなかったと述べています。そして日本では、社会民主主義的な政策はすべて官僚によって推進されており、戦後のGHQ民生局に結集したニューディール官僚による「民主化政策」も、典型的な社会民主主義改革であったと指摘しています。

そして、一九九三年に自民党の一党支配体制が崩壊して連立政権の時代を迎えると、「全ての政党が潜在的与党となって、政党間の政策の差は消滅して総与党化した。さらに経済政策に関する限りそれ以降のすべての連立政権は、官僚の準備した政策から一歩も出る事ができなかった」と述べています。むしろ自民党族議員の影響力が低下したため、官僚の政策がそのまま与党の政策になってしまったということです。つまり「政治面での五十五年体制の崩壊は、新しい体制を生み出したのではなく、四十年体制への逆戻りをもたらしてしまったのであり、その代表的な出来事が官僚主導の税制改革である〝国民福祉税〟構想であった」との重要な指摘をされています。

次に紹介するのは、「ネバダ・レポート」というものです。これは、もし日本が破綻してIMFが日本を管理下に置いたら、どんなことをやるか、どのような政策が打ち出されるのかという「日本破産処理案」なのです。ここには次の八項目が挙げられています。

「ネバダ・レポートの概要」Nevada Economic Report

1. 公務員の総数および給料の三十%カット。ボーナスの全額カット。
2. 公務員の退職金は百%すべてカット。
3. 年金は一律三十%カット。
4. 国債の利払いは五年から十年間停止。
5. 消費税を二十%に引上げ。
6. 課税最低限を年収百万円まで引き下げ。
7. 資産税を導入して不動産公示価格の五%を課税。債券と社債については五〜十五%の課税。株式は取得金額の一%を課税。
8. 預金は一律ペイオフを実施するとともに、第二段階として預金額を三十〜四十%カット。(財産税として没収)

これは二〇〇二年二月十四日に衆議院の予算委員会で示されたもので、民主党の五十嵐文彦議員がこのレポートについて当時の担当大臣たちに質問しています。これらの「ネバダ・レポート」の内容は国会審議に登場したにもかかわらず、その後公の場所から全く姿を消してしまって今日に至っています。二〇〇二年の状況を踏まえてこれだけの指摘なので、現在ならばこれ以上やらないと日本の財政危機は乗り越えられないということです。聞くところによると、このレポートはアメリカの金融専門家たちの執筆によって、政府機関や一部の金融関係者、大手マスコミの上層部に定期的に配信されているものだそうです。

３「黒船はもう来ない」―ダチョウに少しは羽根が生えたか

『黒船はもう来ない！』は、フォーラム特任顧問であるアフラック会長のチャールズ・D・レイクⅡさんが書いた著書のタイトルです。この問題に入る前に、現代の政治的リーダーの分類についての説明をしたいと思います。

前述の現代のリーダーの分類を、今度は私なりに政治的リーダーの分類に当てはめてみたのが〈資料５〉です。まず「絶対価値をもつワシ型人間」というのがワシのような翼をもつ価値創造の政治的リーダーです。この国のゆくえを任せられる、これから期待される構造改革のリーダーです。ところがこういうタイプの政治家がなかなか存在しないところが、わが国の抱える究極の問題なのです。

「絶対価値をもつダチョウ型人間」というのは、理念先行型の腰の座った実務型政治的リー

〈資料５　現代の政治的リーダーの分類〉

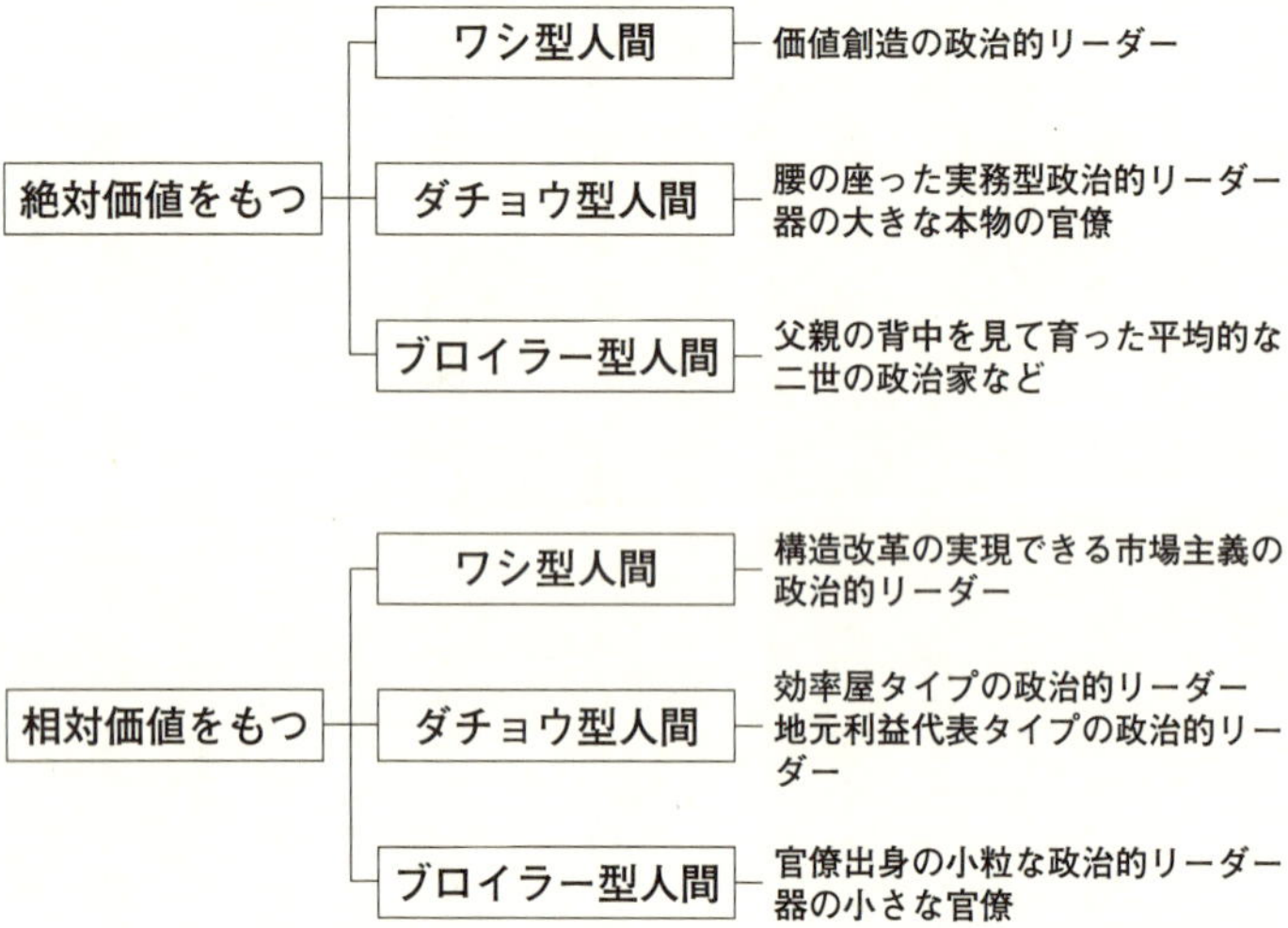

Prepared by Y. Hayakawa

ダーで、器の大きなインテレクチュアルな官僚といえます。わが国には明治時代から政治的な統治能力のある政治家は、どちらかというと官僚ＯＢだというひとつの流れがありました。わが国の戦後の歴代の首相経験者に結構官僚出身者が多いことについては前回述べたとおりです。

「絶対価値をもつブロイラー型人間」というのは、親父の背中を見て育った平均的な二世の政治家です。経営者というのは皆さんご覧になればわかるように、親父と息子というのはどちらかというとオイル・アンド・ウォーターなんです。だから同族による事業継承がうまくいかないのです。

ところが逆に政治家の家では、本当は大したことがないのに、お母さんが息子に

「うちのパパは立派ですごいのよ」と育てるわけです。後で地盤を継いで政治家になってもらわないと困るために、必要以上に大きく見せられ少しファザコンに近くなるように思います。だから親父の背中を見て育っているけれどもそれを越えることができず、どちらかというとブロイラー型人間になってしまうのではないかという感じがします。

「相対価値をもつワシ型人間」というのは、構造改革の実現できる市場主義的な政治的リーダーです。こういう方は、以前よく見かけましたね。だまって任せておくと、どちらを向いて仕事をしているのかわからず、アメリカ的な「マクドナルド化の格差社会」を招き寄せてしまう可能性があります。そして国益よりも自分の利害で動きますので、決して油断できません。その翼で飛んでいく行方について、きちっとモニタリングしておく必要があります。

「相対価値をもつダチョウ型人間」というのは効率屋タイプの政治的リーダーで、地元利益代表タイプの政治的リーダーです。意味もなく体力の続く限り地元を走りまわっているだけの人たちのことで、現在でもよく見かけます。彼らは典型的なギブ・アンド・テイク思考とローカル思考がベースになっており、その構想力の及ぶ範囲とリーダーシップには大きな限界があります。

「相対価値をもつブロイラー型人間」というのは官僚出身の小粒な政治的リーダーのことで、器の小さな官僚、現在の官僚にはこういう人が多いですね。自民党だけではない、民主党にもいるわけです。とくに最近の民主党などの官僚出身者に多く見られ、政治理念とは関係なく、当時の自民党にいるより早く議員になれるからと、志を捨てた器の小さなタイプの人たちです。いずれにせよ目先の利益を求めて右往左往する小役人のような人たちで、最もこの国のゆくえを任せられないタイプの人たちです。

レイクさんの本の話に戻りたいと思います。この著書のなかでレイクさんは、「日本はグローバル経済の中で歴史的転換点において対応する上で、特有の大きなリスクを持っている」と述べています。「明治維新に第一回目の開国があった。第二次世界大戦後に第二の開国があった。けれども、もう黒船は来ない」というのです。黒船とは、つまり外圧を利用した国内改革のことで、これからは「日本独自の選択による第三の開国をしなければならないときを迎えている」、「この独自の選択を実際にするのか否かが、日本が抱えているリスクである」とも指摘しています。

レイクさんはジョージ・ワシントン大学法科大学院にて法学博士号を取得後、一九九〇年に米国通商代表部（USTR）に入り、そこで通商政策の立案と実行を経験されました。当時は日米構造協議のいちばん激しい時期でした。イギリス系アメリカ人の父親と日本人の母親の間に生まれ、そのせいか宮本武蔵の『五輪書』をはじめ、わが国の文化や慣習など日本のことをよく知っています。

「過去に派遣された黒船は、米国の判断で送られた黒船と日本が呼び寄せた黒船の二つのタイプがある。偉大な国である日本はこの構図を終わらせ、独自の基本的価値観に基づいた国家ビジョンを確立させるべきである」と述べています。さらに「国家戦略を立案するためには、国民に選ばれた政治家がリーダーシップを果すことが求められる。しかし、民主主義国家のリーダーは、国民と共にその国の基本的価値観を確認して、世界的な変化に対応する上で何を変え、そして何を変えずに守るのかを判断する必要がある」とも示唆しております。

この本でレイクさんは、黒船を利用した過去の日本の政治について、日米経済協議の交渉者は「ＫＡＢＵＫＩ役者」だと表現をしています。日米経済摩擦が激しかった頃でも、アメリカ政府と日本政府を代表する交渉者が、ある程度お互いの役割を認識した上で事前に着地点を見出していた、というのです。そして、この交渉プロセスにおいて、日米両国の行政府が議会や国会に対して、「相手がこう言っている」というほうが国内対策がやりやすいなど、政治的プレッシャーに対応するかたちをとってきたので、貿易摩擦時代の日米経済交渉はそのプロセスにおいて歌舞伎のような交渉がくり返されているというわけです。私はこのような政府間協議が、最終的に国益につながるのならばいいのですが、政治による官僚の未統制のため省益やダチョウ型官僚の野心に利用された可能性が強く、きっちりと議論し評価していかなければならないと思っています。

私が「ダチョウに少しは羽根が生えたか」というのは、何を言いたいのか。アメリカは自国のパワーを維持するために、日本の官僚たちの心のなかにアメリカに向けてダチョウの羽根を生えさせるように仕向けてきます。日本の官僚たちも自分が生き残るために、アメリカを向いたほうがいいと考え、それを受け続けているうちに現実に生えてしまったのではないですかということです。現実にアメリカに派遣された官僚が、すっかり変わって帰ってきたりします。これが縦割りの官僚組織と政府間主義の存在から派生して、彼らの行動原理のなかに「アメリカとの抱き合い心中、いや抱きつかれ心中やむなし」と容認する姿勢を醸成している、と私は感じています。こんなことで本当によいのでしょうか。

さらに問題なのは、官僚が情報を操作し公開しないことです。官僚は知っている情報を全部は出しません。自分たちに有利になるよう情報を操作して公表しているのです。このあたりのことをフォーラム特別顧問の加藤　寛先生が、一九九四年八月にＰＨＰから出版した『亡国の法則―日本人は本当の情報を知らされていない』で指摘しています。「メディアを握った人たちも、自分の意思を押し付けていくようなマスコミの実態がある」と指摘しています。

４　政権交代とダンシング・チキン・テーブル

このような流れの中で私は五年位前から、あえて二大政党制の必要性について述べてきました。もつれた糸をときほぐして国としての主体性を回復するためには、心に羽根の生えた試験選抜的エリートのダチョウ型官僚を統制するため、「システムとしての二大政党」がどうしても必要であるからです。

私はある意味でゼロ金利政策は国家的失策だったと思っており、この国をこれほどの借金国家に落とし込んだのは、やはり政治家とともに官僚の腐敗によるものであると考えています。戦後のある時期からわが国には国家戦略がなくなり、今後もこのまま官僚主導型で現状維持に甘んじていれば、この国が没落していくのは自明です。今の金融危機、景気悪化、米中接近、官僚腐敗、政治の空転、サブプライムの闇等々、まだまだ危機的状況が続くものと思います。

わが国で二〇〇九年の八月に政権交代が起こりましたが、もし日本というタイタニック号が今どこへ向かおうとしているのか、ということを考えたとき時間がありません。現在の民主党政権もこれまで引きずってきた戦時体制の官僚機構を一度は潰さなければ、本当の意味で官僚を使いきるのは難しいでしょう。私は現在の民主党の役割は、「脱官僚・公務員改革と日米同盟の見直し」であると考えていますが、中長期的には現在の政党を一度はガラガラポンしてよいと思います。民主党も右から左までの寄り合い所帯であり、党としての〝絶対の競争〟をめざすプロセスにおいて、私は必ずもう一度政界再編が起こると思います。

そして、政治における〝絶対の競争〟をめざすためには、まずもって「場に対する責任」と「時代に対する認識」をもっていなければなりません。これらの責任意識や歴史意識が欠落した人たちには、〝絶対の競争〟をめざすことは非常に難しいといわざるをえません。とくに自民党の二世議員やブロイラー化した政治家たちには、これが欠落している人が多いように思えます。もちろん中には、私もよく存じあげている大変優秀な方もいらっしゃいますが……。

私も五十五年体制の下で、近年の自民党の退廃がすべてを象徴していると感じていましたが、今回の政権交代で自民党がこれほどまでに崩れるとは思っていませんでした。ダチョウ型官僚たちと組んでここまでやってきた上に、生き残るためにはライバルを潰すようなことだけを重ねたり、短絡的な公明党との連立などのバックファイヤーがいま来ていると感じます。

オバマ政権の発足によって大きく変わろうとしている時代の潮目と、今後の米中の狭間で激しく揺れ動く世界に向けて、来たるべき厳しい状況に対峙するためにも、日本の政治の構造改革、つまり「真の二大政党の確立」が必要です。そのためにも、冷戦終えん後から理念なき連立や自らの延命策ばかりをくり返し、政権政党として劣化していった自民党の再生には、将来ビジョンを示す〝絶対の競争〟の視点が必要です。自民党にも、霞が関と癒着した族議員、老害化して政治理念の欠落した政治家たち、タイゾー化しブロイラー化した政治家たちをふるい落とし、志高く優れた構想力をもつ新しいリーダーの下での「真の保守再生」を期待したいものです。

二〇〇九年の政権交代で民主党政権が誕生しましたが、民主党も早々と「政治と金をめぐる問題」で政権政党としての危機管理とガバナンスのあり方が問われています。私は中期的には〝絶対の競争〟をめざす政界再編により、本当の意味での政策に根ざした自己管理能力をもつ二大政党の出現による「システムとしての国のガバナンスの確立」が急務であると思っています。それぞれの政党がライバルをつぶすことばかりでなく、〝絶対の競争〟をめざして党としての明確なビジョンと政策を提示し、まずもって政党として国民の十分な信認を受けるという基軸が必要です。国民にすべての情報を開示して覚醒をうながし、何度も何度も「ダンシング・チキン・テーブル」をまわして、これからの国のかたちを政治主導・脱官僚の方向へと根本的につくり直さねばならないのです。

5 『民情一新』―真の二大政党への道

いずれにせよ、私はグローバルな視野と絶対価値、そして開かれたナショナリズムをもつ新しい「ＳＡＭＵＲＡＩ的リーダー」たちの下で、国民意識の覚醒をうながし、これからの国のかたちを根本的につくり直さねばならないと思っています。慶応義塾大学の政治学者の故小島朋之先生には、生前フォーラムの顧問として多くのご示唆と薫陶をいただきました。その示唆のひとつが、福沢諭吉の著書『民情一新』です。

一八七九年のこの著書において、福沢がその歴史観とともに政権交代を伴う二大政党制のもつ意義と必要性についてふれています。その中で福沢は、「政権交代を伴った議員内閣制」を構想しています。福沢の言葉でいえば「守旧」と「改進」となりますが、国会議員がこの二大政党に分かれて、国民の意思に従って四～五年ごとに一回ずつ政権を交代していく必要があると述べています。

二〇〇九年の八月三十日に衆議院選挙が行われましたが、民意は「政権交代」を望んでいたということになります。少し民主党が勝ちすぎましたが、それだけ自民党政権がひどかったということだと思いますし、〝絶対の競争〟をせずにライバルをたたきつぶすことしかしないうちに、ダチョウ型官僚たちにいいようにされてしまったとも思っています。

絶対価値をもつワシ型の政治的リーダーとして、私はケネディと石橋湛山を尊敬しています。とくにわが国の石橋湛山はジャーナリスト出身の総理で、確たる世界観のもとで気骨ある立ち振る舞いと気概をもつ政治家でありました。湛山はわずか二カ月で自分の信念にもとづき退陣しましたが、彼が最後に語った「私権や私益で派閥を組み、その頭領に巧みに迎合して出世しようと考える人は、もはや政治家ではない。政治家が高い理想をかかげて国民とともに進めば、政治の腐敗堕落の根は絶える」という思いは堂々たるものであります。

また絶対価値をもつワシ型のリーダーであった西郷隆盛が、一八七七年に西南戦争で敗北して、四十九歳で城山の露と消えてから百三十三年経ちました。福沢諭吉が『民情一新』を書いてから百三十一年です。やはり、〝絶対の競争〟をめざすならば、中期的には本当の意味での政界再編が必要になるのではないでしょうか。今の民主党も自民党も、私の目からみれば「利」で成り立っていると思います。その意味から二〇〇九年八月末の政権交代は、百三十年の時の流れを経て、福沢のいう「真の二大政党への道」への一里塚に過ぎないかもしれません。

7 エピローグ──この国のゆくえ、ふたたび

[1] さらなる漂流を続ける日本

二〇〇九年十二月二十一日の日本経済新聞朝刊の「核心──日本国債いつ火を噴くか」で、論説委員長の平田育夫氏が、「日本が衰退国かどうかはともかく、国内だけで国債を消化できなくなる日が近づいているのは事実。……日銀による国債購入の金額しだいでは再びインフレも起こりうる。……やはり財政危機を回避するための本道は、財務の健全化と経済成長を促す政策を進めることである」と述べています。

最近、国の借金が個人資産の七割になり、家計の貯蓄頼みにも限界が来ており、今後もこのまま日本の政府債務の拡大が続けば、GDPに対する比率が二〇〇七年の百八十八%から二〇一四年には二百四十六%に上昇するとIMFが予測しています。日本国債に対する信任喪失はいつ火を噴くのか、まさに国家破綻のリスクに直面しているのが現在のわが国の状況です。

前述のポール・サミュエルソン氏が二〇〇八年一月三日の日経経済教室「富める国へ積極行動の時」で、「何故ミルトン・フリードマン氏が提唱した日銀による利下げは成功しなかった

のか。さらに日本政府は今日まで黒字の大半を米国債で運用してきたが、もっと以前にドル建て資産から他の通貨に切り替えておくべきだった。何故ドルが今後も長期間下落し続けることに、いつまでも気づかないのだろうか」と含蓄のある指摘をしています。〈資料６〉は、わが国の米国債保有残高の推移を示したもので、参考になるかと思います。

この件については三国陽夫氏は、Ｒ・ターガート・マーフィーとの二〇〇二年の共著『円デフレ―日本が陥った政策の罠』で、米国債保有の始まりの背景について、「アメリカの銀行制度において日本がドルを保有して蓄積していくことこそが日本が世界の中で生き残っていく術だと、日本の行政エリートである官僚たちが考えたこと」と指摘しています。さらに「もしそれをアメリカの外に蓄積することは、本当の意味で日本が独立国家へ道を踏み出していくという重大な政治的課題に直面してしまうこととなり、官僚たちが長きにわたって先送りしてきた問題である」とも……。

一九九五年の中国とオーストラリアの首脳会談において、当時のキーティング首相の「中国は今後、日本がよい手本になるのではないか」という問いかけに対し、当時の李鵬首相は「日本は国家の体制を整えていない。今のままでは二十年もすれば消えてしまうだろう」と答えたということです。一国の行く末を冷徹に見据えた、空恐ろしいまでの話です。一日も早く国としての体制とガバナンスを回復して、李鵬首相のこのような予言を一笑に付すことを願うばか

〈資料6　米国債保有残高〉

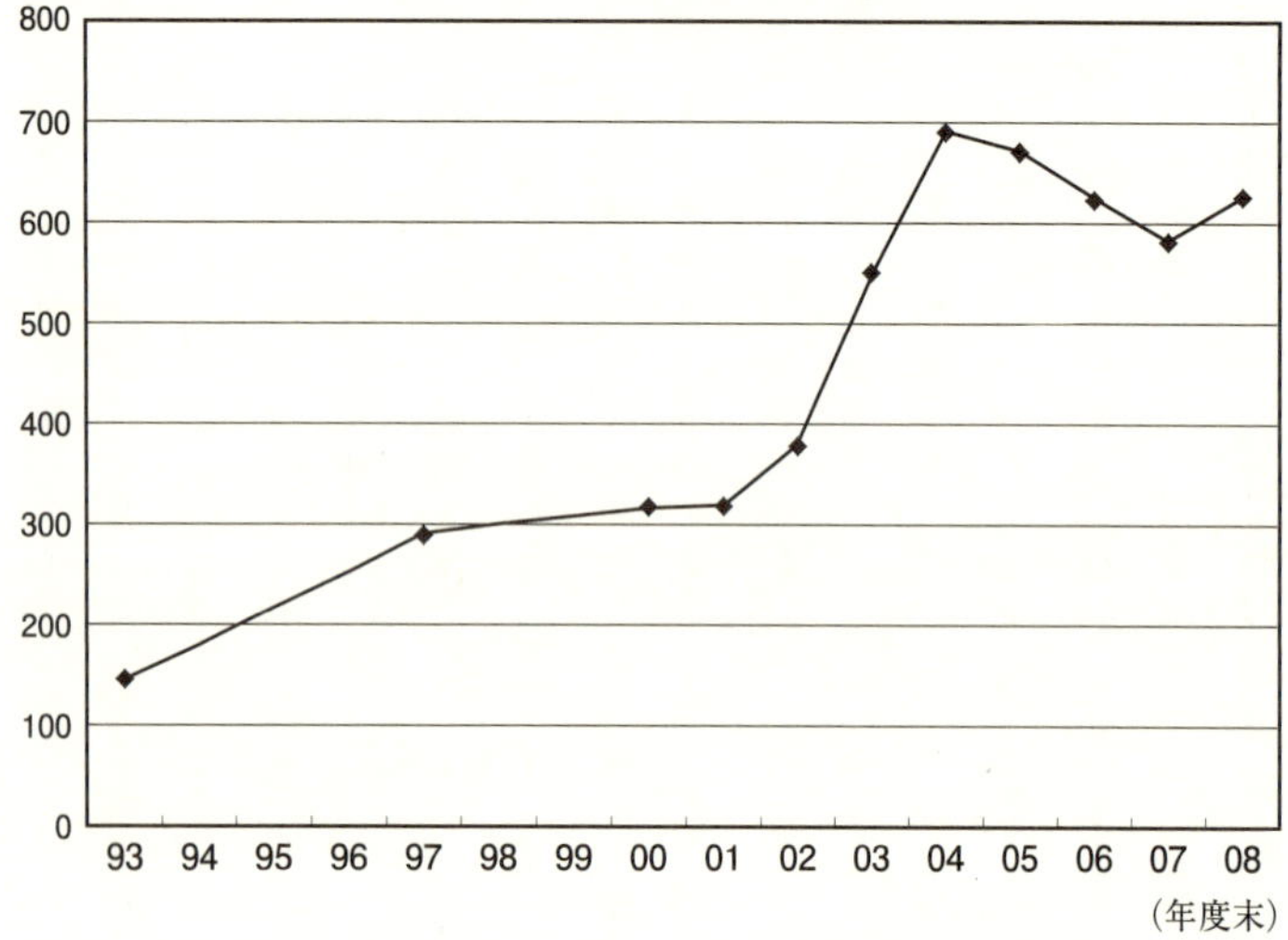

(資料提供：三井物産戦略研究所)

りです。

ところで二〇〇九年は、一九八九年のベルリンの壁崩壊からちょうど二十年目に当たるTwo Decadesの年でした。前述のように九一年のソ連崩壊による冷戦構造終えん後のわが国は、グローバリゼーションと情報ネットワーク化の大きなうねり、さらに多極構造化する世界でのパワー・バランスの下で大きく漂流し、国のかたちとソフト・パワーを完全に喪失して今日に至っています。とくに行政の世界においては、このようなパラダイム転換のなかで官僚制が二十一世紀を迎える体制になっておらず、官僚組織そのものも硬直化し、官僚が自分たちの権益維持と自己増殖にばかり走り、著しく腐敗・劣化しているといえます。

国民を覚醒させ、日本人としての誇りとアイデンティティを取り戻し、次の時代に向けた国家としてのビジョンや大計を描いて「Two Decades の蹉跌」を乗り越えていくためには、坂本龍馬的意味での「国のせんたく」がどうしても必要です。まさに「右申所の姦史を一事に軍いたし打殺、日本を今一度せんたくいたし申候事二いたすべくとの神願二て候」のとおりであろうと思っています。

官僚制の問題も下級武士を中心とした明治維新と内務省の発足、一九四〇年の国家総動員法による官僚統制機構の確立と当時の思想的背景、ＧＨＱの管理下における国家社会主義的ニューディーラーの活躍、さらに最近の心に羽根を生やしたダチョウ型官僚の問題などが脈々と横たわり、時の流れとともに末期的な状況を呈しています。官僚による情報操作、政府間主義の独り歩きなどの官僚社会主義を打破し、今こそ公務員の身分制から職業制への変革などをともなう公務員改革が必要とされるのです。

２　日米同盟の再構築と国のガバナンス

現在のわが国では「日本という国のかたち」そのものをいかにして取り戻し、日米同盟の再構築による国の防衛を含む本当の意味での自立が問われる状況にあります。

一九九六年四月の橋本・クリントン会談で日米同盟の再確認と再定義と同時に、普天間基地の全面返還で日米合意しましたが、その合意を実行に移すことができないまま十四年余が経過しました。その後〇六年には在日米軍再編ロードマップを発表、さらに〇九年十月に鳩山首相が日米同盟を再検証する意向を表明し、十二月に普天間基地の移設問題の先送りを決定したところです。今年で新安保条約の締結からちょうど五十年になりますが、ある意味で旧態以前の日米同盟には綻びがきています。本当のところ、アメリカはどこまで日本を守るのでしょうか。「同盟の義務範囲の明確化」を含むより強固な日米関係の構築という視点からの見直しが必要であります。

「官僚主導の日米関係を組み替えよ」と東京大学の藤原帰一教授が週刊ダイヤモンド二〇〇九年十一月七日号で述べており、その要旨は以下のとおりです。

・普天間基地の移設が日米関係の最大の懸案とは思わない
・今回国務次官補として強硬なメッセージを民主党政権に伝えたキャンベル氏は、クリントン政権の下でもこの問題を担当
・鳩山政権の下で日米関係のリトマス試験紙のように普天間問題を持ち出すのは、米国政府の失策ではなかったか

・それは日米関係の構築が、米国の国務省と国防総省、日本の外務省と防衛省という官庁主導で構成されてしまっていることに起因
・こと国防総省に関する限り普天間基地移設問題は、沖縄における米軍のプレゼンスの中核に関する最優先事項
・ここで必要なのは官僚レベルで個別の合意を積み上げるのではなく、二国間の外交で達成すべき目的に関する枠組み合意からの出発で、政治主導への転換が重要

私はこれらの指摘は、まさに「国防における政府間主義の存在」そのものであり、クリントン国務長官が藤崎一郎駐米大使を呼びつけた問題でも、本当は誰が言っているのか、キャンベルではないのかという問題とも深く関連すると思っています。わが国における重要な外交をめぐるこの種の発言には、つねに「主語がない」のです。いずれにしても、日米同盟にはパラダイムシフトが起きているのであり、最近の日米核密約の存在と関連文書破棄の問題とともに、基地移転の利権がらみの構造もようやく指摘されています。これからの日本の果たすべき責任を含む構想の提示が必要であり、海兵隊の役割などを含めてきちっとしたかたちでの日米同盟の長期的視野に立った再検討が必要です。

これらの問題をめぐる鳩山外交の動きは、新安保条約五十年目の大きなパラダイム転換への

挑戦として、個人的には受け止めてみたいと思います。オバマ政権の発足により大きく変わろうとしている時代の潮目であるいまこそ、次に来るべき厳しい状況へ対峙するためにも、このような視点でとらえ直すことが必要なのです。

ところで二〇〇九年の三月にコロンビア大のロバート・マンデル教授が、「危機を招いた五匹の山羊」としてグリーンスパン、ポールソン、バーナンキらとともに、ビル・クリントンを危機の原因をつくった中心人物として指摘し、大きな反響を巻き起こしました。オバマ政権は、クリントン政権で活躍したウォール街人脈に連なる人たちを大幅登用し、「第三次クリントン政権」とまでいわれています。これらの人たちは規制緩和によって金融の自由化を推進し、ついにはサブプライム問題という巨大火薬庫を爆発させて世界中を金融危機に導いた人たちであり、問題の原因と責任をまったく明らかにしないまま今日に至っています。

これは一体何を意味するのでしょうか。アメリカの民主主義はどこへ行ってしまったのか、と首を傾げざるをえません。現時点では時価会計の緩和により不良債権の実態がつかめなくなっていますが、私は米国景気の「二番底」は必ず来ると思っています。そして前述のオバマはいつまでもつかの問題とも深く関連しますが、アメリカは借金をそう簡単には返済できないでしょう。いや返済しないつもりなのかもしれません。これだけドルをばら撒いているのですから、金利の上昇と急激なインフレが起こるのは時間の問題でしょう。さらにそう遠くない時期に、ドルの切り下げやプラザ合意的な大きな出来事などがあり、「第三次クリントン政権」はその準備のためのシフト体制ではないかと個人的に思えてなりません。

３ “絶対の競争”へ向けて—国の競争力とソフト・パワーの回復

そもそも日本人が尊重する代表的な価値観として、千四百年以上にわたり日本人の心の奥に息づいている聖徳太子のしなやかな日本知、「和をもって貴しとなす」の和を重んじる精神があります。この和とは多様性をもつ統一であり、ある意味で日本文化の原点でもあるといえます。さらに言葉を超えて自然を大切にする日本固有の自然信仰と、舶来の仏典に書かれた東洋思想との融合である神仏習合の思想などが、私たち日本人の心の中に脈々と生き続けています。わが国は明治維新、第二次大戦後今日に至るまで、それぞれ優れた国のあり方や考え方を採り入れながら、それを「絶対的な日本的価値観」と習合させ、融合させながら国力を強化してきた歴史をもっているのです。

日本の市場主義という意味でも、大阪の商人は「商人魂」というものをもっています。近江商人が「三方よし—売り手よし、買い手よし、世間よし」の精神をもっているのと同じです。つまり、日本の商人は単に儲かればいいというだけではなく、「商人魂を磨く」とか「商人道を究める」という気概がありました。とくに商業都市として発達した大阪は、江戸後期に懐徳堂という商人たちが商人としての徳を追求する学問所をつくったところであり、それらの努力がその後大阪の米取引所の発展へとつながっています。日本的なＣＳＲの原点や公（おおやけ）の概念も、江戸時代の成熟した市場経済の中で培われた商人経営から来ています。また石田梅岩の石門心学の流れもあり、「絶対的なものを探求する松下幸之助の哲学」の根底には、この石門心学があったともいわれています。その意味から現在の中之島を中心とした大阪の再開発が、日本の商業、市場主義の原点として発信していくプロジェクトになることを期待したいものであります。

少年期の初期がんしゅうや魂の基軸と絶対価値をもつ経営者が、アメリカビジネスと対峙して資本効率や市場主義などの相対価値と出会うことにより、さらなる絶対価値を深めることを私たちは学びました。幼い頃から金もうけの話しか聞かず、故郷の原風景や肉親の背中のぬくもりなどを知らずに育った人物が、相対価値と出会うことによって拝金主義に染まってしまうのは、経営者ばかりではなく政治家や官僚、さらに最近では学者の世界にもあてはまります。まさにデービット・カラハンがその著書『うそつき病がはびこるアメリカ』で指摘した、目的のためには手段を選ばず、うそをつき人をだまし続けて生きてきたグリーディな人たちそのものなのです。

先日、会社更生法の適用による法的整理での日航再建が決まりましたが、今回は巨額の資金を投入して日航を救うこととなりました。十分な出口戦略が見えないなかで、行き過ぎた運賃引き下げのような〝相対の競争〟を仕掛けて、全日空などに競争上不利になる事態を今後いかなる局面においても招くことは許されません。その意味から「羽田のハブ化」や「航空自由化」の問題を含めた今後の航空行政においては、これまでのしがらみをすべて断ち切り、企業間での公正・公平な競争環境を確保して〝絶対の競争〟を実現させ、国際的な競争力を強化する必要があります。

「フェアネス」、これは「正義の揺り戻しの風」とともに私の心に深く響く言葉であります。ＵＦＪホールディングスの時代に体験した金融行政に対する不信感、私から見れば同質同根問題の逆着地である「りそな問題とＵＦＪ問題」を思い浮かべるからです。日航再建問題をめぐって、二〇〇九年の春以降両社の統合（ＪＡＮＡ構想）の話がたびたび報じられましたが、行政のこのような短絡的な行為はあってはならないと思います。それはまさにあの時点で、債務超過の可能性が指摘されたりそなグループと収益力のあったＵＦＪグループの統合を画策するようなもの、と私個人には思えるからであります。前述したとおり、歴代のトップが「市場原理と人間原理の融合」をはかりながら労使一体となって苦境を乗り越えてきた全日空と親方日の丸的な日航とでは、経営の質の絶対格差があまりにも大きすぎるからです。そして今回の日航再建をめぐるリーダーシップのあり方は、ある意味で現在の航空行政と私が体験した金融行政において、まさに「松下政経塾の絶対価値と相対価値」の問題と深く連なるといえましょう。

私が初めてアメリカに渡ったのが一九八二年であり、その時はＪＡＬの翼の「鶴のマーク」に勇気づけられて、一人で初めてのアメリカでの仕事に向かった思い出があります。ＪＡＬも絶対価値をもつワシ型リーダーである稲盛和夫さんのもとで、堂々と公正・公平な競争にチャレンジして、是非再生していただきたいと思っています。

ところでその誕生から歴史的に見て、あくまで社会的なガバナンス機構として存在意義をもつのが、弁護士や会計士などのプロフェッショナルの世界です。その意味から司法と会計が崩れると国も滅びると私は思っています。今や会計士業界も、ＩＦＡＳへの取り組みを含め様々な問題を抱えて大きな転換期を迎えています。グローバルな土俵でのＳＯＸ法への対応、監査の独立性の問題、さらに監査の品質管理や内部管理体制の確立は、プロフェッショナル・ファームとして最低限当たり前のことであります。それ以上にいかなる局面でも真正面からクライアントの皆様と向かい合い、その方向性と揺らぎを共有する取り組み姿勢が大切であると思います。私自身、それぞれの監査法人とは等距離でつき合っていくつもりですが、会計士業界も弁護士業界と同じように、プロフェッショナル・サービスの質や事務所としてのソフト・

パワーの確立、さらにはトップのリーダーシップのあり方を含む〝絶対の競争〟の時代を迎えているといえましょう。

いずれにせよ、絶対の価値観にもとづく〝絶対の競争〟こそが真の成長の条件です。円のドル化への流れを止めて、国の競争力とソフト・パワーを再構築するためには、官僚制のゆくえ、国際関係のゆくえなど、あらゆる分野でグローバルな視野と絶対価値、さらに魂の基軸と開かれたナショナリズムをもつインテレクチュアルなワシ型のリーダーシップが必要です。ライバルを叩くだけではなく、信念にもとづき自分たちはこういう方向でいく、理念にもとづき国もこういう方向でいく、という〝絶対の競争〟に挑戦する姿勢がいまあまりにも欠落しているように思えてなりません。

私自身としても今後も〝絶対の競争〟という視点から、ＪＡＬと全日空の問題、ＧＭとトヨタの問題などを見つめていくつもりです。最近の郵政の見直し論議も、民間の金融機関との公正・公平な競争、絶対の競争という視点からとらえる必要があります。さらに、政治の問題もまた同じ視点で見ていかなければならないと思います。いずれにせよ、一九四〇年体制の象徴である官僚体制の打破と公務員改革を実施して、〝絶対の競争〟をめざす真の二大政党の確立によって「国の競争力とガバナンスの再構築」をはかり、「官僚内閣制から議院内閣制への政治改革の道筋」をつけることが急務といえます。

〈追稿〉 百年の時空を超えて

開国とそれに続く明治維新以降、わが国は近代化を成し遂げて、欧米列強による帝国主義の嵐が吹きすさぶ激烈な国際環境のなかで、他のアジアの国々がすべて植民地化されたにもかかわらず、果敢に国家と民族の独立を守ったのである。

とくに幕末から明治維新、そして日露戦争までのわが国の各界のリーダーたちの血のにじむような国家運営の努力は、世界史的にも特筆すべきものといえよう。その後日露戦争の後くらいから、政治家と官僚たちに国益とビジョン、国際感覚に裏打ちされた戦略的感覚が失われ、残念ながら前述のような戦時体制に急速に向かっていってしまったのである。

わが国は一八九四―九五年の日清戦争、一九〇二年の日英同盟締結、一九〇四―〇五年の日露戦争を経て国際政治の表舞台にデビューを果たすまでになったが、私は最近、この百年の時空を超えて、国際社会における多極的なパワー・バランス構造の変化のなかで、もう一度国の置かれている〝立ち位置〟や今日までの歴史的出来事を再整理する必要があると感じている。

とくに最近の米中急接近の流れのなかで、私は日清戦争の頃から今日まで、日米より深い歴史的な「米中密約的な何か」があるものと感じている。日中戦争および第二次世界大戦における蔣介石政府や中国共産党への支持、アメリカにおける移民問題やチャイナロビーの存在、さらにクリントンとの特別な関係などなどである。実利を重んじプラグマティックという意味では、中国人とアメリカ人の国民気質は非常に似ているといえる。それに加えて、一八九八年にアメリカがフィリピンとグアムをスペインから割譲し、ハワイを併合し太平洋へ進出することとなったが、この時期は日本が太平洋に出ていった時期とまったく重なる、という歴史の必然もあるのである。

この百年の時空で物事を見たとき、終戦直前のソ連の突然の参戦、ヤルタ・ポツダム体制と国連外交の問題、さらに度重なる日本の国連安保理の常任理事国入り失敗の問題など、アジア地域の地政学上の問題をふまえ米・英・露・中の各国で、あうんの「Global Super KABUKI」を演じているのではないかということである。そして、わが国では本当の意味での冷戦構造が終えんを迎えておらず、一部の政治家と官僚、とくに外務官僚の国益に反する動きが影響して国としての基軸が常に揺らぎ、冷戦構造の混とんを引きずったまま今日に至っているのではないか、と最近思うようになったのである。

いずれにせよ、政治と行政の分野における冷戦終えん後の「Two Decades の蹉跌」から派生する問題が、今日のわが国の漂流の主たる要因であることは前述したところである。なかでも一九九七年以降は、主体性と結果責任をもつ重い決断という意味での「政治的意思の不在」、さらに「外交における主体性の欠落」によって国のかたちは大きく崩れ、世界的にも評価された日本および日本人へのソフト・パワーを含めた信頼が、大きく失われてしまったと私は思っている。

明治維新におけるリーダーたちは、パブリック・ディプロマシーを実現し、情報インテリジェンスと情報リテラシーをもって西洋文明と対峙しており、これは素晴らしいことであったと思う。現在のわが国の政治家と官僚の人たちは、あらゆる面で構想力と情報に対するリテラシーが欠落しているのではないか。彼らがもし本当にリテラシーをもっているならば、今日のわが国の惨状からみて確信犯ということになるであろう。

ところでこの二月に私は、フランス出張の帰りにチュニジアへ立ち寄ってみた。チュニジアは肥沃な大地に恵まれ、地中海交易の要所に位置した約千万人の人口で、九十五%がアラブ人の国である。紀元前九世紀以降のフェニキアの入植から今日まで、ローマ、ビザンチン、イスラム、オスマン・トルコの支配下に置かれ、一八八一年からのフランス統治時代を経て、一九五六年にフランスから独立して今日に至っている。

フェニキア人が建設した古代カルタゴ（現在のチュニス）は、紀元前八世紀から紀元前二世紀にかけて、地中海世界最大の商業中心地として発展し、シチリア、サルデーニャ、コルシカ、モロッコ、スペイン南部に植民市を築き、通商国家として大いに繁栄した。しかし経済大国としての発展は、同じように地中海を舞台として交易に励んでいたギリシアや新興のローマと摩擦を起こしてぶつかり、三度にわたるローマとの死闘「ポエニ戦争」を引き起こすのである。

第三次ポエニ戦争でカルタゴは陥落したが、このときのローマ軍による町の破壊は徹底したもので、焼きつくされた廃虚の灰が一メートルを越え、まったくの焦土と化したとのことである。そして敗戦のたびに奇蹟的な経済復興をとげる優れた通商国家カルタゴに対して、ローマは将来の脅威をとり除く意味で民族のすべてを滅ぼし、地上から抹殺してしまったのである。

今回ポエニ時代、ローマ時代を通して古代カルタゴの中心であり、古代の軍港が見渡せる「ビュルサの丘」へ登ってみた。ポエニ人の住居跡はローマのバシリカやフォルムを建設するとき、ポエニ時代のものはすべて埋め立てられ、塩をまかれたと伝え聞き、私は前述した一九九五年の中国の李鵬首相のわが国に対する予言、「日本は国家の体制を整えていない。今のままでは二十年もすれば消えてしまうだろう」を思い起こして、頭の中が真っ白になってしまったのである。

経済大国として繁栄したカルタゴも、国勢の衰えとともに建国の民族精神を失って退廃し、やがて個人主義、功利主義、経済至上主義に走るようになり、本来の国富を守るべき安全保障政策を軽視して、最終的に新興のローマに滅ぼされてしまったとのこと……。このカルタゴの興亡は、わが国の現在抱えている問題と国としての危機の状況にあまりにも似てはいないだろうか。二千百五十六年前の歴史の教訓であるカルタゴの滅亡は、身をもって日本に多くのことを語りかけているような気がしてならない。

新興のローマ帝国＝現在の中国をはじめとする多極構造化のパワー・バランス構造への対応をふまえ、私は日米同盟のさらなる深化と再構築に真剣に取り組む必要があると強く感じたのである。優れた日本文化と民族を、そして日本という偉大な国をこの世に残していかねばならないと……。そのためにも、米軍再編の「トランスフォーメーション」のもつ本質的意味を理解した上で、日米共同であたるべきこととそうでないことを意識して峻別し、国の防衛を含む本当の意味での国としての自立、「独立自尊」の国民意識の回復が問われているといえよう。

それにしても、トヨタ車リコール問題に端を発した最近のオバマ政権による〝トヨタ叩き〟の異常さは何なのであろうか。トヨタ側の初期対応の遅れやリスク管理上の問題などがあったものの、米国トヨタの工場も多くのアメリカ人の雇用創出に役立っているはずである。今回のトヨタ問題は、GM・クライスラーの再建などと深く関連しており、完全に政治問題化していると私は思っている。今回のリコール問題を含めてヨーロッパでは、最近ほとんど話題にもなっていないと伝え聞く。

オバマ大統領は黒人初の大統領として、アメリカをCHANGEして夢と希望を与えるかたちで登場したが、今回のトヨタ叩きをめぐって、「周到な計算と演出で、単にライバルを潰すなど〝相対の競争〟の産業政策をめざすだけのリーダーなのかどうか」の分かれ道にいるように私には思える。そして、この問題を百年を超える「Global Super KABUKI」の舞台の視点でとらえたとき、セオドア・ルーズベルトとフランクリン・ルーズベルト―同じ名前のふたりのルーズベルトが、日本に対してあまりにも対照的な政治行動をとったことと重ね合わさって来るものがある。私は最近のオバマ政権のもとで、ますます内向きになるアメリカを予感するのであり、オバマのCHANGEの行きつく先は一体どこなのであろうか、と考えてしまう今日この頃である。

これからは東アジアという地政学上の問題をふまえて、これまでの「Global Super KABUKI」の流れに、百年の時空を超えた視座から対峙していかねばなるまい。まさにわが国には、西郷南洲の「場に対する責任をすべてひっかぶり、身をもって示した義に殉ずるという思想」と、「魂を揺さぶるような〝絶対の競争〟をめざすリーダーシップ」が必要とされているのである。

＊本稿は二〇一〇年一月十五日価値創造フォーラム21における講演をそのまま要約したものです。
追稿は二〇一〇年三月二十五日に執筆しました。（初稿「価値創造21　２０１０」二〇一〇年四月三〇日発行）

［参考文献三十冊］

1　マックス・ウェーバー『職業としての政治』脇圭平訳、岩波書店、一九八〇年三月
2　チャルマーズ・A・ジョンソン『通産省と日本の奇跡』矢野俊比古訳、TBSブリタニカ、一九八二年八月
3　ローレンス・マルキン『アメリカが破産する日』野村誠訳、東洋経済新聞社、一九八八年三月
4　浅見雅男『華族誕生―名誉と体面の明治』リブロポート、一九九四年六月
5　屋山太郎『官僚亡国論』新潮社、一九九六年十月
6　吉富勝『日本経済の真実―通説を超えて』東洋経済新聞社、一九九八年十二月
7　盛田昭夫『21世紀へ』ワック、二〇〇〇年十一月
8　野口悠紀雄『新版　1940年体制』東洋経済新報社、二〇〇二年十二月
9　リチャード・クー『デフレとバランスシート不況の経済学』徳間書店、二〇〇三年十月
10　滝田洋一『通貨を読む』日本経済新聞出版社、二〇〇四年八月
11　デービッド・カラハン『うそつき病がはびこるアメリカ』小林由香利訳、NHK出版、二〇〇四年八月
12　ジェームス・C・アベグレン『新・日本の経営』山岡洋一訳、日本経済新聞社、二〇〇四年十二月
13　石橋湛山『湛山回想』岩波書店、一九八五年十一月

14　野中郁次郎ほか『戦略の本質』日本経済新聞出版社、二〇〇五年八月
15　高巌『「誠実さ」を貫く経営』日本経済新聞社、二〇〇六年三月
16　中西進『国家を築いたしなやかな日本知』ウェッジ、二〇〇六年十二月
17　小島祥一『なぜ日本の政治経済は混迷するのか』岩波書店、二〇〇七年一月
18　岩崎育夫『アジア二都物語―シンガポールと香港』中央公論新社、二〇〇七年十一月
19　藤村信『歴史の地殻変動を見すえて』岩波書店、二〇〇七年十一月
20　寺島実郎『脳力のレッスンⅡ―脱9・11への視座』岩波書店、二〇〇七年十二月
21　野口悠紀雄『戦後日本経済史』新潮選書、二〇〇八年一月
22　本間長世『アメリカ大統領の挑戦―「自由の帝国」の光と影』NTT出版、二〇〇八年五月
23　鈴木浩三『江戸商人の経営』日本経済新聞出版社、二〇〇八年七月
24　屋山太郎『天下りシステム崩壊「官僚内閣制」の終焉』海竜社、二〇〇八年七月
25　竹内洋『学問の下流化』中央公論新社、二〇〇八年十月
26　松田武『戦後日本におけるアメリカのソフト・パワー』岩波書店、二〇〇八年十月
27　半藤一利『幕末史』新潮社、二〇〇八年十二月
28　中谷巌『資本主義はなぜ自壊したのか』集英社インターナショナル、二〇〇八年十二月
29　チャールズ・D・レイクⅡ『黒船はもう来ない！』朝日新聞出版、二〇〇九年六月
30　ロバート・ダレク『JFK　未完の人生』鈴木淑美訳、松柏社、二〇〇九年六月

Ⅳ　日本とアメリカ

――国のかたちと経営のガバナンス（最終章）

1　あれから三年（二〇一〇年一月〜二〇一三年三月）

1　前三回の講演の切り口

私は、「日本とアメリカ」というテーマで過去に三回の講演を行ってきました。もともと私自身の専門分野がコーポレート・ガバナンスとリーダーシップ論だったので、先達の経営者における価値創造のリーダーシップを研究していく流れの中から、政治家のリーダーシップを取り上げるようになり、国のガバナンスの問題へと関心が拡がっていったのです。

前三回の切り口を振り返ってみますと、第一回目は二〇〇四年の十一月、一九九七年に私が独立してちょうど七年経った時点でした。価値創造フォーラム21ができたのはその翌年の九八年です。この七年間は、橋本行革の時代から小泉政権誕生の頃の時代でしたが、この時期が現在の日本の社会のあり方と国のかたちに非常に大きな影響を与えています。そこから二〇〇七年の十二月までの三年分、そしてリーマン・ショックを挟んだ二〇〇九年の十二月までのさらに二年分を見てきました。

最終章となる今回は、これまでと同様に私が現実に体験したこと、私のつたない脳力（のうりき）、そしてすべて検証されてはいませんが状況証拠を組み合わせて考えてみました。さらに前回と同様に、プロフェッショナルの信念と良心にもとづく「編集工学の手法」を取り入れ、まとめあげたものであります。

今回を最終章としたのは、アジア地域の地政学上の問題をふまえ、米・英・露・中の多極構造化するパワー・バランスの下で、もう一度この百年の時空から見てみたいということです。また、私たちはビジネスマンとしてそれぞれの立場で懸命にやってきましたが、社会人として日本が今のような国のかたちになってしまったことに一定の責任があるはずです。ここでそれを総括して私自身の〝立ち位置〟を確認し、「日本とアメリカ」という視座からの国のガバナンス問題についてひとつの区切りをつけたいという意味もあります。

2 「アメリカン・コーポラティズム」とは

以前に私がQMマンスリーメモ（11）で「これから三年、新たなる決意」という文章を書いたときに、〝アメリカン・コーポラティズム〟という概念に出合いました。これは、一九八五年以来の親しいアメリカ人の友人に二〇一〇年の春に教えられたものです。前年の二〇〇九年にオバマが大統領に就任し、GMの救済が力強く宣言されました。一方、トヨタでは若きリーダー豊田章男社長が誕生しました。そこで始まったのがアメリカの〝異常なトヨタ叩き〟でした。このことに関して、ランチをともにしたその友人に少し怒りを込めて尋ねたのですが、そのときに彼が教えてくれたのが、「コーポラティズム、しかもヨーロッパ型のそれとは一線を画するもので、ニューディール政策に端を発する進歩主義に近いアメリカ型のコーポラティズムだ」ということでした。

私にとっては初耳だったので、彼に資料を送ってほしいと依頼しました。すると間もなく、ロバート・ラックという人が書いた〝What is American Corporatism ?〟という二〇〇二年九月のFront Page Magazineが送られてきたのですが、私はそれを読んで驚きました。その記事によると、アメリカン・コーポラティズムとは、〝socialism for the bourgeois—ブルジョアのための社会主義〟と明確に定義されていたのです。それは貧困層への所得の再配分によって、労働者層に一定の安心感・充足感を生み出す一方で、同時にパワーエリートと一般国民の間に明確な壁を設け、社会にリスクや税金などのコストを負担させながら、政府と企業、労働組合とのパートナーシップによって、最終的に資本家が利益を得ることとなる体制のことだというのです。

ラックはこのアメリカン・コーポラティズムの具体例として、輸出入銀行、農産物の価格維持、航空業等の産業救済、企業破産法、関税・割当制限、差別是正措置、ファニー・メイ（連邦住宅抵当公庫）、ＦＲＢ（連邦準備制度理事会）、将来の社会保障制度の民営化等々が紹介されております。このうちファニー・メイについては二〇〇二年の時点で、「不動産価格を高額に維持し、住宅バブルに貢献する主犯」という驚くべき指摘をしています。さらにＦＲＢについても、その生い立ちから典型的なコーポラティズムを象徴する機関と指摘し、連銀メンバー、政府メンバー参加の独立行政機関としてのＦＲＢについても、私はこの視点からの歴史的分析が必要だとその時強く感じました。

私にとってこのアメリカン・コーポラティズムという概念との出合いは、久しぶりに衝撃的なものとなりました。オバマ政権による一連の金融・財政改革や社会改革は、この流れでとらえてみるとなるほどと思うところが多くあるからです。巨大労働組合（ＵＡＷ）と深く絡んだＧＭ・クライスラーの再建、金融機関の不良資産を政府とファンドが共同で買い取る金融安定化法案、さらに医療保険改革への挑戦など、などです。リーマン・ショック後のシティ救済やＡＩＧの救済、さらにファニー・メイやフレディマックへの一連の対応もこれらのことと深く絡んでいるかもしれない、と私は思うようになりました。

こうした流れの中でロバート・ラックの注目すべき指摘が、「ビル・クリントンは前大統領のいずれかと比べ、我々がコーポラティズムの社会で暮らしているということを一番認めた人物である」と指摘していることです。私はこれを読んで、ズビグニュー・ブレジンスキーが後述する著書でかつて批判した「クリントンの外交上などのダブルスタンダード」の原点がこれなのか、と得心したわけです。そしてこれらは二〇〇二年の情報なのですが、このことが我々にはまったく伝わっていません。誰に聞いても知らないのです。いずれにせよ、クリントンの第二期からの大きなうねりの中の出来事のひとつではないかと、私は判断したいと思います。

さらにラックがもうひとつ指摘しているのは、ヨーロッパや日本のファシズムとの関係です。このコーポラティズムの思想が二十世紀のファシズムの成功を象徴しているという考え方です。目的を達成する手段はムッソリーニ支配下のイタリア、フランコのスペイン、ヒットラーのドイツ、東条の日本によってそれぞれ異なるが、そのいずれにも同じ概念が適用されたと述べており、あとで触れるわが国の「一九四〇年戦時体制の確立」と深く絡んでくるのではないかと思いました。

3 今回の問題意識とラスト・アンタイド

そこで本日皆様に是非ご紹介したいのが、日本の戦時体制について書かれた野口悠紀雄先生の『1940年体制』という本です。この本の中で日本の官僚の歴史が紹介されていますが、今日のわが国官僚制の思想的源流が戦前の〝革新官僚〟にあり、それが戦時中には活動の中心が内閣企画院に移り、占領時代を生き残って現代に至っているとのことです。こういう流れを見たときに、資本家を中心としたアメリカ社会における〝アメリカン・コーポラティズム〟と、わが国における〝官僚社会主義〟との親和性を感じざるを得ません。これはまさに国民と一線を画して、自分たちの利益のみを追求する〝官僚のためのコーポラティズム〟そのものではないかと強く感じたのです。これについては、前回講演の「クオリティ・マネジメントのさらなる進化」のエピローグとしてお話ししましたが、これらの概念と〝絶対の競争〟の切り口で、さらにこの三年間をもう一度振り返ったのが本日の講演内容です。

本日お話しする内容を数字で確認することができます。あまりにもこの三年間の出来事が多いので、今回はこれらの出来事は各論の中に折り込むというかたちでまとめてみました。〈資料1〉は、三井物産の戦略研究所に作成していただいたこの十年間の推移を一覧できるデータです。「失わせしめし十年」という視点から見てみますと、失業者は二〇〇二年の三百六十万人というピークから〇七年には二百五十七万人まで減りましたが、リーマン・ショックを経て〇九年の三百三十六万人まで増加し、その後一二年の二百八十五万人まで再び減少しました。

また株や地価の下落、これが土地総額の下落に示されています。株式平均株価がほぼ一万円台まで復帰して推移し、今日に至っています。為替相場は二〇〇九年以降円高が続き、一二年には七十九・八円までに至りました。原油価格も〇九年から再び上昇し一二年には九十四ドルになっています。

長期債務残高も小泉政権の時に大幅に増え、民主党バラマキ政権でさらに持続的に増加し、二〇一二年には九百四十兆円になりました。それから米国債の保有残高が〇七年以降急増し、一二年には一万千二百億ドルになっています。本当にひどいことです。

さらに注目すべきは、世界競争力（ＩＭＤ）ランキングは一九九二年が一位であったのが、九七年に九位、残念ながら〇三年には二十五位に転落し、一二年も二十七位にとどまっております。いずれにしても、二〇〇三年からの「失わせしめし十年」で、リーマン・ショックを挟んで漂流する日本の姿が示されているのではないかと思います。

また小見出しに使ったアンタイドというのは、資生堂の化粧品のことです。いまはもう発売中止になっているのですが、親しくさせていただいた同社の当時の役員の方が、私が好きなのを知って最後の製品を送ってくださったのです。これを、私は軽井沢の山荘に置いてあります。今回の講演の準備で三年分の膨大な新聞記事のストックをさばくには、広い場所がなければできないのでいつも山荘でやっていました。そのかたわらに最後の貴重なアンタイドが置かれていたのですが、山荘を訪れる頻度があまりにも増えたために、この講演の準備をする間に使い切ってカラになってしまったということです。

<資料１　10年間の対比から見えてくるもの>

原則暦年	2003	2004	2005	2006	2007	2008	2009	2010	2011	2012	<参考>ピーク 85年〜06年	
名目国内総生産（兆円）	498.9	503.7	503.9	506.7	513.0	501.2	471.1	482.4	470.6	475.9	523.2	/97年
実質国内総生産（05年基準、兆円）	486.0	497.4	503.9	512.5	523.7	518.2	489.6	512.4	509.5	519.6	523.7	/07年
消費者物価指数（05年基準）	100.7	100.7	100.4	100.7	100.7	102.1	100.7	100.0	99.7	99.7	103.7	/98年
就業者数（万人）	6,316	6,329	6,356	6,389	6,427	6,409	6,314	6,298	6,289	6,270	6,557	/97年
失業者数（万人）	350	313	294	275	257	265	336	334	302	285	359.8	/02年
失業率（%）	5.3	4.7	4.4	4.1	3.9	4.0	5.1	5.1	4.6	4.3	2.1	/91年
雇用者数（万人）	5,296	5,319	5,356	5,436	5,492	5,500	5,439	5,447	5,455	5,452	5,500	/08年
雇用者報酬（兆円）	254.8	252.5	254.0	255.7	254.9	255.7	243.3	243.6	244.9	244.7	278.2	/97年
一人あたり雇用者報酬（万円）	481.2	474.8	474.2	470.3	464.0	465.0	447.3	447.2	449.0	448.8	516.1	/97年
・日経平均株価（年末値、円）	10,677	11,489	16,111	17,226	15,308	8859.56	10,546	10,229	8,455	10,395	38,916	/89年
・東証一部株式時価総額（年末値、兆円）	309.3	353.6	522.1	538.6	475.6	279.0	302.7	305.7	251.4	296.4	590.9	/89年
・全国市街地地価指数（2000年3月末＝100）	81.2	74.4	69.1	65.7	64.4	63.9	61.4	58.5	56.1	54.2	147.8	/91年
・土地時価総額（年末、兆円）	1,319	1,267	1,249	1,269	1,303	1,287	1,227	1,192	1,157	-	2,477	/90年
・全国株式売買高（10億株）	307.2	357.0	508.3	477.9	545.8	541.6	552.1	511.7	524.6	519.8	552.1	/09年
・為替相場（年間平均、円／ドル）	115.9	108.2	110.2	116.3	117.8	103.4	93.5	87.8	79.8	79.8	238.5	/85年
・原油入着価格（年間平均、ドル／バレル）	31.1	41.4	56.6	66.0	72.3	99.6	61.8	79.5	94.9	94.1	99.6	/08年
・長期債務残高（年度末、兆円）	692	733	758	761	767	770	819	862	895	940	940	/12年
・米国債保有残高（年末、10億米ドル）	551	690	670	623	581	626	766	882	1,058	1,120	1,120	/12年
・世界競争力ランキング（IMD）	25	23	21	16	24	22	17	27	26	27	1	/92年
・日本企業が絡むM&A件数	1,728	2,211	2,725	2,775	2,696	2,399	1,957	1,707	1,687	1,848	2,775	/06年

<10年間の為替レートの動向と株価の動き>

	1995	1998	2000	2003	2004	2005	2006	2007	2008	2009	2010	2011	2012
米ドル（年間平均、円）	94.1	130.9	107.8	115.9	108.2	110.2	116.3	117.8	103.4	93.5	87.8	79.8	79.8
ユーロ（年間平均、円）	121.6	147.0	99.5	131.3	134.6	137.1	146.1	161.4	152.0	130.4	116.4	111.1	102.6
元（年間平均、円）	11.3	15.8	13.0	14.0	13.1	13.4	14.6	15.5	14.9	13.7	13.0	12.3	12.7
日経平均株価（年末値、円）	19,868	13,842	13,786	10,677	11,489	16,111	17,226	15,308	8,860	10,546	10,229	8,455	10,395

（出所）Datastream

（資料提供：三井物産戦略研究所）

2　この頃思うこと

[1] 久しぶりのアメリカ西海岸訪問と居留地の今

今回、久しぶりにロサンゼルスに行きました。一九八二年の中央コンサルティング時代に私が企画した「アメリカ管理会計セミナー」でアメリカを訪れ、このセミナーの窓口がロサンゼルス事務所でした。当時のアメリカにおける管理会計実務とそれを支える情報システムについての調査を目的とし、西海岸では京セラインターナショナル、アトランティック・リッチフィールド（ARCO）、東海岸ではブルーミングデイルズ、ゼロックス、ベル・システム（AT&T）を訪問しました。その頃のロサンゼルスはまだ東海岸の人間が来ていない頃で、アメリカが東は東、西は西と分断されていた時代でした。その意味でニューヨークやワシントンとは、まったく異なる西海岸独特の雰囲気がありました。

ちょうど今回私がロスにいた十一月の中旬に、中東ではイスラエルとハマスの戦闘が始まりました。当時の新聞記事をみると、非常に大きな問題として取り上げられています。このとき私も宿泊先のホテルでテレビを観ていて、まさに新たなる混迷の時代に突入したことを実感し、アメリカの政治がかたちづくっている現況からすれば、「さもありなん」と思いました。

それにしても同じ日にＮＨＫのテレビを見ていて、現在の民主党などで次の選挙に確実に落ちる人たちが辞め際を間違えて引退表明をしており、私は末期的な下級武士のリーダーシップそのものと、まったく情けなく恥ずかしく感じたのをよく覚えています。

ロサンゼルスはもともとスペイン領でしたが、ダウンタウンで石油が発掘されたことから、十九世紀になって多くの人が集まってきました。最近では広東人が増えて、チャイナタウンとコリアンタウンが非常に拡大していっているという状態です。また、サンタモニカにあるヨットハーバーのマリナデルレイにも三十年ぶりに訪問しました。ここは少しでも時間をつくり私が当時よく立ち寄っていたところで、アラスカの寒流が流れてくるために夏でも涼しく快適なところです。

驚いたことにロスにはおよそ千軒の寿司屋がありますが、日本人の経営は三百軒ほどで、残りの七百軒は韓国人や中国人による経営だそうです。寿司学校が四つもあるので、誰でもそこで寿司職人になれるといわれています。ロッキー青木のＢＥＮＩＨＡＮＡも、半分は寿司屋に変わっているということです。

ウォールマートにも立ち寄ってきましたが、十一月なのにセール前倒しで大変な安売りをしていました。肉などもすごいボリュームで並べてありましたが、とてもおいしいとは思えない感じで、亡くなられた西友の高丘季昭さんが以前、「早川さん、海外のよい経営システムはどんどん取り入れるべきだけれど、流通業は食品を扱うから最後はドメスティックでなければならない」とおっしゃっていた言葉を思い浮かべました。今後はＴＰＰ参加などによって安い牛肉がどんどん入ってくると思いますが、アメリカの強烈なセールのあり方と食料事情を垣間見たわけです。

さらに今回の旅では、モニュメントバレーという所に行ってみました。ここにはナバホ族というネイティブアメリカンが住んでいます。ネイティブアメリカン百万人のうち三十万人がナバホ族だそうです。アリゾナ、ユタ、ニューメキシコ、コロラドの四州に居留地があり、その総面積は北海道と同じぐらいだそうです。彼らは北から来ているということですから、アラスカ経由でユーラシア大陸から来たのかもしれないともいわれています。

一八六八年にアメリカ政府が、不毛の地を居留地としてナバホ族に与えました。そこで石炭など価値のあるものが産出されるようになりましたが、居留地はナバホ族の管理下に置かれ、そこの大統領も独自に選出されて、大統領の下に八十八の政権と百五の都市があるそうです。一つの都市に平均千名ほどの人口がいるとのことでした。

月尾嘉男先生も、二〇一三年一月十二日の日経新聞でナバホ族のことを書いています。コロラド川でとれる水を非常に大事にし、伝統文化や工芸を大切にする人種で、織布など大変素晴らしいものが作られています。ナバホ族では学校の先生になる人が多く、教育水準は非常に高いとのことです。多くの人が居留地を出ていくのですが、出ると奨学金を返還しなければいけないということで、最近ではいろいろとトラブルになっているそうです。

カイエンタ、ページ、キャメロンなどでは、それぞれ町が独自の発展をしており、小学校、中学校、高校はもちろん、ホテルチェーンやバーガーキング、マクドナルドのような店も全部そろっています。そしてこれもすべて現地人の経営、現地人従業員体制により、雇用の創出を図っているということでした。アリゾナ、ユタ、ニューメキシコ、コロラドの四州に接するモニュメントバレーも、国ではなくナバホ族のものです。彼らが自分たちの収入を確保するために自分たちで管理している、ということです。

サンフランシスコは私にとって西海岸の心の原点で、ロサンゼルスへ入る前に必ず立ち寄る場所です。いつもサンフランシスコに着くとすぐにケーブルカーでマリーナへ、そこからゴールデンゲートブリッジを渡って大好きな街サウサリートへ行き、白ワインで一人ランチを楽しみ街をぶらぶらし、その後で船で再びサンフランシスコ市内へ戻る、ということをこれまでくり返してきました。

サンフランシスコでは、アメリカ社会にうまくとけ込んだサンリオショップを訪問してきました。キティちゃんの周りには、中国人も含め多くの客で賑わっていました。以前はユニオンスクエアにあったのですが、現在はサンフランシスコ・センターという所にあります。そこにはブルーミングデール百貨店が、高級品にしぼり込んだかたちで出店しており、大変びっくりしました。

これに比べてチャイナタウンはひどく崩れた感じで、第二、第三のチャイナタウンもできています。私も車から見ましたが、リッチモンドやサンセットでは中国人が庭の芝生をコンクリートで埋めて街並みはまったく変化していて、そこに親戚などをたくさん連れて十人ほどの集団で住んでいるような状態です。

そして大事なことは、中国系の市長がいまサンフランシスコに誕生しているということです。州の議員にも中国系が多く、市議会や州議会に対する影響力が拡大しており、中華系移民がアメリカ社会の中でかなり力を持ちつつあるといえそうです。一説によると、アメリカの香港化を狙っているともいわれています。カリフォルニアには大学もたくさんありますが、そこの上のクラスに中国人が多く入学しているという状況です。

2 絶対の競争への視座（1）—GM vs トヨタ

二〇〇七年十一月の『経営の美学』（日本経済新聞出版社）という本で、嶋口充輝先生が「絶対の競争と相対の競争」について述べています。これは以前お話ししましたように、いまは相対の競争から絶対の競争の時代に移りつつある、ということです。価格競争やマーケット・シェア争いではなくて、優れた商品やサービスを提供してお客様に喜んでいただく競争の時代を迎えている、というとらえ方です。この視点から二〇一〇年一月に続いて、再びＧＭ vs トヨタのことをお話ししたいと思います。

以前アメリカでトヨタ車のブレーキの不具合が指摘され、トヨタが大規模なリコールに踏み切ったのが二〇一〇年の一月です。そして二月にワシントンで公聴会が開かれ、欠陥隠しだとして三月にトヨタに対し郡検察により民事提訴が行われました。ところが七月に米当局が記録を解析すると、多くが運転ミスだったことが判明します。さらに八月には米運輸省の中間報告が出て、「欠陥はない」ことが裏付けられたのです。現在、全日空のボーイング７８７の問題に対してアメリカの運輸省がモヤモヤした答えしか出さないのは、このトヨタ問題の際の対応が尾を引いているのではないか、ともいわれています。そして米運輸省がトヨタの電子制御を「シロ断定」したのは何と二〇一一年二月であり、この間米当局は大きく揺れることとなりました。

一方ＧＭでは二〇一〇年九月に、アメリカの通信業界大手と投資会社カーライル・グループ出身で投資分野とＭ＆Ａに精通したダニエル・アカーソン氏にＣＥＯが代わりました。そして二〇一〇年の十一月にGMが再上場するわけですが、九、十月には業績が回復しますが七、八月はまだGMの収益はそれほど上がっていませんでした。そこで、なんとか上場させようということで、少し無理してやっているようなところがあったように思いました。それはオバマ大統領独特のもので、政権の成果を強調したかったということだろうと思います。報道でも「GMの回復を促したオバマ政権」「実績づくりを狙った再上場、フォードにも改善せかす効果だ」とも言われています。この時期はちょうどオバマが大統領に就任した年ですから、早々に実績をつくろうということだったのだろうと思います。ある意味で、先ほどのアメリカン・コーポラティズム的な考え方からすれば、労働組合にとっても経営にとってもうまく着地させるやりかたでした。今からふり返ってみますと、二〇一〇年一月の異常なまでの〝トヨタ叩き〟は、「オバマ流のアメリカン・コーポラティズムそのもの」であると私は確信しております。

そして、GMは二〇一一年五月に世界一への返り咲きを視野に入れたと報道され、二〇一二年二月には最高益をはじき出します。これはこの時期にそれほど悪くなかったヨーロッパ経済が崩れ始めてきて、アメリカと中国を中心としてGMは利益を得たということです。そして二〇一二年九月には低金利ローンが出て、アメリカの新車販売をさらに牽引しました。

さらに二〇一二年三月頃にはビッグスリーが復活したといわれ、さまざまな国際再編を狙った動きが出てきます。そしてプジョーに七％出資したり、環境車や新興国・欧州などに実利を優先したかたちで進出していくのがGM流のやり方です。GMの経営者は私の目からは、皆これまでは相対価値の実現をめざしてきましたし、今回のアカーソン氏も含めて技術屋ではなくファイナンスの出身者も多いので、歴史的にもそういう戦略になるのかと思っています。

その後ヨーロッパ経済が本格的に崩れてくると、GMは生産のスリム化をめざしてオペルの二工場を閉鎖し、さらに赤字が続く欧州をてこ入れするためにアメリカと同じようなやり方でコスト削減を図ります。また、新興国を中心に百種類ぐらいの車種を狙っていくとも言われています。そして一六年には、ドイツ工場を閉鎖するということです。

さらに二〇一二年十二月にアメリカの財務省が、保有するGMの株式を二〇一三年一月から十二～十五カ月以内にすべて売却し、公的管理から脱却すると発表しました。GMはこのうち四十％を五十五億ドルで買い取るとのことですが、見切り発車で無理もあり本当に脱却できるのかは疑問です。いずれにしても、アメリカと中国を中心に自動車大手が復活したのは明らかでありますが、そのやり方とアプローチがトヨタの戦略とはまったく違います。とくに中国や新興国のマーケットを中心にやっているのは、相対の競争の象徴であるといえます。

一方トヨタのグローバル戦略は、豊田章男氏が新社長になったときにひとつの転機を迎えます。二〇〇九年の六月に新体制が発足し、その後の品質問題の反省を踏まえた品質改善に向けた人づくり、お客様が起点、本社主導を転換という考え方の流れで、二〇一一年三月に「グローバルビジョン」を策定し発表しました。それまではすべてトヨタ本社で意思決定をしていたものを、海外の権限を強化していく方針へと舵を切ったのです。リコール問題の初期対応の遅れも、限られた情報の中でやはり本社で意思決定したことが一因でしたから、それを現場に移そうとしたのです。そして豊田社長のめざす現地・現物で、海外を含めて権限を移していこうというものです。人材登用も国籍を問わず、さらに二〇一二年の四月には開発の完全な現地化を図ろうとしています。

また二〇一一年の七月に中国で基幹部品をつくり、環境車向けの初の海外生産を行いました。十月には中国で部品共同開発の新拠点を設け、一三年にもEVなどを投入するのに加え、さらにコスト競争力を高めるといった手を次々に打ってきます。しかしトヨタは、コスト競争力を高めるにしても工場を閉鎖するなどではなく、あくまで技術をベースにしながらグローバルな視野の下で、ベストバランスを求めて戦略的に行動していることがわかります。

そうした流れの中で、二〇一二年七月にトヨタがプジョーから商用車を欧州向けにOEMで調達し、エコカーに集中して欧州事業でのコスト削減を狙いました。またブラジルで八月に戦略小型車を出して、南米の中間層の開拓も狙いました。この間自動車業界に大変大きな動きがありました。二〇一一年五月にロシア最大手を日産・ルノーが買収して、世界第三位になったのです。円高を背景に、新興国ではM&Aが大幅に増える傾向にありました。

二〇一一年十一月トヨタがBMWと技術提携することになりましたが、これはディーゼルエンジンの調達であり、トヨタはハイブリッドなど環境技術を提供していくということです。このようにマーケットとかコストではなくて、トヨタなどは技術をベースにしてグローバル戦略とパートナリングを展開していくところが、〝絶対の競争〟をめざしている企業としての特徴ではないかと私は思っております。二〇一二年にはGMもプジョー、オペルと提携して小型車を共同開発することになりましたが、これはあくまでGMがグループとして両方ともっている絡みだと思います。

ところで豊田章男社長のこの四年間は、想像を絶する苦境からの出発であったと私は思います。前述のアメリカにおけるリコール問題に加え、東日本大震災、タイの洪水被害、さらに中国の不買運動なども乗り越え、常に現場目線をもって商品開発と技術開発を軸とした〝絶対の競争〟をめざして困難を突破し、その後業績も大幅に回復して見事に「世界のトヨタ」として、日本人の誇りとともに蘇らせたといえるのではないでしょうか。素晴らしいことです。

この間二〇一二年の十一月にリコール情報開示訴訟の和解、十二月には九百四十億で急加速をめぐるアメリカのリコール訴訟の和解がありました。これは激しく揺れ動くアメリカ社会といま上向きになっているアメリカの市場の中で、迅速に対応することで負の資産を長びかせないという考え方だと思います。三井物産がメキシコ湾沖の原油流出事故で、ＢＰとの訴訟を和解したと同じようなことだと思います。負の遺産を早く切り落とす代わりに、今後同じようなことを発生させないようにするという狙いも含んでいると思います。

これこそが、私の目から見ると絶対価値の実現をめざす経営なのです。今回の件は、私はトヨタがお客様に喜んでいただける車をいち早くお届けする、という絶対価値の実現をめざすための相対の競争のひとつの表れだろうと思っています。相対の競争も二種類あり、外資系のように最終利益だけを追求する相対の競争と、究極には絶対価値の実現をめざすがグローバル化の流れの中で、ある程度のコスト競争やシェア獲得に動かざるをえない相対の競争とは、その競争戦略の基本構造がまったく違うわけです。これは経営者トップの考え方の差によるのだと思います。

豊田章男社長はＭＢＡを取得され、また外資系企業での経験ももっています。しかし重要なのは、偉大な父親の背中を見て育ち、相対価値に出会ってもそれのみを追わず、逆に絶対価値を深めることができる数少ない若き経営者のひとりである、と私は前回の講演でお話ししました。それは「豊田綱領」の底流に流れる創業者精神を体現し、常に現場目線をもって商品開発と技術開発を軸とした〝絶対の競争〟に向けた真摯な経営姿勢を保っているからであります。

いずれにしてもトヨタグループでは、「国内の生産・雇用を守り日本でしっかり稼ぎ、主力工場や研究開発の中核としての国内基盤を強固にし、その上でグローバル展開も加速し世界へ挑む」という基本理念のもとで、〝危機こそカイゼン〟を積み重ね、さらにクルマと対話しながら商品力・技術力を磨き持続的な成長を展開しているのであり、そこには〝絶対の競争〟をめざす企業の姿と豊田章男社長の力強いリーダーシップを強く感じるところであります。

さらに二〇一二年五月に、豊田章男社長が日本自動車工業会の会長に就任しました。その就任会見で豊田会長は、国内の自動車産業を守りぬく気概、世界の自動車産業をリードする気概の「二つの気概」について力強く宣言しました。そして九月には「お台場学園祭２０１２」を開催し、将来を担う若者たちに自動車に興味をもってもらうことで、「日本の未来、日本の元気、日本の笑顔に自動車業界が貢献していきたい」、とクルマファン作りの活動に陣頭指示のリーダーシップを発揮されました。来場者数ものべ三十八万人を超え、「自動車業界が若者に近づく」という意味で大成功を遂げました。

さらにこの三月に、安倍総理がＴＰＰへ交渉参加を表明しましたが、その際「自工会としては一貫してＴＰＰ参加の必要性を訴求しており、事前協議による関税の撤廃時期については残念であるが、自動車業界として歓迎の意を表明する」と発言し、政府と民間が一体となって互いに「頑張った人が報われる国社会をめざす」という安倍首相に、同じ志をもつ自動車業界の若きリーダーとしての応援とエールを送ることとなりました。

3 絶対の競争への視座（2）――JAL vs 全日空

日本航空の再建を主導した稲盛和夫名誉会長が二〇一三年三月三十一日付で取締役を退任し、四月以降も名誉会長にとどまるものの、これからは経営に直接関与せず助言役に徹することとなりました。稲盛さんは京セラを創業し優良企業に育て上げるとともに、その後第二電電（現KDDI）を設立して通信業界に新しい風を吹き込むことに成功しました。そして二〇一〇年二月に、経営破綻した日本航空を再建するため、当時の民主党政権の求めに応じて会長に就任し、陣頭指揮の力強いリーダーシップを発揮されて、上場廃止後わずか二年七カ月で二〇一二年九月に再上場するなど、業績の「V字回復」を見事に実現したのであります。

日本航空は二〇一〇年一月一九日に経営破綻し、JALグループと金融機関は企業再生支援機構のもとで事業再生計画を策定し、裁判所に対して同機構を管財人とする再生手続き開始を申し立て、即日手続き開始が決定され、政府による支援声明も公表されました。そして二月上旬から稲盛会長、大西社長の体制がスタートしましたが、更生計画案提出も当初の二〇一〇年の六月末から八月末まで延長され、破綻直後は二次破綻さえも懸念され、業績も最終損益の赤字が続くなど、必ずしもその道のりは平坦ではありませんでした。

その後二〇一〇年十一月三十日に更生計画案が認可され、それまでの取引銀行などからの五千二百十五億円の債権放棄に加え、同年十二月に管財人の企業再生機構から三千五百億円の出資を仰いで経営再建にあたってきました。そして、二〇一一年三月末に京セラや大和証券グループ本社など八社から百二十七億円の出資を受けるとともに、三メガ銀行を含む十一行から二千五百四十九億円の新規融資を受けて更生債権約三千二百億円を全額弁済し、東日本大震災で業績下振れの可能性の残る中、申請から約一年二カ月で会社更生手続きを完了することとなりました。

そもそも日本航空は一九八七年に完全民営化され、「ナショナル・フラッグ・キャリア」として今日に至っていますが、当時のわが国の閉鎖的な航空行政の中で「親方日の丸的公社体質」を引きずり、米同時テロとＳＡＲＳの流行、そしてリーマン・ショックに起因する金融危機と過去十年で三度にわたる公的支援を仰いでいます。長年にわたり日本航空は自助努力と自己変革を怠り、現実に日本航空の経営の危機ははるか以前から始まっていたのです。

さらに日航問題に対する抜本策がこれまで先送りにされてきたのは、過去の航空行政などの問題とも深く関連しています。日航の経営実態から目をそむけてきた航空行政のあり方、族議員や自治体など自民党時代からの利権政治による負の遺産、それに国交省ＯＢの天下りを受け入れ親方日の丸的に放漫経営を続けてきた日航経営陣、これらが複合的にからんで今日の破綻の状況に至っている、と私は前回の講演で指摘しました。

　そのような意味から、長年にわたって自分たちの力で経営の立て直しをできなかった日本航空が今回短期的に再建できた背景のひとつに、法的整理のひとつである「会社更生法」を採用できたことは大きいと思います。これによって再建過程で人員の三割強削減と給与の二〜三割カットなどの合理化、国内外の不採算路線四十五以上の廃止、燃費効率の悪い「ジャンボ機」四十機すべての退役など、様々な負の遺産の処理を実施し、さらに金融機関に対しての債権放棄や財産評定による減損も認められることとなったからです。

　ただそれ以上に大きかったのは、稲盛和夫氏の〝鶴のマークの日本航空〟への再建にかける情熱と揺るぎなきリーダーシップの存在があったからと私は思っています。「残さなければならない企業は残すべき」という稲盛さんの強い信念と、当時のダイエーの再建と救済をめぐる稲盛さんの「スーパー業界のファーストランナーであるダイエーは、内部変革して〝日本再生の代名詞〟とすべき」という考え方を伝え聞き、私は心より感銘を受けました。JAL再建についても同じであったと思います。このような「熱い思いと魂の叫び」がなければ、誰が無給でこのような仕事を引き受けたでしょうか。

　稲盛さんが日航のCEOに就任することが報道された当時、私が日航グループの子会社の幹部になっていた学生時代の友人に、「稲盛さんの京セラアメーバ経営など、一体何歳位までの人たちが理解できるかね?」と聞いてみました。彼は、「日航は優秀な人材が集まってきているが、それらの人たちの育ち方を見ていると、地位が上がるほど段々と親方日の丸的公社体質になってしまうので、入社後二十年を超えない四十歳以下位の人たちかな……」と教えてくれました。

そもそも日本航空の今回の救済劇は、再建の道筋が描けないまま追加融資には応じられないという銀行団の当然の主張に対して、当時の麻生政権がどさくさに紛れて行った二〇〇九年六月二十二日の丸抱え支援決定に端を発しているのであり、スタートラインからかなり不透明感があったわけです。二〇〇九年九月下旬に発足したＪＡＬ再生タスクフォースは設置から一カ月あまりではしごを外されて解体され、「企業再生支援機構」を活用して再建することとなりました。しかし、日航が少なくとも二千五百億円の債務超過に陥っていると指摘し、老朽化した航空機材の問題を含めてすでに「日航は債務超過の状態」にあり、手厚い年金や世界一高いパイロットなどの賃金体系を見直さなければ、経営破綻は免れないということをタスクフォースがはっきりさせたといえます。

このような流れの中で日本航空の再建問題をとらえてみますと、稲盛さんが陣頭指揮のリーダーシップを発揮して「京セラアメーバ経営」の中核である部門別採算制度の導入による社内のコスト・採算意識の高揚、企業文化や価値観の再構築やリーダーの意識改革など、私は並大抵でない時間とエネルギーを使われたと思っています。稲盛流リーダーの育成で日本航空の幹部たちに向かって、「人の上に立つリーダーは私利私欲を捨てて正道を歩め」「辛酸、苦難を乗り越えて志を立てよ」「すべては〝思う〟ことから始めよ」「明確なビジョンを打ち出せ」と叫び続けたものと拝察いたします。

先ほどお話ししたとおり、私の「久しぶりのアメリカ西海岸訪問」の資料の一部に第一回「アメリカ管理会計セミナー報告書（一九八三年）」がありますが、一九八二年九月にサンディエゴにある京セラインターナショナルの工場を訪問した時、当時の長谷川桂祐社長が現地のアメリカ人たちに京セラアメーバ経営を教えていた姿を思い浮かべました。今回の日本航空の再建の場合、私はそれをはるかに上回るエネルギーが必要だったと思っています。今までの日本航空はその生い立ちからして、前述のとおり親方日の丸的公社体質を引きずり、全日空と比べてマーケティングと戦略人事が連動せず、営業と管理が分断していたと私には思われるからです。

ただいずれにせよ、稲盛和夫会長の揺るぎなきリーダーシップの下で大西 賢社長を中心とした幹部たちの努力、そして二〇一二年一月の植木義晴新社長の登場などによってその後の収益も順調に回復して二〇一二年九月には再上場を果たすなど、見事にＪＡＬを再生されたものと思います。

「が、しかし……」なのであります。よくよく考えてみますとそもそもＪＡＬの再生問題は、日本の航空業界におけるこれからの国際的な競争力強化が重要な課題でありました。そのためには、いかにして〝公正・公平な競争〟を基本とした航空行政の今後のあり方と業界の再生ビジョンを描いていけるか、激しいグローバル競争の中で今こそ真の競争力確保に向けて航空行政を大転換することが必要だったはずです。

ちょうどこのあたりのことが、二〇一二年のＪＡＬの再上場問題と全日空の公募増資をめぐって、再び大きな論争となって巻き起こりました。日航再建は会社更生法を適用した上でさらに公的資金を導入したのであり、ある意味で「民主党政権の唯一の成功事例」ですが、一時的な支援というよりも過剰救済であることは否めません。公的資金の民間企業への投入は仮に再生に成功したとしても、公正な競争をゆがめる副作用を伴うのは事実でしょう。とくに公的資金で再生した日航が、巨額の法人税を免除され業績を押し上げているのは問題だと私は思います。日航側は「ルールに基づき再建」したと反論していますが、私の目からは税法などのルールの適用範囲そのものが公正の競争の視点からおかしいのです。

二〇一二年私どものフォーラムにて、麗澤大学の高　巖先生に「企業の社会的責任と事業のグローバル・リスク―倫理・社会哲学の観点より〝公正な事業慣行〟を考える」というテーマでご講演していただきました。この中で高先生は四つの社会哲学として、功利主義、リバタリアニズム、ニューリベラリズム、コミュニタリアニズムがあり、多くの企業はリバタリアニズムを強く支持していると解説されました。そしてこのリバタリアニズムが企業や経済団体に求めることは、第一に世界市場で自由な競争を本格的に行うよう求めること、第二にオープンで公正な競争を行うよう求めること。いずれにせよ、リバタリアニズムの中心的考え方は、〝公正な競争〟と〝汚職防止〟であると髙先生は指摘されています。

私は今回髙先生のお話をお聞きして、JALと全日空の置かれている状況は〝公正な競争〟とはほど遠いなと強く感じました。私の目からは、会社更生法と政府の出資の両方が適用されそれぞれは適法ではあるにしても、二つ併用するという運用により過剰支援となって競争環境を歪めたのではないかと思うからです。そして公正な競争の延長上に、いわゆる「絶対の競争vs相対の競争」があるのであり、この状況をもし現在、およびこれからの日本航空の役員たちが〝立ち位置〟として認識していないとすると、今後の企業体質を強めるための「絶対の競争への視座」がまったく欠落しているといわざるを得ません。

このあたりのことをめぐって、二〇一二年の七月に日航は投資の前に「鶴の恩返しを」との自民批判に国交省が苦慮したり、公平な競争条件がなければ「日航再上場見送りを」という自民党の決議がなされました。これらを受けてさすがの国交省も、八月に入り日航を巡り新競争指針を策定し、公平性確保への対応を少なからずも検討しました。

いずれにしても、民間企業は資金調達の問題を含めて、常にお客様、株主、市場と向き合い、自らの手で危機を乗り切るのが本来の姿であり、競争力を失った企業を安易に救えば業界全体の競争環境がゆがみ、公平性に課題を残すのは事実であります。

全日空もこの四月から「ＡＮＡホールディングス」として持株会社に移行し、激しいグローバル競争の流れの中で各事業会社の自律的経営とグループ経営の強化により、大競争時代を勝ち抜くためさらなる迅速経営で攻勢をかけることになりました。国の支援に頼らず危機感をもって自助努力を重ね、常にグローバルレベルでのクオリティと顧客満足をめざす全日空は、今回の７８７問題などの問題を真正面から受けとめて困難を突破することにより、さらに強い企業になるであろうと私は思います。

この三月末にＡＮＡグループは、英国スカイトラックス社が運営するエアライン・スター・ランキングにおいて、これまでの「４スター」から格付けを一段階昇格し、最高評価である「５スター」を獲得しました。同社の調査において「５スター」は現在、シンガポール航空、キャセイ・パシフィック航空など六社が獲得しており、日本のエアラインとしては史上初の快挙なのです。ＡＮＡグループが常に〝絶対の競争〟をめざして、グローバルレベルでのクオリティと顧客満足度をめざしてきた努力の結果が実ったものといえましょう。

稲盛さんが経営から一歩引いた日本航空も、新しい「ＪＡＬフィロソフィ」や部門別採算制度を今後も根づかせていけるのか、社内求心力の維持と改革継続が課題となります。その意味からJAL再建に至る今日までの〝立ち位置〟を、稲盛さんが去った後に残された経営陣がどのように認識しているか、は非常に重要な問題であると私は思います。マーケティングと戦略人事が連動せずに、営業と管理に分断した元の親方日の丸的公社体質に逆もどりしたら問題です。是非とも公正・公平な競争を基本として、稲盛さんの志を受け継ぎ〝絶対の競争〟をめざし、わが国航空業界の発展と競争力の強化につなげていただきたいと願っております。

3 「アメリカの国のかたち」の形成と変質

1 アメリカの建国と国のかたちの原型

アメリカの建国については、〈資料2〉をご覧ください。そこには年代のチャートが出ていますが、一七七六年に独立宣言がなされ、翌年に十三州でアメリカ合衆国が成立しました。わが国で赤穂浪士が討ち入りしたのが一七〇二年ですから、その七十四年後にアメリカ合衆国が誕生しています。日本やヨーロッパと比べても、アメリカは新しい国だということです。

アメリカの相対価値のルーツは、何といっても合理主義とプラグマティズムです。これはマックス・ウェーバーの「プロテスタンティズムの倫理と資本主義の精神」、その源泉にあるような敬虔なカルヴァン派のピューリタンの人たちが、一六二〇年にイギリスからメイフラワー号に乗って渡ってきて、マサチューセッツ湾のプリマスに上陸して入植したところからすべてが始まっています。

アメリカの価値基準、いわゆる成功、金、名誉などの背景には、歴史的なしがらみが何もないところから敬虔なプロテスタンティズムに基づく資本主義の精神が、「まったく新しい国を

〈資料２　アメリカ建国からニューディールまで〉

・1620 年	メイフラワー号に乗り、ピューリタンがマサチューセッツへ入植
・1776 年	アメリカ「独立宣言」－トーマス・ジェファーソン
・1777 年	アメリカ合衆国の成立（13 州）
・1803 年	フランスからルイジアナを買収
・1819 年	スペインからフロリダを買収
・1845 年	メキシコ領テキサスの併合
・1848 年	メキシコからカルフォルニアを割譲
・1861 年	南北戦争勃発
・1867 年	ロシアからアラスカを買収
・1898 年	フィリピン、グアムをスペインから割譲ハワイを併合
・1917 年	アメリカ第一次世界大戦へ参戦
・1929 年	世界恐慌
・1933〜45 年	ニューディール政策
・1942〜45 年	第二次世界大戦

Prepared by Y. Hayakawa

創ろうという熱い思い」とビジネス面で「市場主義や資本効率など合理的な考え方」として、純粋なかたちで培養されたところにあるといえます。

「アダム・スミスの神の見えざる手の背景」などを含めて、一九九七年に福原義春さんと井関利明先生に対談していただいた時、井関先生は「道徳哲学的にみて理想的な人間が当時の経済人であったのであり、アダム・スミスにとってビジネス世界は人間が徳を積む大切な場であった」というようなこともおっしゃっています。このあたりの考え方は、市場主義の原点という意味で大変重要ではないかと私は思っています。

もう一度〈資料2〉に戻って、今度は十八世紀のアメリカの状況ですが、この時期には国土がどんどん拡大していきました。一八〇三年にフランスからルイジアナを、一九年にスペインからフロリダを購入しました。そして四五年にメキシコからテキサスを、四六年にイギリスよりオレゴンを併合、四八年にメキシコからカリフォルニアを割譲し、太平洋側に辿りついたのです。

そして四〇年代からのゴールドラッシュ、カリフォルニアで金鉱が発見され、ゴールドラッシュに拍車がかかるかたちでフロンティア開拓が行われました。六七年にロシアからアラスカを買収して、六九年に初めて大陸横断鉄道ができて東と西がつながりました。さらに九八年にフィリピン、グアムをスペインから割譲し、ハワイを併合して太平洋へと進出することになったのです。これはあとで日本の歴史をみた時に、日本が太平洋に出ていった時期とまったく同じだということです。

以上をみましても、多民族の流入による文明成立の強烈なプロセスがアメリカの国土拡大の時期であったわけです。そしてこの時期に生まれた精神的な支柱として、大変重要な二つの考え方があります。まず「マニフェスト・デスティニー論」です。これはゴールドラッシュで西へ拡大するアメリカがテキサスを併合した時などで、アメリカ大陸全土へ膨張して民主主義を広めることは「神から与えられた明白なる天命（マニフェスト・デスティニー）」だという考え方です。そのためには隣国を侵略していってもいいのだという基本的な精神です。ある意味では、イラク戦争の問題もここにつながってくると思います。

もうひとつ重要なのは、「ソシアル・ダーウィニズム」です。これは鉄道会社間で盛んに行われた会社間の吸収合併の考え方に使われましたが、ダーウィンの進化論を人間社会に適用したものです。つまり「自由競争の結果として適者が生存する」という考え方であります。いずれにしても、まさに国土を拡大していったこの時期に、マニフェスト・デスティニー論とソシアル・ダーウィニズムが生まれたということなのです。

2 産業革命から大恐慌、そしてニューディール政策へ

こういったアメリカの国のかたちの原型となる考え方が、十九世紀後半から二十世紀初頭にかけて産業革命として開花していきました。とくにアメリカ北部を中心として著しい産業の発展が行われて、鉄鋼王のカーネギー、石油王のロックフェラー、自動車王のフォードなどの大実業家が出現しました。彼らはアメリカン・ドリームそのものであり、良き時代のアメリカ・ビジネスの相対価値の完成品でした。彼らはビジネスだけではなくて、財団もつくり、教育、

学術、社会事業に貢献していったということです。

そして一九一四年にヨーロッパで第一次世界大戦が勃発して、その後アメリカは途中から参戦しました。第一次世界大戦によって、アメリカは世界一の経済大国、軍事大国の地位を確保しました。ここで「パクス・アメリカーナ」という、アメリカ支配による平和の時代という考え方が出てきています。

一九二〇年代のアメリカは、空前の繁栄と狂乱の時代で「大消費時代」と呼ばれています。アメリカは資本主義社会の中心となって、ヨーロッパ経済はアメリカに依存して、国内においても自動車、電機、建設業などは急成長しました。ここで大量生産、大量販売という考え方が生まれました。さらにこの時期には、アメリカの建国の頃のピューリタン的な道徳観の保守層と新しい層との間で、貧富の差が激しくなってゆきました。この流れからリベラルな価値観が生まれてきたのが一九二〇年代、今の共和党と民主党の精神的ルーツのようなものがこの時代に生まれてきたともいわれています。

ところが一九二九年十月にニューヨークの株式取引所の株価の暴落によって、史上最大の恐慌が到来しました。一九三二年には失業者が増大し、人口の四分の一が失業したと言われています。そして一九三三年に第三十二代目大統領のルーズベルトが登場して、ニューディール政策を提示しました。これは長くかかり、三三年から四五年までニューディール政策を実施しました。全国産業復興法と農業調整法などによって企業間の競争をある程度調整したり、農作物への政府の干渉などによって、人びとの購買力や生活を向上させようという狙いで実施されたものです。

3 戦後の成長と国際社会におけるリーダー的役割

さらにその後の第二次世界大戦を通じて、アメリカは超大国の地位を得ました。アメリカの戦後の国際社会におけるリーダー的役割のなかに、「パクス・アメリカーナ」という考え方があり、それをもとに世界の警察官的な地位を得たわけです。

米ソ二つの超大国時代を迎え、当時はソ連との間で冷戦構造がありましたから、民主主義、自由主義が最善なものという思想が共産主義や全体主義に対決する姿勢に表れて、一九五〇年の朝鮮動乱、六二年キューバ危機、六五年から七三年のヴェトナム戦争、八九年の天安門などの事件を契機にして他国への支援、介入として実践していったわけです。そして九一年にソ連が崩壊して、最終的に冷戦構造は終えんを迎えます。

アメリカはこれまで世界に対して「丘の上の町」というような地位を築いて、リーダー的な役割を果たしてきました。アメリカはプロテスタント集団が、他の模範となるべき「丘の上の町」を建設することを目的として始まったと言われています。この「丘の上の町」と「文明の衝突」ということについて、サミュエル・ハンチントンが三部作で書いています。このうち『文明の衝突』と『分断されるアメリカ』という本ですが、彼は対外的にはグローバリズムの展開によって文明が衝突すると、そして対内的にはヒスパニックの大量流入によって社会が解体すると述べています。

『文明の衝突』では二十一世紀の世界では宗教的な価値観に基づく文明対立が頻発するということを見事に予見しました。『分断するアメリカ』ではナショナル・アイデンティティの喪失、先ほどの国のかたちの原点にあった白人文化が衰退して、社会的にいろいろな問題が起きるといったことを述べています。

4　IT革命とFT革命―グローバル化の進展

一九九〇年代に入って、アメリカでどのような問題が起きてきていたかまとめてみましょう。それはIT革命とFT革命、という大きな変化に集約されます。まずアメリカをリーダーとする情報通信革命が進みました。アメリカ企業の再生の原動力はシリコンバレーにありました。強いアメリカの再生は経済における市場の導入を基本として、様々な分野で規制緩和を通じて新しいビジネスが台頭して、それを支えるかたちで九〇年代の初めに「情報スーパーハイウェイ構想」が実施されたことと深く関連しています。これらを背景に、当時の東海岸のイーストン・エスタブリッシュメントの影響の世界から離れ、政府の規制からも自由な西海岸の地にスタンフォード大学を中心としたシナジー・プラットフォームを踏み台にして、ハイテク・ベンチャーが数多く輩出されました。

さらに一九九一年のソ連の崩壊によって冷戦構造が終わり、それまでのアメリカの軍事技術が民主化の方向へ転換していき、それがインターネットの急速な発展につながりました。その後のネットワーク社会の到来のもとでさらなる情報技術（ＩＴ）の発達が進んで、それが金融技術、ファイナンシャル・テクノロジー（ＦＴ）の発達と結びついて、金融分野のビジネスを中心に著しい発展をしていきました。

とくに金融と会計の分野でアメリカン・スタンダードが勝っていったというのが、今日の世界の状況につながっています。それ以降の情報ネットワーク化とグローバル化の二重のうねりが、あっという間に世界中を駆けめぐったというのが九〇年代なのです。

私は九二年からグローバルな会計事務所の統合の業務などを担当していたわけですが、まさにその急激なグローバリゼーションの流れのなかで、アメリカン・スタンダードかヨーロピアン・スタンダードかという激しいせめぎあいがあった時期でした。いずれにしても、究極的に金融と会計の分野ではアメリカが勝ったということです。

5 エンロン事件の衝撃と企業改革法

ところがこのＩＴとＦＴの融合の帰結点として、二十一世紀に入ってからすぐエンロン事件が起こりました。これは今までのアメリカの相対価値、いい意味での相対価値が拝金主義と結びつき、変質していったひとつの到達点だと思います。

二〇〇一年の十二月に、アメリカで指折りの優良企業であったエネルギー商社エンロンが破綻しました。事件の真相が次第に解明されてエンロンの粉飾決算が明らかになり、アーサー・アンダーセン会計事務所が粉飾を見逃した責任を問われ、信用失墜の後に消滅しました。ここまでビッグ・ファイブと言われていたものがビッグ・フォーになったのです。

この混乱の最中、二〇〇二年の三月にＰＯＢ（公共監視審査会）が自主解散しました。そして引き続きタイコ・インターナショナル、ワールドコムなどの大企業の粉飾決算やインサイダー取引が続発して、アメリカの証券市場の信用が著しく失墜します。このような一連のプロセスで、アナリストや格付け会社その他の諸インフラに対する不信が高まって、それがアメリカ的な諸システムに対する信頼の低下と非常にネガティブにとらえられる時期を迎えることとなったわけです。

さらにこの時期のアメリカでは、エンロン事件と同時にＭＢＡ批判という問題が起きました。ＭＢＡはアメリカの相対価値教育の場であり、経営者の質の均質化という意味では大変大きな役割を果たしています。マーケティング&ファイナンス、資本効率、市場主義などを教える場としては優れていたが、このエンロン事件を契機として「株価至上主義や拝金主義など、ＭＢＡはいったい何を教えていたのだ」ということを言われるようになり、大きく新聞で報道されました。

ところがこの頃のアメリカの凄いところは、一度大きな事件や問題が発生しても、すぐそれを社会システム的に構造を改革して対応するということです。その典型例が企業改革法であり、エンロン事件後の信頼回復のために登場したといえます。この二〇〇二年七月の「サーベインズ・オクスリー法」の成立は、その後日本にも大変大きな影響を与えました。

当時のサーベインズ・オクスリー法は全十一章六十九条から成り、企業会計、監査、コーポレート・ガバナンス、ディスクロージャー等、様々な分野で抜本的な改革と規制をしています。このインパクトは、大恐慌後の証券取引法に匹敵するものと言われています。

このサーベインズ・オクスリー法で大事なことは、ＰＣＡＯＢ（Public Company Accounting Oversight Board）というものの役割です。アメリカでは、これがＳＥＣ（証券取引委員会）の管轄の下に準公的機関として明確に位置づけられています。これによって従来はアメリカの会計プロフェッションによって行われた監査基準や倫理基準等の設定について、最終的に承認権限をPCAOBが持つようになりました。監査基準等に対する調査権限、会計士に対する罰則の権限も有する独立機関であるということが極めて重要なのです。

日本でも公認会計士法が二〇〇三年五月に改正され、たとえば監査人の独立性強化や試験制度の改革が行われました。そして、「公認会計士・監査審議会」というのが金融庁の下に設置されました。しかし、これはアメリカのPCAOB（公開会社会計監視委員会）のように独立機関ではなく、あくまでも金融庁の傘下にあります。ですから日本ではかたちの上では、アメリカの企業改革法を模倣して会計士に対する監督が強まっていますが、アメリカのそれと比べてその実体がまったく違うということなのです。

そもそもわが国の金融庁は、そのモデルとして一九九七年にイギリスで金融市場監督体制の見直しで発足したFSA（金融サービス庁）の考え方を大幅にとり込んでいます。見方によってはわが国の「公認会計士・監査審議会」は、ある意味でイギリス製の車体（ミニ・クーパー）にアメリカ製の4WDのタイヤをはかせて、日本の道路を走っているようなものといえます。

いずれにせよ、この頃のアメリカ社会においては必ず独立した社会的な検証システムが存在し、しかも政府からも行政からも独立しているという点が重要です。さらにジャーナリズムおよびジャーナリストのウォーニング機能が非常に強く働いていたということであります。当時のアメリカでは、法秩序と民主主義社会というアメリカ文明を土台にして、政治・経済・行政・司法など各分野で様々な検証システムが存在して、それが国としての自浄力の源になっていたと思っております。

6 イラク戦争によるグローバル・ガバナンスの崩壊とリーマン・ショックの衝撃

二〇一三年の三月でイラク戦争開戦から十年が経過しました。このイラク戦争開戦へ導いたブッシュ政権について、途中からネオコンに牛耳られた政権でその後もテロとの戦いが中心だ、などいろいろな評価をされています。またイスラム社会との全面衝突、イラク戦争をめぐる北大西洋条約機構（NATO）との絆の破壊。そしてテロの恐怖をあおりたて内政に利用したなど、国際世論からの袋叩きがありました。イラク戦争開戦以来、世界におけるアメリカの信用は低下の一途をたどり、ソフト・パワーが喪失したとジョセフ・ナイなども指摘しています。アメリカ一国による単独作戦で、泥沼のイラク派兵が行われたということです。

イラク戦争への日本の対応も大きな問題でした。この間に九・一一の同時多発テロがあり、アフガニスタン、タリバンへの攻撃とその制定、イラク侵略とその後の泥沼化による統治の失敗、ＮＡＴＯもブッシュのイラク政策の不支持。さらには大量破壊兵器が見あたらず、イラクと九・一一を結びつける証拠もないというアメリカ政府の言明がありました。ブッシュのイラク戦争の失敗に対する国民の不満が、ブッシュに懲りたアメリカの国民をネオコンのタカ派から中道現実派への支持への転換、ぶれないブッシュから頑迷なリーダーだという評価に変化させました。このイラク戦争の開戦により、アメリカの財政収支は再び赤字へと転落し、さらにグローバル・ガバナンスが崩壊して完全な戦争経済へ突入してしまったといえます。

その後各国で親ブッシュ政権の退陣が進み、有志連合は日本を除いてすべて崩壊することになり、米国内でも「カウボーイ外交の終わり」と評されるに至りました。このことはひっくり返していえば、「イラク戦争を積極的に支持した国の、国としてのガバナンスが効いていないのは日本だけだ」ということです。今年に入って仏軍のマリ空爆をめぐり、アルジェリアで邦人が拘束され殺害された事件なども、このような流れの延長上にあるのかもしれません。

このイラク戦争に関連して是非お話ししておきたいのは、アメリカは日本をアメリカ流のやり方で民主化できたと勘違いしていたことです。それは後述するように九〇年代後半から小泉政権の時代にかけて、アメリカは心に羽根を生やさせた官僚たちを中心に深く日本に入り込むことに成功しましたが、それを結果として日本人が喜んで民主化を受け入れているととらえていたわけです。「国民性の難しい日本でさえそうなのだからイラクなんて簡単だよ、ということで戦後のイラク統治を甘く見たことが失敗の遠因になっている」と指摘している人物が当時のアメリカ人の識者の中にいました。そのあたりはどこが真実かわかりませんが、私はあながち間違っているとは思いません。

二〇〇八年九月十五日の月曜日に、アメリカの大手投資銀行のひとつリーマン・ブラザーズが破綻しました。ちょうどその日私は仕事でシンガポールにいて、金融の中心街に近いラッフルズ・プレイスにあるホテルの窓から、当時の生々しい状況を直接肌で感じました。アメリカの金融危機の深刻化は、九月十五日のリーマンの破綻とその翌日のＡＩＧへの緊急支援以降、その後のワシントン・ミューチュアルの破綻、ワコビアのウェルズ・ファーゴへの身売りなど相次ぐ破綻・再編が加速するなかで、大手銀行と証券に経営不安が増加してさらなる株価の下落のもとで、二〇〇八年十一月下旬のアメリカ金融界を象徴するシティグループ救済の問題までに至りました。このあたりのことは、二〇一〇年一月の私の講演でお話しさせていただきましたので、詳細は省略させていただきます。

そしてリーマン・ショック直後に発足したオバマ政権では、「ウォール街人脈に連なる人たち」が大きな影響力を与えていたのに驚いたとお話ししました。一九九九年十一月に銀行と証券の分離で有名なグラス・スティーガル法を骨抜きにより事実上撤廃し、規制緩和、金融の自由化を推進してサブプライム問題による金融危機の原因をつくり出した人たち—それぞれクリントン政権で財務長官、財務次官として当時監督的立場にあったルービン、サマーズ、ガイトナーなどがその解決を担当していたからです。二〇〇九年六月下旬に、銀行と証券に垣根を再び強化する金融規制改革案を発表しましたが、彼らが第二次クリントン政権の時何をしたのかということを思い起してみますと、「何か無理がある」と考えるのは私だけでしょうか、オバマは本当にこの状況をCHANGEできるのでしょうか、と前回の講演で指摘しました。

そして二〇〇九年三月に、コロンビア大学のロバート・マンデル教授が、「危機を招いた五匹の山羊」として、グリーンスパン、ポールソン、バーナンキらとともに、ビル・クリントンを危機の原因をつくった中心人物と指摘して、大変大きな反響を巻き起こしました。いずれにしてもオバマ政権は、ウォール街に深く連なった人たちを大量に登用しているのであり、第二次クリントン政権からの流れを今日に引きずっているようにしか見えません。私の目からこれらの人たちは、規制緩和によって金融の自由化を推進し、ついにはサブプライム問題という巨大火薬庫を爆発させて世界中を金融危機に導いた人たちであり、問題の原因と責任をまったく明らかにしないまま今日に至っていると思えるからです。

二〇一一年七月に「ドッド・フランク法」が成立して一年を経過しましたが、「中身」が決まらず停滞しています。十一月の米金融大手MFグローバルの破産申請、二〇一二年四月のJPモルガンの巨額損失発生、七月のLIBOR不正操作疑惑の波及、HSBC資金洗浄関与など金融をめぐる不祥事は後を断たず、金融制度改革も引き続き迷走しています。この三月でリーマン・ショックから四年半経ちましたが、その原因はきちっと追及されずまだまだ危機克服の道は長く続いています。アメリカ社会の特徴であった社会的検証システムの存在は、サブプライム問題を経て消滅してしまったかのようです。大恐慌時のペコラ委員会の設置などに比べ、問題発生の原因と責任の所在を明らかにしないまま、アメリカ社会は大きく変質してしまったといえるのではないでしょうか。

4 「日本の国のかたち」の形成と変質

以上アメリカの国のかたちについて垣間見てきましたが、では日本は一体どうなっているのかということが次のテーマです。

1 明治維新と開国

現在の日本の国のかたちの形成は、まず明治維新から始まります。〈資料3〉で明治維新から戦後復興まで、重要な歴史的出来事を拾ってみました。

一八五三年にアメリカの海軍軍人のペリーが四隻の軍艦を率いて浦賀港に来航し、大統領の親書を提出して開国を要求しました。そしてその翌年再び来航して、そこで日米和親条約を一八五四年に締結します。これによって幕府の鎖国政策が終わったわけです。

この頃の世界の動きですが、中国がイギリスとのアヘン戦争に敗れて一八四二年に香港を奪われました。そして四九年にイギリスのインド支配が完成しました。アメリカは四〇年代のゴールドラッシュで、前述のように太平洋に出ていったのがこの頃です。ヨーロッパやアメリ

〈資料３　明治維新から戦後復興まで〉

・1853年	ペリー来航
・1854年	開国――日米和親条約
・1868年	明治維新
・1873年	明治六年政変
・1877年	西南戦争
・1894〜95年	日清戦争
・1902年	日英同盟締結
・1904〜05年	日露戦争
・1910年	日韓併合
・1914〜18年	第一次世界大戦
・1927年	金融恐慌
・1932年	満州国建国
・1933年	国際連盟脱退
・1937〜45年	日中戦争
・1941年	真珠湾攻撃による太平洋戦争勃発
・1945年	第二次世界大戦の終結
・1949年	中華人民共和国成立
・1950〜53年	朝鮮戦争
・1951年	サンフランシスコ講和条約 日米安全保障条約締結
・1972年	日中国交回復

Prepared by Y. Hayakawa

カのアジア進出で、ヨーロッパ列強によるアジアの植民地化が行われた時期です。

この一環としてアメリカが日本に訪れたわけです。この時期における国内外の流動化の影響を受けて、幕藩体制が大きく揺らいで一八六七年に江戸幕府が倒れ、大政奉還、王政復古ということになりました。一八七一年廃藩置県が実施されると、明治新政府によって封建制度から近代国家への道を歩むことになったといえます。

そしてすぐ一八七一年から七三年まで、岩倉具視を団長とする欧米視察団を出しました。さらに七三年には、いわゆる征韓論派という西郷隆盛たちとの政争がありました。急激な改革によって士族たちの不満がたまっているのでこれを外に向けよう、武力で朝鮮進出をして士族たちに働き場を与えよう、というのが征韓論派だと言われています。彼らが欧米視察団から帰ってきた人たちに敗れて、西郷隆盛、板垣退助、江藤新平たちが政権から降りたのが「明治六年政変」で、これについては後で詳しくお話しさせていただきます。

そして一八七七（明治十）年の西南戦争によって政府が勝利し、それ以降はこういった新政府の矛盾に気づいて指摘する反政府運動はなくなり、板垣退助たちも自由民権運動に活路を見出していったわけです。この西南戦争で武士道精神を受け継ぎ飛躍させた西郷隆盛が敗れ去ったことが、日本の歴史のあり方を大きく変えたと私は思っています。

その後一八八五年に伊藤博文が初代の内閣総理大臣になって、八九年に大日本帝国憲法が制定され、さらに九〇年に第一回帝国議会が開催されました。このようにして日本も二十世紀を迎える直前に、大急ぎで国のかたちが形成されたということになります。

2 ヨーロッパ文明との対峙と国としての価値観の形成

日本が海外の国々から学んだのは、戦前はほとんどヨーロッパからです。明治維新と開国以来、わが国は独力で近代化を成し遂げて、世界の帝国主義の嵐が吹きすさぶ激烈な国際関係の中で、他のアジアはそのほとんどが植民地化されましたが、欧米列強に負けることなく果敢に国家と民族の独立を守ったといえます。

とくに幕末から明治維新、そして日露戦争の頃までの各界のリーダーたちの血のにじむような国家運営の努力は、世界史的にも特筆すべきものではないかと思います。その後日露戦争のあと、政治家と官僚たちに国益とビジョン、国際感覚に裏打ちされた戦略的感覚がなくなり、残念ながら急速に戦時体制に向かってしまいます。

このあたりのヨーロッパ文明との対峙を、以前寺島実郎さんが『1900年への旅』という本で述べています。この一九〇〇年の思案への旅で、懸命に二十世紀の扉を開こうとした百年前の日本の先達の姿について語っています。「欧州文明に対峙しつつも、心の中には和魂洋才

〈資料４　明治維新の価値形成のルーツ〉

○佐久間象山——吉田松陰、勝海舟

○吉田松陰（萩の松下村塾）の門下生

　高杉晋作、久坂玄瑞、吉田稔麿、前原一誠、山県有朋、伊藤博文

○亀山社中（海援隊）の活躍

　坂本龍馬、陸奥宗光

○1871～73年　欧米視察—岩倉使節団

　岩倉具視、大久保利通、木戸孝允、伊藤博文

○「征韓論」派と明治６年の政変（1873年）

　西郷隆盛、板垣退助、江藤新平、後藤象二郎、副島種臣

○福沢諭吉の慶應義塾創設

○板垣退助の自由民権運動

○大正デモクラシーのうねり

　山県有朋、桂太郎、尾崎行雄、井上馨

○日英同盟、日露講和、韓国併合など主体的外交

　小村寿太郎

○札幌農学校の創設（1875年）

　新渡戸稲造、内村鑑三

Prepared by Y. Hayakawa

という文字を刻印していたかのごとく、決して日本人としてのアイデンティティを見失わなかった」ということを指摘しています。そういう意味で、当時のリーダーたちが絶対価値をもち続けてヨーロッパ文明と対峙したということが、その後の日本の国の価値観として新しく形成されていった原点であったと私は思っています。

〈資料4〉をご覧ください。明治の心の体現者たちをリストアップしてみましたが、当時の人たちはやはり立派で本当に凄いですね。

佐久間象山が吉田松陰と勝海舟の先生でした。吉田松陰が萩で教えた「松下村塾」の門下生に高杉晋作、久坂玄瑞、前原一誠、山縣有朋、伊藤博文などがいました。それから坂本龍馬も亀山社中（海援隊）で大活躍しました。

一八七一年から七三年の欧米視察の岩倉使節団があって、岩倉具視、大久保利通、木戸孝允、伊藤博文という人たちが参加しました。そして先ほどの一八七三年の「明治六年政変」で破れたのが、征韓論派の西郷隆盛、板垣退助、江藤新平、後藤象二郎、副島種臣です。

福沢諭吉が慶應義塾をつくりましたね。それから板垣退助の自由民権運動があり、大正デモクラシーのうねりもありました。そして日英同盟、日露講和、韓国併合など主体的な外交で有名な小村寿太郎の活躍。いま外務省には、こういう人はまったくいません。さらに一八七五年に札幌農学校がつくられ、ここで新渡戸稲造や内村鑑三が学び育ちました。

これを見ていても分かるように、この時期のリーダーたちの知的水準は著しく高いということです。一九〇〇年代の初頭には、日本から三冊の英語の本が出版されています。ひとつは、岡倉天心の『茶の本』（THE BOOK OF TEA）という本です。また新渡戸稲造が『武士道』（Bushido）という本を英語で出しています。それから内村鑑三が『日本及び日本人』（Japan and Japanese）という本を出しました。これらを明治初期の人たちは世界に向けて発信していたわけであり、本当に素晴らしいことですね。

3　第二次世界大戦での敗戦と戦後復興

次に第二次世界大戦での敗戦から戦後復興になりますが、この戦後の復興を考える上で大切なポイントが三つあると私は思います。

一番目は、日米と日中の二十年の差のもつ意味です。一九四五年に第二次世界大戦が終結、一九五一年にサンフランシスコ講和条約と日米安全保障条約が結ばれました。ところが日中国交回復は一九七二年と二十年ずれています。この二十年の差のもつ意味が、実はいまわが国のいろいろな矛盾や問題点として、想像を絶するほどに大きく吹き出ていると思われます。

戦前の日本はヨーロッパと対峙していましたが、戦後の日本はアメリカの傘の下で経済発展とグローバル化が進められました。日米六十年というのは、つまり一九五一年のサンフランシスコ講和条約から六十年余がたったということです。日中国交回復は七二年から四十年余。これは中国で共産党革命が起きたからです。一九四九年に共産主義革命により、中華人民共和国ができました。そして五〇年に朝鮮戦争が勃発して、アメリカの占領政策が大きく転換します。

ご承知のとおり当時のワシントン政府では、蔣介石の政府を中心に極東で体制の建て直しをはかろうとしていました。しかし蔣介石が中華人民共和国の成立で台湾に追いやられ、そのことによって大きな戦略転換がなされました。共産主義の脅威、そして朝鮮戦争の勃発、これによって日本を極東の拠点として急いで育てようということになりました。そういう意味での二十年なのです。つまり中華人民共和国が誕生してから、国として体制を整えて落ち着くまで二十年近くかかったということです。

二番目に大事なのは、アメリカ軍の占領政策の特徴です。これがわが国では行政改革のスタートだといえます。GHQの占領政策の特徴、それはアメリカによる直接統治を避けて、日本国政府の行政機構をそのまま活用する「間接統治方式」を採用したことです。野口悠紀雄先生の『1940年体制』やジョン・ダワーの『敗北を抱きしめて』という本は、当時のGHQの占領政策について非常に克明に記述しています。

まず第一点は、一九四〇年の国家総動員法によって戦時体制づくりが確立しました。経済、社会のあらゆる分野で、国民生活の隅々にまで官僚が統制する官僚統制機構が出来上がりましたが、それをGHQがそのまま利用しました。間接統治方式でもって、これを壊さなかったということが後でいろいろな問題として起きてきます。

第二点は、これはジョン・ダワーの本にありますが、GHQのスタッフにニューディール政策に関わったニューディーラーの人たちが少なくなかったことです。現実には数多くいました。ニューディール政策は一九三三年から四五年まで十二年間アメリカで実施されましたが、当初の目的に比べて必ずしもうまくいったとはいえないのです。当時のわが国では、国家社会主義的なニューディール政策の実務者が占領地という場を借りて思いきった行動をとり、その影響を強く受けているということです。日本の戦前の官僚制、国家総動員の官僚制とGHQのニューディーラー、この二つの影響が当時の非常に大きな行政改革であった占領政策のなかでの著しい特徴になっていると思われます。

三番目はその後の傾斜生産方式の採用があり、経済復興のためにあらゆる経済資源が石炭と鉄鋼部門に優先的に投入されました。これを支えたのが、生き残った官僚統制システムと朝鮮戦争なのです。

いずれにせよ、戦後の復興はGHQの占領政策という外圧の下で、しかも結果責任が問われない官僚主導の政策の下で行われました。ここから情実と談合体質、つまり司法、立法および行政の不完全な三権分立がもやもやとしたまま今日に至り、わが国の自浄能力の欠如の根本原因につながっている、とある識者は述べています。

4 高度成長時代と国際社会への復帰

傾斜生産方式で国が立ち直っていった後の一九五〇年代後半から、わが国では神武景気、岩戸景気などによる奇跡の経済成長が行われました。高度成長時代のスタートは、一九六〇年の池田内閣による所得倍増計画です。官僚統制に馴染んだ当時の日本の社会で、誘導と指導によって官がつくった計画を実現していく官僚システムがきわめて大きな効果を発揮し、日本経済は七〇年代中頃までの間に急成長しました。そして一九六八年には、GNPで世界第二位になります。

たとえば造船、機械、自動車、石油などの主要産業では、選抜的な保護育成により、産業構造が著しく高度化したのがこの時期です。少し前に中国が日本から学ぼうとしていたのは、まさにこの時期のわが国の官僚システムなのです。

それから日本はアメリカの後押しにより、一九五五年にいち早くガットに加盟しました。六三年にガット十一条国になってから、貿易自由化が急速に進展したのです。そして日本は輸出ドライブをかけて、海外進出に伴い経済成長が著しく加速しました。輸出額が急増して貿易黒字が定着し、これによってオイル・ショックを乗り越えることができたのです。

ところが、一九七一年に金とドルとの交換が停止されるというニクソン・ショックが起きると、それまでドル三百六十円に固定されていた円が、スミソニアン合意で一挙に三百八円に切り上げられました。そして変動相場制に移行したのが、その二年後の七三年です。変動相場に移行して一ドル二百円台になり、ここから国際社会へ完全に復帰していったといえます。

5 ジャパン・アズ・ナンバーワンからバブルの崩壊へ

この頃が、国際舞台で日本がもっとも注目された時期です。八〇年代にエズラ・ボーゲルが日本の高度成長の秘密を研究して、『ジャパン・アズ・ナンバーワン』という本を出版しました。日本は異質性のある特殊な国であり、その異質性を理解した上でアメリカ経済の体質を改善しようというアプローチで書かれたものです。同じような切り口で当時、リチャード・T・パスカルとアンソニー・G・エイソスが『ジャパニーズ・マネジメント―日本的経営に学ぶ』を出版し注目をあびました。この頃はソニーの盛田昭夫さんが体験的国際戦略について書かれた本、『Made in japan』も出版された時期です。

ところが八〇年代の半ばになってくると、アメリカの対日貿易の赤字が二百億ドルを超えるようになり、日本に対するアメリカによる様々なかたちでの貿易交渉の仕掛けや要求がなされました。たとえば自動車、牛肉、オレンジ、半導体などの分野で日本の輸出を抑えて、市場を開放せよという要求が露骨になったのがこの時期です。

ここで日本異質論が攻撃的なかたちに変質し、いわゆる「ジャパン・バッシング」が起きてきたのが八〇年代の半ばです。ピークが一九八九年から九〇年にかけて行われた日米構造協議の頃です。そしてスーパー301条の制裁が発動され、これらが日米経済摩擦の象徴的な出来事でありました。

私がC&Lインターナショナルの仕事をしていた時に、ハーバード・ビジネススクールで世界の会計士を対象としたグローバル教育の特別プログラム策定に参加し、当時売り出し中のマイケル・ポーターの講演を聞きました。約五十人の聴講者の中で日本人は私だけでした。この頃がジャパン・バッシングの真最中であり、当時の日本政府の対応について、ポーターは私の顔を見て激しく語りかけてきたのです。その時の彼のワシのような目つきは忘れられません。本当に凄い目をして私に攻撃をしてきたことが強く印象に残っています。

それから一九八五年のプラザ合意となります。これは非常に重要な出来事ですが、G5の首脳によるプラザ合意が行われて、ドル安円高政策の為替レートに合意しました。プラザ合意の直前まで一ドル二百四十二円でしたが、一年後には百五十円台になり、これが今日に至る為替をめぐる状況につながっています。

その後プラザ合意以降の急激な円高と公定歩合の引き下げが行われて、やがて歯止めのきかないバブル景気につながったといわれています。そして九〇年代から株価が下落して、続いて一九九一年、九二年にはバブルが崩壊して、その後地価が大きく下落していったわけです。

6　グローバリゼーションの流れの中で漂流し、世界で孤立する日本
—「国のかたちの再生」とアベノミクスへの期待

今日のわが国の状況を考えるにあたってターニング・ポイントとなったのが、私自身のプロフェッショナルとしての区切りとなった八五年、九二年、九七年、〇二年です。

一九八五年には前述のプラザ合意があって、ドル安円高政策のための為替レートの合意がなされました。その直前まで一ドル二百四十二円であったものが一年後に百五十円台になりました。また国鉄、ＮＴＴなどが民営化したのも八五年です。ここで初めてコンピュータと通信が融合し、二十四時間のネットワーク体制の確立により世界が眠らなくなりました。これがグローバリゼーションの始まりで、まさに一九八五年、私自身が中央クーパース＆ライブランド

コンサルティングの日本側の代表に就任した年です。

一九九二年はバブル経済が崩壊して構造的なデフレ不況に入り、さらにはソ連の崩壊によって冷戦構造が終えんを迎えた年でもあります。また翌九三年にはＥＵ（ヨーロッパ連合）が発足しました。このように世界で大きな出来事があったわけですが、九二年から九七年までの私は、Global Organization & Governance Committee の日本代表などとして、Ｃ＆Ｌのインターナショナル・サービスへの対応と会計事務所のビッグバンを担当しました。

一九九七年は財政構造改革と金融制度改革、橋本内閣のもとで日本版金融ビッグバンがスタートしました。しかしその年のうちに金融危機が発生し、山一證券、北海道拓殖銀行などが破綻し、翌年の九八年に日本債券信用銀行、日本長期信用銀行がそれに続きます。そしてちょうど九七年の十月に、私は独立して霞エンパワーメント研究所を設立しました。

二〇〇二年は、その前年にダイエーホールディングスの社外監査役を退任し、私がＵＦＪホールディングスの社外監査役に就任した年です。〇三年四月にデフレ構造不況の下で、りそな銀行に公的資金を約二兆円投入するまで、平均株価が七千七百円割れでバブル後最安値を更新しました。その後三菱東京銀行との統合を経て〇九年六月までの七年間社外監査役として、金融の目線を通して多くのことを学ばせていただきました。

「Two Decades の蹉跌」の問題ですが、振り返ってみますと二十年前には世界の政治経済システムが大転換しました。一九九一年十二月にソ連が崩壊し冷戦構造が幕を閉じ、中国では九二年一月に鄧小平が「南巡講和」を行い、各地で改革・開放の加速を訴えました。日本は冷戦後、急激にグローバル化した世界に主体的に対応できず、今日まで漂流し続けて世界で孤立を深めました。

元京都大学の教授で一九九六年に亡くなられた高坂正堯先生が、九二年に出版された『日本存亡のとき』でこの時期のわが国のあり方について警告しています。私も高坂先生の本を読みましたが、「国際政治への関与を避けるわが国の孤立主義、国内主義は、冷戦構造の終えんで相互依存状態にある世界では極めて不利になるのであり、内政と国内政治構造面での思い切った改革なしには、日本が世界で生きていけないことはまちがいない」と明確に指摘されています。現在のわが国の状況から今にして思えば、これは国のゆくえについての〝遺言的メッセージ〟であると強く感じました。

ところで二〇一二年十二月の衆議院総選挙で民主党が大敗し、自公が三百二十議席超を獲得して政権を奪還しました。新しく発足した内閣で安倍首相は、すぐ日銀総裁に物価目標を要請し、「強い経済を回復」をめざして「アベノミクス」を提唱しました。

二〇一〇年一月の講演で民主党への政権交代の際の自民党に対して、私は次のようにコメントしました。

……オバマ政権の発足によって大きく変わろうとしている時代の潮目と、今後の米中の狭間で激しく揺れ動く世界に向けて、来たるべき厳しい状況に対峙するためにも、日本の政治の構造改革、つまり「真の二大政党の確立」が必要です。そのためにも、冷戦終えん後から理念なき連立や自らの延命策ばかりをくり返し、政権政党として劣化していった自民党の再生には、将来ビジョンを示す〝絶対の競争〟の視点が必要です。自民党にも、霞が関と癒着した族議員、老害化して政治理念の欠落した政治家たち、タイゾー化しブロイラー化した政治家たちをふるい落とし、志高く優れた構想力をもつ新しいリーダーの下での「真の保守再生」を期待したいものです。……

企業の規模が大きくなると、創業経営者も必ずしもジュニアを後継者にすることは難しい時代になります。ある程度企業が大きくなれば、後継者にふさわしい能力がなければ世襲は難しいのです。同じようにこれからのジュニア政治家たちは、本当に大丈夫なのかなという気がしてなりません。わが国における政治の家業化というのは、有能な政治家を育てる土壌ではないのではないかと思っています。場に対するすべての責任を引き受け、タイタニック号のような日本をどのようにして自らの責任で導いていくのか、という気概と覚悟を育てることは相当難しいことのように私には思えます。

このようなジュニアの中で、以前お会いした安倍晋三さんについて当時次のような印象を持ち、私の著書『続・価値創造のリーダーシップ』に書かせていただきました。

「残念ながら安倍晋三前首相はああいうかたちで退陣したけれども、政界の人で彼はめずらしく父親の背中を見て育った人物であり、絶対価値を持った人だなと思って期待していました。しかしながら今回の件は、何と言っても大臣に登用した人たちなどの取り巻きが悪かった。私の知人で夢をもった大変優秀な経営者も失敗したけれども、本人の経営姿勢や構想力はよかったのだが取り巻きが悪かったという同じ事例のひとつです」と。

二〇一三年一月に入り安倍首相は、所信表明で強い経済再生と脱デフレへ向けて、金融緩和、財政政策、成長戦略の「三本の矢」を掲げ、アベノミクス戦略がスタートしました。すぐ内閣支持率も七十％近くに上昇、三月に入って日経平均もリーマン前を上回り、株価は衆院解散後四十三％も上昇しました。さらにＴＰＰ交渉参加表明で成長への「開国決断」がなされ、日銀総裁にも黒田東彦氏が就任し、物価目標二％・無制限緩和へ向けて大きく動きはじめました。

現在このアベノミクス効果をめぐって、いろいろな評価がなされていますが、私は少なくともこれまでの〝カビ臭い空気〟を脱し、〝さわやかな青空〟が見えるようになったことだけは本当によかったと思っています。今までがひど過ぎました。そして新しくスタートした安倍体制にとりまきとして、現在のアメリカでも過去の遺物となった市場原理主義者など、行き場のなくなった〝おかしな人物たち〟が入らないことを心より祈りました。

また、この三月十一日には、東日本大震災・原発事故が発生してから二年が経過しました。しかし前政権からの政策が空回りし、復興予算も支出五十四%どまりと会計検査院に指摘され、避難生活を続ける人はなお三十一万人超、というひどい状態が続いています。私はまさに今回の東日本大震災・原発事故への政府および東電の対応こそが、「官僚コーポラティズム」の弊害の象徴だったと思っています。ダチョウ型人間のお粗末な想定と、原発事故初動体制の失敗は人災そのものであるからです。

その意味も含めて私が安倍新総理に期待したいのは、志高く優れた構想力をもつ政治的リーダーとして、「真の保守再生」をめざして国家基軸の構築による「国のかたちの再生」、さらに政治主導、脱・官僚主導による「官僚コーポラティズムからの脱却」であります。

5　日本とアメリカ─危機の本質（3）

① ブレジンスキーが読み解くこれからの大国間関係
─三つの地政学的課題と大統領の評価

カーター政権で国家安全保障問題担当の大統領補佐官を務め、現在もアメリカ民主党外交の長老として活躍するズビグニュー・ブレジンスキーが、『FOREIGN AFFAIRS』の二〇一〇年二月号で、「早急な対応を要する地政学的アジェンダ」として、具体的に三点を挙げています。第一番目が中東和平プロセスの再開と決着、二番目がイラン問題、三番目がアフガン・パキスタン問題です。この三つが対応すべき至急のアジェンダであり、さらに重要な大国間関係として描いているのは、ロシア、中国、ヨーロッパの三つの国と地域の関係であるとしています。

この中で重要なのは、「中国を経済的なパートナーとしてだけではなく、地政学的なパートナーとして扱う」べきことを指摘していることです。そして、オバマ政権はすでにこれを決めている、とブレジンスキーが明確に述べています。これが「米中G2体制」という考え方の基本なのです。

二〇〇九年七月下旬にワシントンで「米中戦略・経済対話」が開催され、ここで米中それぞれの生き残りをかけた激しい駆け引きが始まり、中国とアメリカを中心とした「G2体制」の新しいパワーゲームが動き始めました。私は前回の講演で、これは日米同盟にも大きな影響を与えることになると指摘しました。いずれにせよ、この「G2体制」が本格的に動き出すということは、時の流れで劣化していった日米関係の問題などどこかへ吹き飛ばしてしまい、アメリカと中国が連携して世界規模の経済対策、安全保障、環境問題に取り組むということであります。そして、この「米中G2体制」の考え方の裏にいるのがこのブレジンスキーなのです。

つまり、この流れによると北朝鮮の問題などは論外なのです。あくまでもイスラエルとパレスチナ、イラン、アフガン・パキスタンの三つが対応すべきアジェンダなのであって、北朝鮮問題も尖閣の問題も今は余計だということだろうと思います。しかも、本当にアメリカが中国を経済パートナーとしてだけではなく、地政学的なパートナー——本当なら東アジアでは日本がなるべきなのですが——として扱うと決めているならば、これは大変な問題です。しかもこの三年間、民主党時代の日本は国家としての体裁をなしていないということが、アメリカをはじめ中国など各国で明らかになっているわけですから、わが国は非常に厳しい状況を迎えているといえます。

この北朝鮮問題と尖閣問題は、内政面だけでなく外交面でも対立点を先送りにしたかたちでその成果を演出し、ある意味で「軟着陸型」のオバマ外交の象徴的出来事であると私は思っています。現在世界的にまったく相手にされなくなったわが国の与野党や官僚を含むリーダーたちは、長年にわたる米国債の保有問題を含めこの現実をどのように受けとめ、どのように対処しようとしているのでしょうか。

このブレジンスキーについて東京財団の渡部恒雄さんに以前尋ねたところ、「彼はポーランド人だから、ロシアと対峙したポーランド人の視線で世界を見る。それを除けば、彼の言っていることは正しいのではないか」とのことでした。この流れで見れば今回ブレジンスキーは、「旧ソ連については冷戦に敗れた事実を認め、帝国への過去のノスタルジアをモスクワが捨て去ることが、旧ソビエト地域の安定と民主化につながると提言する」と言っており、これなどはまさにポーランド人の目線といえるでしょう。またヨーロッパについても、「世界でどのような役割を果たすかについての内的なコンセンサスを持たない相手と、グローバル規模での純然たる戦略的協調を形成していくのは難しい」と厳しくコメントしています。

ブレジンスキーの前著である『セコンド・チャンス』―日本名で『ブッシュが壊したアメリカ』では、冷戦後グローバルリーダーになったアメリカが、自国領土の安全確保という明確な責務に加えて、それ以外に三つの使命を背負ったと述べています。一番目は、世界の軸となる勢力関係をより協調的なグローバル・システムというかたちで再構築すること。二番目が、テロ行為や大量破壊兵器の拡散の防止、世界の暴力の総和を減少させること。三番目には、格差社会の急速な広がりと環境問題に対して効果的取組みの実施とビジョンを提示すること。この三つが重要な使命だと説いています。

ブレジンスキーによると冷戦後の三代の政権は、これらの使命に対して充分対応できていない。ちょっと辛口なのですが、アメリカの国としてのソフト・パワーを喪失して、世界中でアメリカ離れが起こっていると彼は言っているわけです。ブレジンスキー曰く、政治のリーダーシップというのは個性の問題でもあり、知性の問題でもあり、組織の問題でもある。マキャベリが言うところの〝フォルトゥーナ〟―運命と偶然が織りなす神秘的な相互作用―の問題であると。アメリカ合衆国は三権分立の制度をとっているために、大統領は外交の分野で大きな自由裁量権を発揮できるのが特徴だと述べています。

これが二〇〇七年の著作で、ひとつの超大国アメリカの十五年の歳月、三人の大統領について十五年の長い視野に立って、先代ブッシュ、クリントン、ブッシュJr.のリーダーシップを評価・検証したものです。それをふまえて新しい世界戦略を提示して、彼は基本的には民主党をサポートしていますから、来るべき政権交代で二〇〇八年以降に訪れる「セコンド・チャンス」の可能性について述べたというものです。そしてもっとも新しいのが、先ほどの

『FOREIGN AFFAIRS』の記事です。

ところで二〇〇七年時点での大統領の評価で重要なのは、当時のクリントンに対するものです。クリントンは第二期で財政収支を黒字にしました。また、九二年頃からは軍事技術の民生化によりインターネットを開放し、現在のグローバリゼーションの基盤をつくることと深くつながりました。グローバリゼーションの波に乗って進取の気性に富む、三人の中で最も聡明な指導者だったという評価をしています。しかし同時に、外交政策においては一貫性を欠き、核拡散を阻止することができなかったとも述べています。これは、九〇年代の北朝鮮の核開発問題での中途半端な姿勢などを指すものでしょう。

私は、これは的を射ていると思います。これが現在の北朝鮮の核を用いた瀬戸際外交の放置につながっているわけです。また先ほどご紹介したロバート・ラックの記事でも、歴代の大統領でもっともアメリカン・コーポラティズムに近いのはクリントンだと指摘されています。やはりオバマはその流れ、いわゆる外交のダブルスタンダードなどを確実に継いでいるのだと思います。私は以前にも指摘しましたが、オバマ外交は完全にダブルスタンダードだと思います。中国に対しても、北朝鮮に対しても、日本に対しても、それが見受けられます。

また、今回のブレジンスキーの指摘で重要な指摘だと感じたのは、複雑化する世界環境の中で、知的で決意に満ちた外交政策を阻むシステマティックな問題が三つあると指摘している点です。

その一つが、アメリカ政治における外交ロビーの影響力の高まりです。サンフランシスコでは中国系の市長が誕生し、ロサンゼルスでも多くの中国系議員が増えていることは、先ほどお話しした通りです。現在、かなり多くの中国人がアメリカに存在しています。ただいるだけならいいのですが、彼らは活発にロビー活動を展開しています。

二〇一二年の十二月に、ダニエル・イノウエという古参の上院議員が亡くなり、オバマ大統領までが葬儀に参列しました。これまでの日系社会のシンボルであった人物がいなくなり、これからどうやって日本人および日系人がアメリカの中で存在感を示していけるのか、これからは非常に難しいと思っています。

二番目は、イデオロギーの違いに派生する二極化を背景にして、アメリカの議会がねじれによって与野党の対立が激化し、いわゆる超党派の外交政策が成立しにくい環境にあることです。

三番目には、主要な民主主義国の中で、世界の出来事に対する市民の関心が最も低いのがアメリカであるという事実です。私の体験からも、確かにアメリカ人は田舎者的な人間が多く、一部の特殊な人を除いて世界どころかアメリカも知らない。アメリカ人の多くは基本的な世界の地理についてさえうまく把握していないし、他国の歴史とか文化の理解が乏しいということを問題視しています。

オバマについては、ブレジンスキー自身が彼のブレーンだということもあって高く評価しており、「オバマは本能的に和解と調停を重視していくタイプの指導者だ」と言っています。前述のアメリカン・コーポラティズムの視点から、私はかならずしもそうは思いませんが……。また「国際政治の難しい現実の中でリーダーシップを発揮するには、外国政府の反対を克服し友好国の支持を勝ち取り、必要ならば敵対国と本格的な交渉を試み、時にはアメリカが強硬策をとることが適切な相手からも尊重を勝ち取るような毅然とした決意が必要だ」とも述べています。現にオバマ大統領は周到な計算と演出で、単にライバルを潰すような相対の競争をくり返し、さらに「債務上限問題・財政の崖問題」により削減してはいけないものまで削減することによって、世界的に外交上の混乱を引き起こしてしまっているのではないでしょうか。

2 オバマはいつまでもつのか？―超大国アメリカの衰退

二〇一〇年に入ると、前年六月のオバマ大統領による金融規制改革案提示から、唐突に「ボルカー・ルールの導入」の発表によるウォール街への宣戦布告があり、そして最終的に七月には金融規制改革案を骨抜きにするかたちで「ドッド・フランク法」が成立しました。この時点でのボルカー・ルールの突然の提示は、その背景に政治的意図があったともささやかれ、その後の金融界の強烈なロビー活動などにより、ＦＲＢの金融機関に対する監督権限の剥奪やデリバティブ分離案などを骨抜きにすることで、結局は金融界の保護につながり、さらにウォール街とワシントンの結びつきも再強化されたともいわれています。

続く八月にはバーナンキの量的緩和第二弾（ＱＥ２）が実施され、国債購入に軸足を置いて経済全般にマネーを供給することとなりましたが、同時に財政悪化のための予算成立に目処が立たず、カリフォルニア州が再び「借用書」を発行するという事態にも至ります。こうした危機的な流れの中、九月に入るとオバマ大統領は追加景気対策を発表し、大統領選挙に向けて雇用創出イメージの演出に躍起となります。しかし、十一月の中間選挙ではオバマ民主党が大敗し、若者やマイノリティの民主党離れが鮮明となりました。ＦＲＢは追加緩和策として米国債六千億ドルの購入を発表しますが、米の金融破綻百四十三件と十八年ぶりの高水準となり、金融緩和による景気回復をめざすものの、米経済の構造上の問題や雇用に不安を残すこととなりました。

翌二〇一一年三月には、暫定予算延長を何とか可決して政府機関窓口の閉鎖は回避しましたが、七月に入るとアメリカの景気先行き不透明感が増大し、失業率も九％台が続きます。抜本的景気対策が欠落するなか、メディアは米の雇用情勢を「危機的状況」と煽り立てました。

民主党と共和党との間で対立を深めた米債務上限上げ問題は、八月上旬に赤字削減十年で二・五兆ドルとギリギリで大枠合意しましたが、直後に初の米国債の格下げがあり、基軸通貨ドルの信認に大きな傷がつきました。同月にはＦＯＭＣが大幅な金融緩和の期限を設定するという苦肉の策に踏切りますが、財政懸念は払拭されず米欧株の下落が続きます。

こうした危機的な状況にもかかわらず、上下両院のねじれ状況が続く米議会の機能は低下し、法律成立ベースが「歴史的低水準」となります。国民の雇用への不安はオバマ批判へと向かい、支持率も初の四十％割れとなりました。大統領選を翌年に控えて政治家が政争に明け暮れる中、ＦＲＢも打つ手を縛られ次第に金融政策の限界を示すこととなりました。

そんな中十月に入り、「反ウォール街」を掲げる金融界への抗議デモが勃発します。これはすぐ世界に波及し、香港、ロンドン、ローマなどでも見られるようになりました。また自治体の破綻も続々と生じ、「地方発もう一つの米債務危機」が鮮明になってきます。景気回復でも実体経済が失われた米経済の構造要因は根深く、雇用改善への険しい道が続きました。

財政と経済の危機が連続し、しかも下院で多数を占める共和党の執拗な攻撃を受ける中で、十一月に入るとオバマ大統領は事態の打開を外交戦略の転換に求めます。共和党政権が主導してきた対テロ戦に区切りをつけて中東の泥沼から足を抜き、アジア太平洋に軸足を移すことを表明したのです。十二月にはイラク戦争の終結宣言を行い、「民主化」への成果を強調するとともに、国防予算もアジア太平洋を最優先に配分すると発表しました。これは、八方ふさがりのアメリカに突如降って沸いたシェールガス革命などによって、エネルギー政策でかならずしも中東に依存する必要がなくなった流れの下での大転換だとささやかれていますが、果たしてそれが世界のリーダーのとるべき態度といえるでしょうか。

選挙の年である二〇一二年に入ると、経済や内政でも大転換に踏み切ります。USTRなどの統合提案・貿易・商業六機関とする旨、さらにアジア優先と同時に予算の「選択と集中」を加速し、米国防費を五年で二十兆円減らすと発表。その後も、アフガン駐留米軍の戦闘任務を来年半ばに終了、声高にイラン攻撃を主張するイスラエルへの牽制発言、シリア内戦への武力介入の否定、と次々に中東からの〝足抜き〟姿勢を鮮明にしていくのです。

経済では、雇用の回復が進まないながら、GMやキャタピラーなどの「勝ち組」が新興国を握って最高益を更新し、二〜三月には緩和マネーが牽引する形で株価が世界で同時高となります。IT業界や銀行株がアメリカの「金融相場」にけん引され、NY株が四年二カ月ぶりに高値を記録して、資金調達や消費では好循環が見られるようになりました。さらに九月に入るとシェール油田の開発によってアメリカの原油生産急増が伝えられ、さらには量的緩和第三弾として国債の購入総枠に期限設けずの追加緩和があり、FRBが初めて雇用に踏み込むこととなりました。そして緩和マネー流入への期待からNY株は高騰、十月上旬には〇七年十二月以来の高値となりました。

このような流れの中で実施された十一月六日のアメリカ大統領選挙では、オバマ大統領がかろうじてロムニー氏をかわして再選します。しかし、雇用創出の具体案が見えないことから、NY株が急落してオバマ氏に市場が冷や水をあびせました。さらに米議会のねじれは残存したままで、「財政の崖」問題に対してオバマ大統領は世論工作に躍起となり、十二月末にギリギリのところで「財政の崖」回避の法律が成立しましたが、相変わらず統治の危機は脱せないままの状況が続きました。

二〇一三年一月に入っても、このような財政問題が重荷となって米雇用回復はなお重く、オバマ大統領は米財務長官に財政政策に精通したルー氏を登用します。そしてヒスパニック人口が三割へと、存在感を増す少数派勢力が増加する中で不法移民に対する制度改革を検討し、市民権に道を開いて中南米への配慮をしました。

二月に入るとアメリカでは、シェールガス・オイル革命でアメリカの影響力が一段と強まり、三月に入ると業績改善も追い風となって、資源大国、米の復権、雇用拡大を期待して世界からアメリカに資金が流入し、NY株は五年ぶりに最高値となりました。この大手企業復活、シェール革命、緩和マネーを背景にして、米景気も緩やかに拡大し、住宅状況、消費も堅調で高額消費にも動きが出てきました。しかし米雇用改善には依然としてムラが残り、回復六合目で失業率など不安の状況が続いていると報道されています。

第二期オバマ政権の国務長官に就任したケリー氏は「米中関係強化が不可欠」と語り、オバマ政権は中国との対話外交を探ることとなります。そこに突如吹き上がったのが、唐突ともいえる北朝鮮の強硬姿勢でした。一月に入って六カ国協議の存在を否定し、新たな核実験を予告してウラン型核兵器への警戒が広がります。これを受けて、図らずもアメリカにおける太平洋地域への関心は高まることとなっていくのです。

3 アメリカン・コーポラティズムの漂流

次に「アメリカン・コーポラティズムの漂流」という観点からお話ししたいのは、債務上限問題と財政の崖問題の影響の下で、オバマの弱腰外交が世界各地に大きな波紋を投げかけ、近年の超大国アメリカの衰退の象徴となっていることです。

オバマ大統領は黒人初の大統領として、アメリカをCHANGEして夢と希望を与えるかたちで登場し、リーマン・ショック後歪んだ体質を是正する絶好の位置からスタートしました。本来ならば多くの国民が失業と低賃金で苦しんでいる中で、「変革への挑戦」により雇用機会を増やして賃金を引き上げる政策を最優先すべきだったはずです。

ところが就任早々のトヨタ車リコール問題に端を発した異常な〝トヨタ叩き〟やGM再上場

とその後の結末、前述の金融制度改革をめぐって「ドッド・フランク法」の成立まで、短期間で余りにも大きな変化と迷走が見られました。

それをふまえ私は以前の講演で、ズビグニュー・ブレジンスキーの大統領のリーダーシップの評価を参考にして、私は「オバマ大統領はインテリジェンス演出型、高感度調整型の〝相対の競争〟をめざすリーダーである」と評価しました。私はオバマ政権のこの四年余の動きを見ていて、CHANGEを標榜したオバマに欠けていたものは、〝絶対の競争〟の視点であると思っています。現実に実施して来たのは金融緩和のみで、実体経済はまったく変わらず、雇用・失業率に構造的な問題を残し、格差も拡大しています。

いずれにしても、選挙目的のため方針転換して同性婚を容認するなど、場当たり的なリアクションが多く、ライバルを叩くという相対競争的なアプローチが致命的失策だったと私は思います。それが、これまでの債務上限問題や財政の崖問題に集約されていると思います。アメリカの経済悪化の根は深く、オバマ流のアメリカン・コーポラティズムは、財政赤字の煽りを受けて配分できる財源が欠乏し、漂流してしまっているといえましょう。

さらにこのことが内政問題だけでなく、外交問題にまで大きな影響が出てきております。二〇一〇年四月にオバマ大統領は「核体制の見直し」の公表に合わせて、新規核開発の停止を自らの言葉で宣言しました。二〇一一年五月にビンラディン容疑者とされる人物がオバマ大統領の指示で急襲・殺害され、その正当性をめぐり大きな波紋が広がりました。極めつきは二〇一二年二月の米露首脳会談の密談が洩れ伝わったことです。「再選なら柔軟に対応」というオバマ氏のささやきが波紋となって、「弱腰」批判が噴出しました。

また四月に国防予算の強制削減にアメリカ政府も具体化に着手して、シリア問題にアメリカが距離を置いて国連監視団が解散しました。そしてオバマ大統領は国連総会を一日で切り上げるなど、「外交深入りせず」の姿勢を貫き通すようになりました。北朝鮮問題については、二〇一二年一月に「北朝鮮刺激せず対話再開」という流れをつくり、あげくの果てに四月の北朝鮮によるミサイル打ち上げ失敗、また十二月の長距離ミサイル発射を背景として、オバマ外交に対する批判がかなり強まりました。しかし北朝鮮は二〇一三年二月に、国際社会の制止を無視して核実験を強行し、米中は強行を妨げず核実験に成功することとなり、核拡散阻止への正念場を迎えました。

いずれにしてもバランスをとりながら、左派・右派双方にメリットを与えるかたちで資金を貧困層にも富裕層にも撒きながら、最後は自分たちの利益を守るのがアメリカン・コーポラティズムですが、いまや分けるパイがなくなっているのです。債務上限問題や財政の崖問題などはその現れです。二〇一一年七月に債務問題が表面化し、八月上旬にギリギリで法案が通りましたが、その後予算を削らなければならないために国防費が削られていきます。アメリカ自身が世界中で紛争を引き起こしておきながら、自ら強引な幕引きを行いそれによる影響が各地で起きています。

欧州危機に対しても、アメリカは大規模な拠出には反対しました。また、国防費は五年間で二十兆円減らすとも言っています。さらにはシリア問題に対しても距離を置き、国連監視団を解散させました。先ほどのブレジンスキーによるグローバルリーダーとしての使命からすれば、現在のアメリカのやり方は内向きで自国の利益を追求するばかりで、とても認められるものではありません。世界のリーダーとしてやらなければいけないものは、万難を排してやらなければならないのです。しかしブレジンスキーの言うように、アメリカ国民は世界のことには関心がありません。こうなるとこれから私たちは、もう大変な時代を迎えるのではないかと思っています。

二〇一二年の暮れに実質増税と歳出削減で失速感をなんとか乗り超え、この三月にも債務上限額も引き上げるということで一度は合意に達しましたが、財政再建などの政策はつぎはぎ状態が続き、決められない政治が深刻化しています。財政再建に向けて抜本構造改革を先送りし、二〇一三年の二月には歳出強制削減が発動され、常に暫定予算も失効が迫っている状態が続いています。

二〇一〇年七月にトヨタ急加速問題をアメリカ当局が記録解析したところ、多くが運転ミスということになりました。そして八月にはアメリカの運輸省調査中間調査結果で、「欠陥はない」との主張が裏付けられたのです。そして、当時アメリカで低迷するトヨタを尻目にGMは好業績を続け、それに伴ってオバマ政権の成果が強調され、なんと十一月にはGMが再上場するという、あまりにも出来過ぎた流れとなったのは前述のとおりです。

さらに二〇一〇年四月には、SECがサブプライム危機の引き金となったCDO組成と販売でゴールドマン・サックスを提訴しますが、二〇一〇年七月に上院でまさに「ドッド・フランク法」が可決された二時間後に、SECはゴールドマンとの間で和解成立を発表しました。これらはあまりにも計算されつくされたタイミングといわざるを得ません。私はオバマ大統領に、「計算しまくらちょこも度を過ぎてはいけません」と申し上げたいと思いました。その意味から、アルカイダとの戦いの中でビンラディン容疑者とされる人物を急襲・暗殺したタイミングも、このような国際情勢の流れの中でやっていたのかなと思っています。

いずれにしても、これらの動きの中で急速に進んだのが、日本のTPP参加とTPP交渉の年内妥結への既定路線です。オバマ政権は、北朝鮮の核実験や中国によるサイバー攻撃の問題、さらには日中の尖閣問題にたびたび言及することで中国を牽制しながら、日本に海兵隊やオスプレイなどを配置すると同時に中国をより広い議論の場に引き出そうとします。それは、あたかもブレジンスキーが提唱する「米中G2」体制構築への槌音を聞くかのよう、と感じるのは私だけでしょうか。日本とアメリカの問題は、「アメリカン・コーポラティズムの漂流」の影響で、残念ながらもはや中国とアメリカの関係を抜きには語れなくなりつつあるのです。

4 欧州ソブリンリスクとEUの迷走

二〇一〇年一月に発生したギリシア信用不安問題は、またたく間にEU全体への信用不安となり、世界で同時株安を惹起しました。EUでは緊急首脳会議でギリシア支援の合意をまとめましたが、ギリシア国内ではその代償となる緊縮策に反対するゼネストに三百万人が参加するなど、欧州では大混乱の幕開けとなりました。

四月に入るとすぐにギリシア国債の格下げが行われますが、EUの信用不安はさらに拡大し、スペイン、ポルトガル国債も格下げとなりました。五月にはイギリスで十三年ぶりの政権交代があり、新たに誕生した保守党のデービット・キャメロン首相を迎えてEU緊急首脳会議が開催され、ユーロ防衛に向けた基金の創設やギリシア支援などが承認されました。そしてギリシア政府も緊縮策と引き替えに緊急融資を受け入れることで、「五月危機」はひとまず回避することとなりました。

しかし、続発する金融危機にモグラたたき的な対応を繰り返してきたEUでは、信用不安が実体経済にも波及していきます。六月には欧州市場では二〇〇六年三月以来の安値となり、財政危機が金融不安に波及するようになります。そしてそれが景気を下押しする流れの中で、不良債権処理の遅れや隠蔽されてきた実態が市場の疑念を増幅し、開示の遅れ、金融損失の拡大も問題視されるようになっていくのです。七月に入って欧州銀の資産査定基準に甘さがあり、手法の一貫性も不透明との評価となり、欧州金融機関の不安が再燃しました。その後ギリシア、ポルトガル、スペイン、さらにはアイルランドまで国債利回りが急上昇し、信用不安の火種が欧州ソブリンリスクとなって再燃しました。

翌二〇一一年には、二月にギリシアに金融支援第四弾が実行され、三月に入るとギリシア国債は三段階下げ、さらにポルトガルの財政不安が再燃して四月にポルトガル金融支援が決定しました。五月に入ると欧州景気の南北格差が鮮明となり、六月にはギリシアの債務危機が緊迫して首相が辞意表明するに至りました。七月に入っても欧州財政不安がスペイン・イタリアに波及し、欧州銀の資産査定後も不安が続き、ギリシア追加支援の合意がなされましたが、ギリシア国債が「事実上の債務不履行」と認定されました。

九月に入ると、中国が「欧州国債の購入継続」を表明しましたが、欧州の銀行間金利が上昇し、財政不安、景気減速、金融損失の欧州三重苦の状況となります。このような流れの中で、大手銀行デクシアが破綻して仏・ベルギーが救済することとなりました。結局デクシアは解体され手厚い支援で国有化されますが、これを機に銀行資産の再点検、資本増強などが検討されました。

十一月に入り、欧州中銀総裁に初の南欧出身のドラギ氏が就任しましたが、改革が進められるなかでも市場からの攻撃の手は止まず、イタリアへも不安連鎖が波及し政局も混乱しました。そして欧州危機対応が後手となりイタリア首相が辞任を表明するに至り、イタリア国債が「危機水域」としてＥＵが財政監視に着手することとなり、さらにフランス国債にまで懸念が波及することとなりました。

ギリシアについても十一月に国民投票は回避され、首相辞任とともに包括策が議会で承認されましたが、ギリシア投票を巡り国内外で批判が巻き起こりました。これらの債務危機が東欧のハンガリー、スロバニアにも波及し、十一月にハンガリーが金融支援を要請するに至りました。さらにドイツでも市場がユーロ圏への不信を反映して、ドイツ国債「札割れ」と利回りの上昇が見られるようになりました。

このような流れの中で、ユーロ十七カ国を軸にＥＵ首脳会議で、三段階で三月をめどに財政規律を強化するための新条約が検討され、ＥＵ首脳は債務危機対応で合意しましたが、新条約をめぐって英と独仏が鋭く対立し、「英が提訴」観測が浮上するなどＥＵ内の対立が鮮明となりました。英の孤立などを背景にユーロ崩壊も頭をよぎり、そしてＣＤＳの支払い業務が米銀に集中しているのではないか、連鎖的に損失拡大を招く恐れも拡大し市場が身構える日々が続きました。

二〇一二年も二月に入るとギリシアにまた追加支援論が浮上し、欧州企業の減速感が強まり債務危機が実態経済に影を落とすことになり、ユーロ圏の失業率は最悪を更新しました。このような中で、金融安全網が八千億ユーロに拡大することでユーロ圏の合意がなされ、四月に入って薄氷のＩＭＦ増強は危機封じへ四千三百億ドル超で合意されました。欧州の製造業の南北格差がさらに鮮明となり、南欧銀行の不良債権比率が高水準に推移しました。

五月には仏大統領にオランド氏が就任し、十七年ぶりに左派政権が誕生しました。欧州では「成長重視」の仏新政権に注目が集まりましたが、ギリシアで連立与党が大敗してギリシア再選挙が行われることとなりました。スペインでは大手銀バンキアの国有化と金融十六社の格下げがあり、経済不振の連鎖でマネー流出が止まらず、移民も逃避するなど深刻な事態が続きました。一方のギリシアも六月の再選挙で緊縮派が勝利し、瀬戸際で「緊縮」の選択をしましたが、欧州市場はなお不安定でスペイン国債が再び危険水域に入りました。

欧州において厳しい状況が続く中、同じ七月にイギリスで銀行間金利に不正操作の疑いでバークレイズの会長とＣＥＯが辞任し、英中銀の関与の可能性も問題となりました。ＬＩＢＯＲ不正操作問題は、すぐドイツ、スイス、フランスへと飛び火し、さらにユーロ圏やオランダまで疑惑が拡大しました。そしてＬＩＢＯＲ仕組みに問題があることを英米で二〇〇八年から認識しており、ＬＩＢＯＲ操作を〇八年に把握していたのに当局が放置し不正を助長させたとの報道もなされました。

その後スペインなどでは州政府からの救済要請が相次ぎ、財政再建、資金枯渇の懸念が出てくる流れの中で、二〇一二年末から二〇一三年の初めにかけ、地中深く押し込められていたマグマが動き出します。欧州における「静かなる独立運動」として英国のスコットランド、スペインのカタルーニャで、政府に不満をもつ独立派を中心として大きな動きが再燃しました。またイギリスのキャメロン首相が政策協調を拒むなどイギリスとユーロ圏の亀裂が深まり、イギリスの葛藤の中で「ＥＵ残留」の首相が板挟みとなり、ダボス会議でキャメロン首相が「離脱を問う国民投票表明」をして、新年早々から欧州は大きく揺れ動きました。

欧州での金融危機が沈静化しマネー回帰も見られるようになりましたが、スペイン首相の不正資金疑惑で南欧株が急落。その影響でユーロが急落し、改革停滞、不安が再浮上して、イタリア・モンティ路線も黄信号となります。三月に入って実施されたイタリア選挙で「反緊縮」が躍進し、反緊縮の波及の恐れ、改革の後退懸念から南欧が再び長期混乱の芽となりつつあります。このイタリアの混迷・迷走は欧州ソブリンリスクに拍車をかけることとなり、さらに三月にはキプロスでも金融危機が発生しました。

そもそもEUの成長モデルは、後進国である東欧や南欧の諸国を取り込み、この地域の開発に集中的に投資することでしたが、EU加盟にあたりゴールドマン・サックスによる巨額の粉飾が明らかにされたギリシアだけでなく、後進国を脱したと考えられていたスペインやG7の一画を担うイタリアまでが、その財政的、経済的基盤の脆弱さを露呈することとなりました。危機に直面してもいつも小出しの対応しかできず、大欧州自体が迷走して、いまにも分解してしまうのではないか、といわれた時期がこの三年間であったと思います。

いずれにせよ、「唯一の超大国」から転落したアメリカのドル、それに対抗しうるもうひとつの基軸通貨ユーロが、統合優先、粉飾見ぬふり、甘い資産査定など欧州ソブリンリスクの構造的問題を反映して、共にその信頼性に大きな疑念を生じさせました。シェール革命によって、エネルギー鎖国に向かうアメリカは中東での手仕舞いを急いでおり、その空白をEUが狙うという構図ができあがりつつあります。地球の裏側の太平洋地域における「米中G2」態勢への要請は、こうしたEU情勢とも密接に絡んでいると私は思っています。

5 中東情勢の混乱とジャスミン革命

二〇一〇年の八月にバーナンキの量的金融緩和第二弾（QE2）が実施され、国債購入に軸足を置いて経済全般にマネーを供給することとなり、実体の裏づけのないドルの過剰流動性を生み出し、その後十一月から食料・石油の高騰、中国、ブラジル、インドなど新興国へ資金が流入しました。私が前回の講演で指摘したように、二〇一一年二月に世界の食料価格が最高値となり半年で三十七％高騰したわけで、アメリカ側は認めていませんが状況証拠的にはこのことが結果的にその後の中東動乱の引き金を引いてしまったと思います。こうした動きは、まさに他国の痛みなどわれ関せずの米国中心主義の象徴的出来事だったといえます。

中東情勢の動乱は、二〇一一年一月のチュニジア政権の崩壊から始まり、すぐエジプト全土にデモが波及し、民衆の力によって二月にムバラク大統領が辞任しました。そして中東民主化デモは、サウジ、モロッコ、バーレーンと急速に中東各地に波及し、リビア首都も混乱します。三月に入るとNATO軍によるリビア空爆が始まり、サウジ、シリアも動揺して原油も急騰しました。このような中で五月にビンラディン容疑者とされる人物がオバマ大統領の指示で急襲・殺害され、アフガンでも七月に大統領の弟が殺害されて治安が再び悪化します。

十月には逃亡中のリビアのカダフィ大佐が殺害され、リビア全土に解放宣言がなされました。恐怖統治を武力で打倒するという動きは、シリアからさらにイエメンに連鎖し反体制派のデモが強まる中で、イエメン大統領が三カ月以内に辞任することとなりました。十一月に入って「イラン、核疑惑に回答を」とIAEAが決議を採択し、それを受けてイランで英大使館襲撃事件が発生し、イギリスが大使館閉鎖の通告をするなど欧米との対立が深刻化しました。そしてアメリカによるイラン原油輸入削減への働きかけ、ＥＵによる資産凍結などイラン制裁が強化されたのです。

このような流れの中で十二月になると、オバマ大統領がイラク完全撤収、イラク戦争終結宣言をし、「民主化成果」を強調しました。イラク戦争による混迷八年、シェールガス・オイル革命の追い風を受けるアメリカは、今後の中東に国益を見出せないということなのでしょう。これを受けてイラク宗派対立が緊迫し、相次ぐテロ、治安が再び悪化するという事態を迎えました。アメリカン・コーポラティズムを外交の世界にまで持ち込み、世界のリーダーとして、〝絶対の競争の視点〟を欠落させたオバマ大統領のやり方はこのままでよいのでしょうか。いずれにせよ、オバマ外交は引き続くテロにより理想がかすむ現実に直面し、アジア重視にも影を落とさないはずがありません。

二〇一二年の中東情勢は、一月に入りイランと欧米の緊張が一段と強まるかたちで推移しました。そしてＥＵがイラン原油禁輸をめぐって応酬する中で、イランも核交渉で主導権を狙い強気姿勢を崩さず、ウラン濃縮を加速しＩＡＥＡが「深刻な懸念」を示し、イスラエル大統領が「イラン攻撃排除せず」と会見しました。しかし三月に入りイランが核で譲歩表明し、ＩＡＥＡに鉱山などの査察を容認し、そして五月にイランは核検証を巡りＩＡＥＡと何とか新枠組みに合意しました。

シリアを巡って五月には、安保理が緊急会合でシリア砲撃「非難」を声明し、欧米諸国はシリア大使に退去要求をする流れの中で、六月に入り国連高官は「シリアは内戦状態」と認識し、オバマ外交は手詰まり感を示しました。シリア大統領は「真の戦争状態」と声明し、シリアの戦闘停止は遠のきました。七月に入るとシリアで、治安中枢を狙った爆弾テロで国防相が死亡し、オバマ大統領は「シリア制御利かず」とロシアに協力を要請しました。

そしてシリア化学兵器使用懸念からアメリカとイスラエルが反発し、シリア政権側も総力戦で反体制派に反撃を加え、シリア全土に内戦が拡大しました。これらの流れの中で、八月に入りアナン特使が辞意を表明して、シリア情勢は不透明さを増すことになり、さらに国連監視団が解散してシリア問題にアメリカが距離を置くこととなりました。

九月に入って「イラン核」への強硬論として、イスラエル単独攻撃の観測が浮上しました。そしてリビアの米領事館が襲撃され、駐リビア米大使が死亡しました。そしてイスラム圏のデモが暴徒化して各地で衝突が相次ぐようになり、抗議デモの標的が英独大使館や民間施設へと広がりました。さらに十一月に入ってハマスとイスラエルで衝突が拡大し、イスラエルは一月の総選挙を控え強硬でガザ侵攻へ準備を進めることとなり、三年ぶりに中東が緊迫しました。侵攻回避へ瀬戸際の外交が行われ、エジプトの仲介によって地上戦をかろうじて回避して、イスラエル・ハマスの薄氷の停戦合意となりました。ちょうどこの時期に私自身、先ほどお話をしたアメリカ西海岸で息を飲むやりとりを目撃していたわけです。

そして「パレスチナに春を」とアッバス議長が国連支持を長年訴え続けて来ましたが、ちょうど同じ時期にパレスチナが「オブザーバー国家」となり、自治十八年の悲願への節目となりました。このパレスチナの「国家」格上げは、これからの中東での力学に大きな変化をもたらすこととなると思われます。

二〇一三年に入り、シリアの内戦はアサド政権の命数を数える段階に進みました。直近の情勢では政府軍の化学兵器使用をてこに、反政府勢力への武器供与が日程に上ろうとしています。しかしこれら一連の動きはすべてEUが主導するもので、オバマ政権はその要請に応えるかたちで口先だけの介入を行っています。イラン攻撃についてイスラエルに釘を刺しているのも、戦端を開くならアメリカが中東からいなくなってからにしろ、ということなのでしょうか。すでにアメリカの足はかなりの程度中東から抜けつつあるのです。

さらにこの一月には、フランスがマリに軍事介入し政府軍を支援し、北部も空爆するなどイスラム過激派へ圧力をかけることとなりました。そしてマリ空爆への報復からかアルジェリアで邦人が拘束され、アルジェリア軍もテロ対策を優先し強硬姿勢を崩さず、軍事作戦事前通告なしで犠牲いとわぬ制圧四日で軍が急襲し、多くの犠牲者が発生し世界に衝撃を与えました。

この事件の背景には、テロの連鎖拡散を警戒したアメリカの関与の減少の影響の下で、統治の空白を突きイスラム過激派が拡散し、武力勢力が砂漠を縦横に動きまわり、北・西アフリカに危うさが生まれるようになったことなどが指摘されています。フランスによる今回のマリ介入は、早期の権限移譲を狙ったものといわれています。対武装勢力に影薄める米国に対して、権益をにらんで仏中が台頭する流れの中で、石油・ガスの要であるアルジェリアもからんで、欧州資源戦略に暗雲がたち込めるようになりました。

三月にはイラク戦争十年を迎え、石油生産が回復し投資に活気も出てきましたが、中東情勢の混乱、閉ざされる和平の道は続き中東和平に切り札のないまま、アメリカは関与低下を模索する中で落としどころに悩む日々が続いています。またイスラエルで右派、中道の連立政権が発足し、イラン核問題も外交による解決を探る方向で米・イスラエル首脳が一致し、アメリカのアラブでの影響力低下のもとで、イスラエルとの関係を修復するなどアメリカの中東政策は綱渡りが続きました。

最後に私どものフォーラムの顧問をされている米倉誠一郎先生が、最近『創発的破壊―未来をつくるイノベーション』という本を出版され、ジャスミン革命について述べています。「個々の小さな行為の総和が想像を超えたパワーや結果を生む事を〝創発〟という。中東、チュニジアやエジプトで起きたジャスミン革命も強力なリーダーや革命組織の存在があったのではない。

自由や民主化というビジョンに向けた個々人の小さな行動が、ツイッターやフェイスブックを使って増幅され、打倒不可能といわれた体制を崩壊させたのである。今の日本に必要なのは、この静かなるジャスミン革命である。このパワーを〝創発的破壊〟と呼ぶ。この概念が世界も変える力なのだ」と指摘されています。

二〇一一年春に勃発した中東における、いわゆる〝ジャスミン革命〟は、スマートフォンなどのＩＴ機器をそのツールとしていたことが知られています。そうであるならば、その技術と文化の発信地であるアメリカが、革命を主導したと捉えることもあながちこじつけとはいえないでしょう。二十世紀末に始まったＩＴ革命と、近年のシェールガス・オイル革命は、思いもかけないかたちでいま世界史を大きく動かそうとしているのかもしれません。

6 中国の台頭と東アジア領土・領海問題

オバマ政権誕生から半年が過ぎた二〇〇九年六月頃から、アメリカの財政悪化を受けて新興国を中心として米国債保有を減らし、米ドル中心の外貨運用をその他の資産に置き換える動きが現れました。六月中旬にロシアのエカテリンブルグで開催されたＢＲＩＣｓ首脳会議では、金融危機に対応するための協力体制の構築や、米ドル基軸の現行通貨体制の見直しの必要性などが話し合われました。こうしてアメリカの財政危機が政治課題として急浮上し、七月下旬にワシントンで「米中戦略・経済対話」が開催され、中国とアメリカを中心とした「G２体制」によるドルの基軸通貨維持などを巡る新しいパワーゲームが動きはじめました。

二〇一〇年九月に発生した尖閣沖海保船接触問題は、まさにこのような米中をめぐる新しい流れの中で起こりました。日本政府が対応にもたつく間に、中国政府は謝罪と賠償を要求し、中国では大規模な反日デモが煽動されます。そしてその機を伺うかのように、十一月にロシアのメドベージェフ大統領が国後島を電撃訪問し、領土問題にさらなる難題を投げかけました。これらの一連の出来事は、私の目から見れば新しい「G２体制」の流れの中で、この問題で中国に貸しをつくろうとした当時の少し赤みがかった菅政権中枢と、国としてのガバナンス体制欠落の足元を見た〝露・中あうんの行動〟としか思えません。

二〇一一年の一月に中国のGDPが世界二位となり、世界中に成長と共にリスクを与えることが確実となりました。三月に開催された全人代二〇一一で、中国国防費は十二・七％増と公表されました。二〇一一年の七、八月頃になると海洋権益に膨張する中国の動きとして、「南シナ海衝突排除せず」と中国軍に強硬論が浮上し、南シナ海のせめぎ合いが激化して周辺国が身構えるようになりました。十月に入り南シナ海の行動規範づくりに、アメリカはASEANに同調する旨公表しました。そして米海兵隊をオーストラリアに分散駐留させ、中国の射程外に抑止力を配置することを発表しました。

二〇一一年に入ってからの中国の台頭は、六月に中国がカンボジア、ラオスに急接近して援助でASEANを分断する動きから始まり、七月にはイラクへ接近し原油開発をテコに中東での足場を固め、イラク復興で中国が主役になろうという動きが出て来ました。さらに八月に入り、中国主席が「欧州国債の購入継続」を表明しました。また九月になってイタリアが中国に国債購入を依頼し、EUも中国と投資協定交渉をすることとなり、十月には中国がブラジルに重点投資することを発表しました。

そして中国は、八月のアメリカの一連の「米債務上限上げ問題」をめぐって激しく反発しました。まず「米国債の安全確保を」と運用見直しを強調し、続く米国債格下げに直面した中国は米財政運営を激しく非難して軍事費削減を迫りました。これに対してアメリカでは、中国企業の会計不信が深刻化し米中関係が会計疑惑で泥沼化する恐れの中で、十月に米上院で人民元切り上げで対中制裁法案が可決され、米中関係は新たなる局面に入ることとなりました。

二〇一二年一月にアメリカが国防戦略を大転換し、アジアを優先して予算の「選択と集中」を加速することとなり、「中国の台頭は脅威」と新国防戦略を発表し、米中は南シナ海をめぐって緊迫を高めます。中国が急速に軍拡を進める中でアメリカも、四月にはオーストラリアに海兵隊の司令部機能を置いて中国をけん制しました。

このような流れの中で重慶の乱をめぐって、三月に入って中国のメディアが突然の毛沢東思想を礼賛するなど政治攻防・権力闘争が激化し、力任せの統治転換が模索される様相を呈してきました。そして二転三転の権力闘争を反映して重慶市のトップ薄氏が解任され、「重慶の変」が外資に大きな動揺を与え中国の政治リスクが再認識されました。四月に入り薄氏失脚をめぐって重慶は大きく揺れ、住民の五千人デモが行われました。

また中国進出に危機感を抱いたアメリカが、海洋法批准へ手続きを開始する中で、中露がアジアで安保協力をして米けん制で足並みをそろえました。このような流れの中で六月にベトナムが「南沙、西沙は自国領」と宣言し、七月に入って中国が南シナ海に市長・軍警備をと「既成事実」を重ねました。そして南シナ海開発も停滞し、中国との領有権争い、対立が激化するのです。

さらに八月に入って、韓国大統領が竹島へ上陸し大きな反響を与えましたが、世論をにらんで対日強硬をはかったとも報道されました。この動きに応ずるがごとく、八月十五日の終戦記念日に香港の活動家が尖閣に不法上陸し、制止できなかった日本政府の対応に大きな批判が集まりました。

そのような流れの中で現在の日中関係に大きな影響を与えたのは、九月十一日に表明された日本政府による尖閣諸島の国有化です。これを巡り中国では邦人被害が相次ぎ、日本大使館前にデモ隊一万人が怒号を響かせ、反日デモが拡大して日系企業を破壊・略奪、パナソニック工場やトヨタ店が出火し日系企業の休業が続きました。このデモは民意を演出しながら実際には官製で、日本に圧力をかけたものとも言われています。反日デモが八十都市を超し、中国当局も暴徒化を抑制する動きをとりましたが、日本人社会には緊迫が続きました。

その後尖閣海域に中国監視船が頻繁に接続水域に出没・侵入し、不買運動も懸念され中国事業に大きな影響が広がりました。米中にとって尖閣問題は南シナ海をにらんだ問題そのものなのであり、今回の中国の行動は少なからず中国が未成熟の国家、未成熟の国民を露呈させ、中国の対外イメージにも大きな打撃を与えたものといえます。領土問題を「反日」への叫びのはけ口にして、中国の若者が格差に不満がまん延する中の出来事ともいわれており、この事件で中国リスクが浮上してマネーも流出、歯車が逆回転するようになりました。

そして十一月には、日本の最大の輸出先が中国からアメリカに首位交代することが明らかになり、中国で根深い成長鈍化が問題となりつつありました。また中国の統計も市場から疑惑の目で見られるようになり、さらにM&Aに中国リスクが発生し、審査長期化で統合延期が相次ぎました。

二〇一三年に入ってからの中国の動向は、中国の寒波が経済を揺らして物流マヒ、資源採掘できず、さらに大気汚染も問題となり、中国の農民向け零細金融機関が相次いで経営破綻する幕明けとなりました。このうち大気汚染は中国経済に大きく波及し、過去六十年で最悪といわれて中国内政の火種になりつつあります。

さらに二月に入り、中国ハッカー集団が攻撃してアメリカのメディア被害が広がり、さらにツイッターにサイバー攻撃でネット大手も標的になります。アメリカ側も報復規定を検討するなど、サイバー攻撃をめぐり米中で緊張が高まりました。

二〇一三年三月の全人代で、習近平国家主席と李克強首相が選出され新体制が発足し、中国は積極財政を継続し内需型への転換を急ぐこととなりました。二〇一一年七月の高速鉄道列車追突事故で「車輌埋めたのは隠蔽」と住民の怒りと批判が集中した鉄道省を解体することで改革を強調しましたが、国有企業への利権問題、北朝鮮の核拡散阻止問題、格差縮小などで内政、外交とも数多くの課題を抱えたままのスタートとなりました。

二〇一三年に入ってからの日中の領土・領海問題は、中国海軍艦船による日本の海上自衛隊の護衛艦に対するレーダー照射問題につきます。アメリカはこの問題に強い姿勢で対応し、中国レーダー照射は「地域の安全を損なう恐れ」と非難し、レーダー照射に対して中国に説明を要求しました。安倍首相もレーダー照射「捏造」主張に反論して中国に謝罪を要求しました。さらにアメリカはレーダー照射は「確信」として中国側に懸念を伝え、ケリー米国務長官は外相会談で「尖閣は日米安保の対象」と明言しました。

いずれにせよブレジンスキーが明言しているように、米国のアジアシフトの中心的な政策が「米中G2体制」の構築であることは明らかです。しかし、これは米中の蜜月と決してイコールではありえません。当フォーラムの顧問である寺島実郎氏が指摘するように、中国マーケットの開放は百年の時空を超えて、前世紀から米国外交の中心的なテーマであり続けています。それを追求している間に中国は世界第二位の経済規模に至り、米国に対して膨大な貿易黒字を積み上げたのです。「米中G2体制」はこうした事実の下に進められていることを、私たちは認識する必要があるでしょう。もちろんそこに、尖閣、北方領土、竹島という日本が抱える領土問題が複雑に絡んでいることは、いうまでもありません。

6　日本とアメリカ―危機の本質（4）

1　菅・野田政権の迷走と「官僚コーポラティズム」のさらなる強化

私は二〇〇九年九月の政権交代で誕生した民主党政権の役割は、「脱官僚・公務員改革と長期的視野に立つ日米同盟の見直し」であると指摘していました。この政権交代の背景には、国民が今日までの官僚内閣制のあまりのひどさに現在のわが国が抱えているすべての問題があるのであり、これを打破するための公務員改革の必要性に目覚めたからといえます。しかし残念ながら、それにまったく逆行するようなかたちでの鳩山政権下での普天間問題の挫折、さらに公務員改革の足ぶみ、さらに天下り根絶の失敗などがあり、一年ももたずに崩壊してしまったのです。

この時の政権崩壊の直接的な引き金となった普天間問題の挫折も、外務官僚と防衛官僚が県外移設に向けて何ひとつ動かず、当初の五月末という期限設定の間違いを含めて、心の中に羽根の生えた彼らに崩されたと指摘する声も少なくありません。そして首相が責任をとって退陣しているのに、当事者であった担当大臣たちがまったく責任をとらないというのは、ガバナンス上どういうことでしょうか。当時のアメリカ政府にとっての普天間基地移設問題は、私から見れば日米同盟の中の問題のひとつに過ぎないのであり、官僚レベルのそれぞれの思惑を越えた「政府間での基本的枠組み合意」が必要とされていたはずです。その後迷走しましたが、当初の鳩山政権のねらいはこのようなところにあったと私は思っています。とくにオバマ新政権が誕生して、世界中が新しい方向に向かって大きく動き出していた時期でもあったからです。

鳩山政権の後に誕生した菅政権については、私は政権誕生の段階から「官僚のためのコーポラティズムの香りがする」と指摘していましたが、その後まさに「政権迷走と官僚コーポラティズムのさらなる強化」がはかられた一年余となりました。残念ながらヒモが見え隠れする「操り人形的リーダー」が登場してしまったと思います。財務省の糸に引っ張られたり、時には星条旗に引っ張られたり、さらには自ら赤いヒモを引っ張ったり、こんな印象を私は感じていました。

そして「軸のない操り人形として国のガバナンス欠落の姿」が、東日本大震災・原発事故への初期対応の失敗も加わり、菅政権の間に外交上完全に露呈してしまったといえましょう。残念ながら私の目からは、菅首相は何をしたかったのかまったく見えなかったし、権力志向の下級武士的リーダーであったといわざるを得ません。さらに尖閣沖衝突問題、ロシア大統領の北方領土入りなどの現実の出来事を見ていると、菅首相は市民運動家としては優れていたかもしれませんが、パワー&リスクバランス感覚が欠落して「危機のリーダーの器」ではなく、残念ながら人がついていきませんでした。

その意味からわが国の歴史的視点からは、この政権を選んだ人たちの責任はきわめて重いと思います。とくに菅首相の退陣をめぐって迷走した二〇一一年の六月からの三カ月は、アメリカの債務上限引き上げ問題など混乱の極致であり、日本の国益の喪失は致命的であったと思います。当時の民主党には、「選んではいけない人を選ばない、そしてダメなら辞めさせるというガバナンス」がまったく欠落していたといわざるを得ません。

二〇一一年九月にやっとの思いで野田新政権が誕生しましたが、私の目からはこの政権も最初から財務省との太い綱が結ばれており、「操り人形的リーダー」の出現となったと思っています。その象徴が消費増税法案の成立であるといえます。野田首相のリーダーシップを評価してみますと、私の経営学的視点から次の四点が指摘できます。

第一に特徴的なのは、政策や提言にあたって定性と定量が分断されていることです。官僚はいつもこの問題を意図的に分断します。でも野田首相がどちらなのかはわかりません。意図的でなかったとしたら相当ズレています。「このようにしたい、こうします」と言ってもその根拠がつながっていない企業、つまり定量と定性が分断している企業は必ずつぶれております。

第二に、重要なポストへの人材登用が無神経で短絡的です。私の目からは、あえてダチョウ型の強烈な官僚に飲み込まれやすい人を選んで登用しているような気がします。そしてバランス人事を配慮してか、政権中枢が右から左までの寄り合い所帯となり、政権としての軸が確立しないまま「官僚コーポラティズムの強化」から、強固な「官僚コーポラティズムによる支配」が確立してしまったものと思います。

第三に世界の動きの構造的な把握力と対外感度が著しく欠落していることです。その象徴が二〇一二年九月十一日の尖閣の国有化問題です。東京都の石原知事にそのままにさせておけばよかったのに、国家の軸がないのにあのタイミングで尖閣を国有化してしまい、中国との関係もさらに悪化させることになりました。

第四に、首相本人の語り口は明瞭ですが、本人が意図しているかどうかわかりませんが、内容的には意味不明です。消費増税法案の成立などを含め松下政権塾出身のリーダーとして、何をめざして来たのかわかりません。本人の器以上の役割を与えられてしまったのではないか、と私は思っています。

いずれにせよ菅・野田の二代の政権の下で、「官僚コーポラティズムのさらなる強化」がはかられることとなったのは誰の目から見ても明らかなことです。先ほどお話ししましたようにわが国の官僚社会主義は、まさに国民と一線を画して官僚が自分たちの利益のみを追求する「官僚コーポラティズム」そのものではないか、と私には思えるからです。

官僚による情報操作、政府間主義の独り歩きなどの官僚社会主義体制を打破し、公務員の身分制から職業制への変革、さらに年金の一元化を含む公務員改革を実施しない限り、わが国が滅びるのは時間の問題といえます。ある意味で冷戦構造が終えんを迎えずに内在化し、国家としての軸が欠落したわが国では、まずもって「官僚のためのコーポラティズム」の強化という流れを止めて、入省年次という戦前から続く人事制度の連続性を断ち切る必要があったはずです。最近の民主党の官僚出身の議員の中にもよく存じあげている立派な方もいますが、どちらかというと同質同根の小役人的な官僚出身者が少なくなく、彼らがこの動きを妨げて来たともいえます。民主党には「官僚コーポラティズム」の打破へ向けての行動が必要だったのであり、このことこそが民主党政権誕生のもつ意味だったはずです。その意味から菅・野田政権の迷走を支えた人たちの責任は重いといえます。

2　政治家と官僚のリーダーシップの源流

続いて政治家と官僚のリーダーシップの源流についてお話をしたいと思います。私が経営者のリーダーシップを分類する際に使った「価値と知」に関する手法を用いて、価値創造のリーダーシップの政治・行政バージョンへの適用をしてみたいと思います。

最初の切り口が二つの価値、「絶対価値と相対価値」の問題です。絶対価値というのは本質的価値で、人の心を豊かにする価値、英語でいう Basic Value です。相対価値というのは効率的価値で、人の生活を便利にする価値、英語で Instrumental Value と呼んでいるものです。アメリカのＭＢＡ教育というのはどちらかというと相対価値教育で、資本効率やマーケット・シェアとかいうものを教えるわけです。ヘンリー・ミンツバーグ教授が『ＭＢＡが会社を滅ぼす』という本で、これからはＭＢＡ的手法だけではだめなのではないのか、もっと長期的な視野に立って物を見る必要があるということを言っているわけです。

それからもうひとつの切り口が、二つの知「インテレクトとインテリジェンス」の問題です。これは上智大学の渡部昇一先生が、Ｐ・Ｇ・ハマトンの『The Intellectual Life―知的生活』という本を一九七九年に翻訳された際に紹介された概念です。渡部先生がその本をベースにしておっしゃっていますが、人間の知には二つある。ひとつはインテレクト（Intellect）、あの子は優れている、豊かな構想力をもっているなどクリエイティブな力、知力、知性とかいうものです。こういうものをもっている人間は「ワシ型の人間」で、大きな空間から物事を構造的に見渡すことができるとのことです。

インテリジェンス（Intelligence）は知能であり、知能指数が高い、あの子は頭がいい、よく知っているね、知識をもってるねということです。わが国における現代の教育の中心は、ほとんどインテリジェンス教育です。偏差値教育や受験戦争など日本の教育はそうですね。ヨーロッパでは、どちらかというとインテレクチュアルな教育をしています。このインテリジェンスをもった人間が「ダチョウ型人間」で、しっかり大地を踏みしめて活躍しており、着実な実行力をもっています。

こういう二つの種類の知があって、すべての場面でこういったワシ型人間とダチョウ型人間の二人が必要である、ということを指摘されています。

経営者の価値創造のリーダーシップの分析に使った《ワシ型人間の特徴》を基本に、これをそのまま政治・行政の世界に置き換えてみますと次のようにまとめることができます。

まずワシ型人間は、ビジネス・モデル革新ができます。従って政治の世界でいえば、「構造改革パワーをもった人」というふうに考えてください。それから構想力・グランドデザイン力をもっている人ですが、政治の世界でいえば、「国の将来をデザインする力をもつ人」と言えます。さらに事業の創造—アントレプレナーを政治の世界でいえば、「産業を創出、再創出するパワーをもつ人」と考えてください。

もうひとつのワシ型人間の特徴であるファーストランナーについては、一九九八年の私どものフォーラムにおいて江崎玲於奈博士がこのようにおっしゃっておられます。「ファーストランナーの条件は、やはり卓越した個性的なタレントと想像力、Creative Failure を恐れず、

Riskをとって挑戦する。……Creative Failureを繰り返してそのうち何かチャンスをつかんで、Breakthrough Surpriseを求めるというアプローチをすることが大切だ」ということです。

いずれにせよ、構造改革パワー、国の将来をデザインする力、産業創出力、ファーストランナー、この四つですね。こういう力をもっている人が、政治の世界におけるワシ型人間であろうといえます。

次に、〈資料5〉を見てください。これは私なりに以前の経営者のリーダーの分類にオーバーラップさせながら仮説をたて、現代の政治家と官僚のリーダーシップの分類をしてみたものです。

このなかでワシ型人間、とくに絶対価値をもつワシ型人間、これが価値創造の政治的リーダーであり、経営者の世界では福原義春さん、小林陽太郎さん、岩沙弘道さん、數土文夫さんたちなどです。そういう意味ではこれから期待されるワシのような翼をもつ構造改革のリーダーであり、「この国のゆくえを任せられるインテレクチュアルな価値創造リーダー」がこの絶対価値をもつワシ型人間であろうと思います。ところがこういうタイプの政治家が、現在なかなか存在しないのです。だからいつも私は、岩沙さんや數土さんたちに是非政治の分野でもリーダーとしてご活躍していただきたい、とお話ししているのですが……。

それから絶対価値をもつダチョウ型人間もいます。理念先行型の腰のすわった実務的な政治

〈資料５　現代の政治的リーダーの分類〉

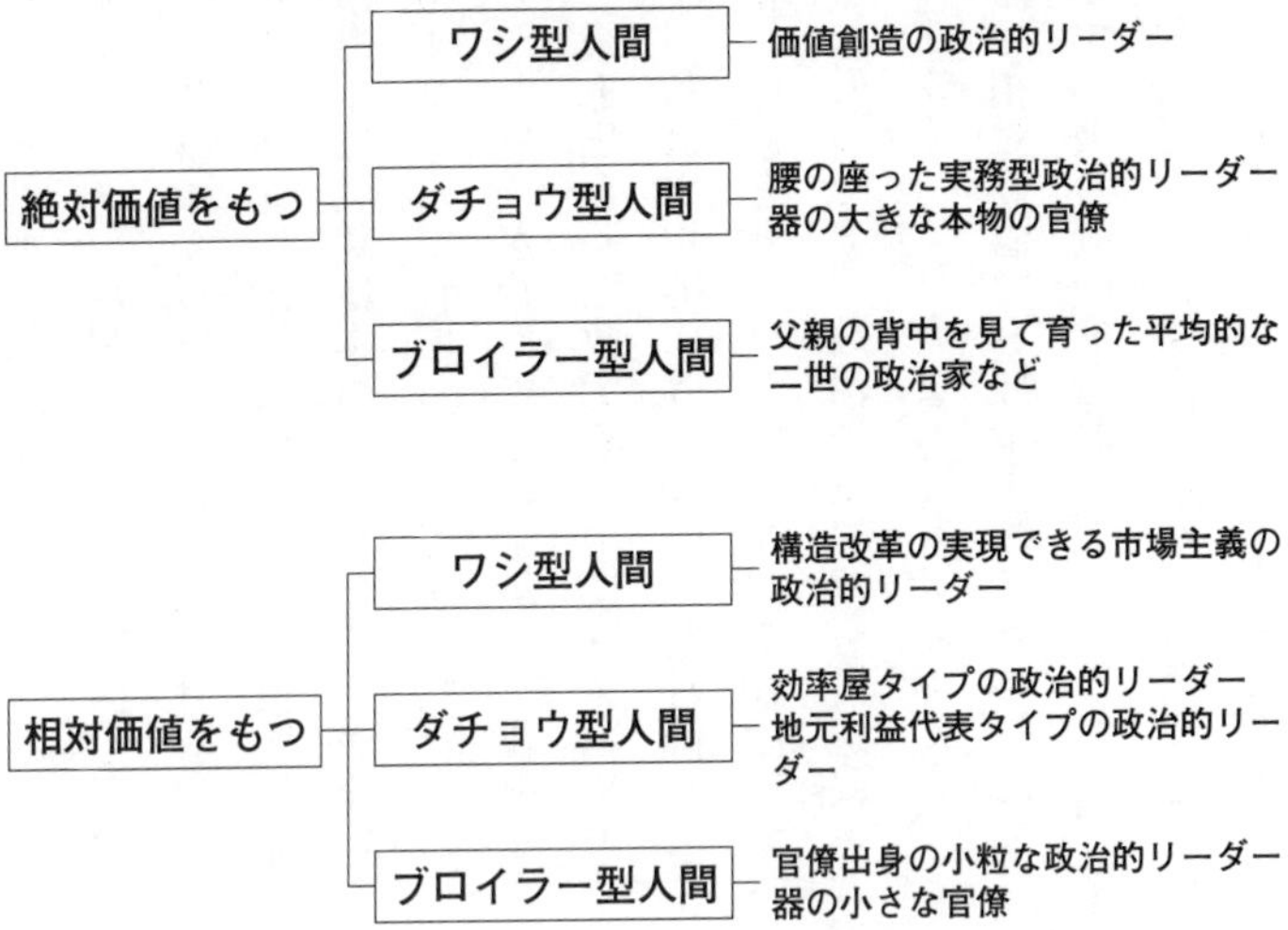

Prepared by Y. Hayakawa

的リーダー、器の大きなインテレクチュアルな官僚、昔は多かったですね。振り返ってみますと、わが国には明治時代から政治的な統治能力のある政治家は、どちらかというと官僚ＯＢだというひとつの流れがあったのです。よく考えてみますと戦後の歴代の首相経験者は、吉田 茂、岸 信介、芦田 均、池田勇人、佐藤栄作、みな官僚出身者です。さらにそれに続く福田赳夫、大平正芳、中曽根康弘、宮沢喜一、みな官僚出身です。ただこのうち岸 信介氏については、登場した時代と場面、さらにその〝立ち位置〟から政治家としての再評価が必要かもしれません。

絶対価値をもつブロイラー型人間とは、父親の背中を見て育った平均的な二世の政治家のことです。私は経営者における父と子供の関係は、自分の体験から比較的オイル・アンド・ウォーターが多いといつも指摘しておりました。だから何らかの工夫をしないと、同族による事業継承がうまくいかないわけなのです。

ところが逆に政治家のほうは、後で地盤を継いで政治家になってもらわないと困るため、母親が息子に父親は本当は大したことがないのに「うちのパパは立派ですごいのよ」と幼いころからすり込んで育てるわけです。ただどちらかというと父親の背中を見て、絶対価値的なものをもった息子が育ってきますが、父親を超えられないという問題が常に重くのしかかるわけです。最近出会った政治家の中には父親を超えてワシ型に近い素晴らしい人材も少なくありませんが、私は平均的にはこういう絶対価値をもつブロイラー型人間が多いのではと思っています。

相対価値をもつワシ型人間、これはビジネス・モデルを革新できるジャック・ウェルチみたいな経営者です。政治の世界でも構造改革もできますが、どちらかというと市場主義的な政治的リーダーです。だまって任せておくと、どちらを向いて仕事をしているかわからず、さらに前述の相対価値でも拝金主義に近い人たちは、同じワシ型でも「ハゲタカ」になる可能性があります。彼ら流の構造改革ができますが、本当にそれが国益にかなっているのか、最終的に自分の利害で動きますので決して油断できません。

相対価値をもつダチョウ型人間は効率屋タイプの政治的リーダーで、これはどちらかというと地元利益代表タイプの政治的リーダーに多いと思います。彼らは典型的なギブ・アンド・テイク思考とローカル思考がベースとなっているので、何の意味もなく地元選挙区を体力のある限り走り続けるだけの体育会系の人たちが多く、そのリーダーシップには大きな限界があります。

最後の相対価値をもつブロイラー型人間は、官僚出身の小粒な政治的なリーダーのことです。器の小さな官僚、現在の官僚にはこういう人が多いですね。目先の利益を求めて右往左往する小役人のような人で、「最もこの国のゆくえを任せられないタイプ」だと私は思います。最近では自民党だけでなく、民主党にもいるわけです。とくに最近の民主党などの官僚出身者に多く見られるのは、野党時代に自民党にいるより早く議員になれるからと、志を捨てた器の小さなタイプの人たちです。下級武士的なこれらの人たちが民主党政権時代に、「官僚コーポラティズムのさらなる強化」に大きく貢献したものと私は思っています。

いずれにしても〝知の育ち方〟という意味からワシ型人間ではなく、ダチョウ型人間かブロイラー型人間が、ここでお話をした今日の政治家と官僚のリーダーシップの源流にあるのではないか、ということを申し上げたいと思います。さらに力強さの面から明らかに、ブロイラー型人間の多い政治家が図太いダチョウ型人間の多い官僚に飲み込まれてしまうのは、ごくあたり前のことであると私は思います。

3 「明治六年政変」と山県有朋の果たした歴史的役割

わが国の官僚制の歴史的展開で今日に至る分岐点として、まず「明治六年の征韓論政変」のお話をしたいと思います。「明治六年政変」では、西郷隆盛、板垣退助、江藤新平、後藤象二郎、副島種臣の五参議が一斉に辞職して、一八七三年に明治政府首脳が真っ二つに分裂しました。これがその後の自由民権運動や西南の役への流れをつくるのですが、長い間この図式は、征韓論の西郷隆盛派vs非征韓論の大久保利通派の争いといわれてきました。実際に西郷隆盛は、明治六年に自らの手でつくった政府を去っていったわけですが、その理由は本当に征韓論に敗れたからなのでしょうか、何故西郷は野に下ったのでしょうか。通常よく言われる征韓論というのは、前述のように急激な改革によって昔の士族たちに非常に不満がたまっているので、これを外に向けようということで武力で朝鮮に進出し、士族たちに働き場を与えようというものだといわれています。

これに異議を唱えたのが、毛利敏彦氏の『明治六年政変』（中公新書）という一九七九年に刊行された書籍です。この中で毛利氏は、「西郷らは日本への法治主義の導入を巡る深刻な政争の犠牲者である」と見ています。長州派の汚職、不祥事件に対する江藤新平、司法省の追求があり、ここで敗れた江藤新平たちがいなくなり、日本には本当の法治主義がなくなってしまったというのです。

この問題を私は、「武士道精神を受け継いだ志をもつワシ型リーダーである西郷隆盛と、西洋合理主義的な官僚的ダチョウ型リーダーの大久保利通との争いだった」、ととらえております。そして西郷が敗れ、これを受けてその後官僚制が肥大化することとなり、日本のゆくえに大きな影響を与えたと思います。批判精神や下からの改革という意識がその後見事なほど消滅し、官僚型リーダーが国を統治していくことにもつながったと思います。

大久保利通の暗殺後、当時の日本の官僚制のゆくえの鍵を握るのは、最後まで元老のひとりとして活躍した山県有朋になります。私は軍事・官僚制度を通して山県有朋が明治国家に果たした歴史的役割は大きく、きちっと分析評価すべきと思っています。このあたりのことを井上寿一氏が、明治国家の建国過程において山県を突き動かしたのは二つの危機意識だと『山県有朋と明治国家』という本に書いています。一つは国家的な独立の危機意識で、二つ目が欧州情勢を媒介とする体制の危機意識です。

当時、欧州各国では君主制が崩れてきていました。そして、大衆民主主義が台頭してきた中で様々な考え方があったのですが、めざしてきた国のかたち自体が崩れてくる、そのときどうするか。対米協調を含む勢力均衡外交の展開をふまえ、軍務大臣の現役武官制をつくって統制が利くようにする。また国だけではなく、地方自治制度も確立する。国民軍をつくる、検察もつくる、治安体制も確立する、という方向に進むのです。つまり山県有朋がつくったものとは、ある意味で今日の官僚コーポラティズムの原点といえるのです。

現在のところ山県有朋の評価は必ずしも高くありませんが、非西洋世界における最初の開発独裁体制の確立によって、アジアで植民地にされなかったのは日本だけですから、これを評価しなければいけないと私は思います。ただ残念なのは維新の元勲たちが次々とこの世を去っていく中で、国のリーダーの手を離れて官僚組織や軍が独り歩きしていくその後のひとつの大きな流れを、結果的に山県有朋がつくってしまったのかもしれません。これを決定づけたのが、次にお話をする「一九四〇年戦時体制」であると私は思います。

4 戦後へ引き継がれ今日に生き続ける「一九四〇年戦時体制」

わが国官僚制の歴史においてもう一つの重要な分岐点は、以前の私の講演でお話をした「一九四〇年戦時体制の確立」です。今日のわが国官僚制の思想的源流について、野口悠紀雄先生が『1940年体制—さらば戦時経済』（二〇〇二年、東洋経済新報社）で指摘しています。

野口先生によると、「官僚制度は明治以来の伝統をもっているけれど、性格は戦時期に大きく変質した。……現在の官僚たちは、明治の天皇の官僚の子孫ではなく、戦時期の革新官僚の子孫なのである」と述べています。革新官僚の前身は一九三一年の満州事変以降に登場した「新官僚」だとのことで、新官僚とは陸軍が内務省はじめ大蔵省や商工省など、各省にわたって革新の熱意ある官僚の協力の求めに呼応した若手官僚たちなのです。岸信介氏もこの新官僚のひとりであり、彼らの多くは満州国政府に送り込まれ、統制経済の実施や治安維持に貢献しました。

その後、内務官僚中心だった新官僚から経済中心の革新官僚へと受け継がれ、その活動の中心となったのが一九三七年設立の「内閣企画院」です。とくに「新官僚の流れをくむ革新官僚は、当時の社会不安を背景としてヨーロッパの様々な理念に感化され、その中にはマルクス主義に感化された人も多く、後期の革新官僚には全体主義的な国家統制を支持するナチス・ドイツのコルポラティビズモの影響を強く受け、熱烈な日本主義者も多くいた」と野口先生は指摘しています。つまり最初からわが国の一九四〇年戦時体制は、〝左と右とが思想的に混在〟していたということが、非常に重要な点であると思います。

さらには彼らの思想の中心が、「企業は利潤を追求するのではなく、国家目的のため生産性を高めるべきだという考え方と、所有と経営の社会的分離により、所有の基礎に立たずして（国家の）経営を統制する基礎条件を確保することにより、所有権に対する根本思想を変革した」とも述べています。

このことこそわが国の「官僚社会主義体制の原点」ではないでしょうか。アメリカン・コーポラティズムは、ブルジョアのための社会主義と定義されていますが、わが国の官僚社会主義は、「まさに国民と一線を画して、既得権益と自分たちの利益のみを追求する〝官僚のためのコーポラティズム〟そのものである」と強く感じました。このあたりが、世界中から「日本は最も成功した社会主義国家」として指摘される所以であるともいえましょう。

さらに野口先生のこの本の中で重要なのは、革新官僚の考え方の象徴として一九三七年提出の「電力国家管理法案」があるということです。これはまさに今日の東電問題の基軸と根源です。これは当時の逓信省から内閣調査室に出向した奥村喜和男氏によって一九三五年に着想され、いわゆる「民有国営論」を展開して、所有と経営の分離による新しい経営形態が民営企業に比べて、また国有国営に比べても優れていることを主張しています。これが電力国家管理法案で、戦後のわが国の社会主義官僚体制の根幹の思想なのです。

これに加えて、「治安維持法」による逮捕者を出した一九四〇年六月の「企画院事件」があります。これは革新官僚の仲間にマルクス主義的思想をもった人々が入っており、それを示すのがこの企画院事件なのです。和田博雄、勝間田清一、稲葉秀三など企画院調査官の国家社会主義的な傾向が、共産党の目的達成を容易にするものとして逮捕、検挙された事件です。結果的に一九四五年には無罪になったのですが、こういう人たちが企画院に入っていたという事実も、ある意味で今日の官僚体質の原点のような気がしております。

わが国の官僚制は戦後の高度成長に大きな役割を果たすこととなりますが、あくまでもその源流はこの戦時体制にあるのであり、実に根深い問題を抱えているのです。戦後のＧＨＱの占領政策のなかで、「間接統治方式を採用して日本国政府の行政機構をそのまま活用し、旧体制、とくに経済官庁の機構は無傷のまま生き残ってしまった。つまり、消滅したのは軍部だけで、内務省以外の官庁はほとんどそのまま残ってしまった」と野口先生は指摘しています。

当時のＧＨＱ＝アメリカは、日本の官僚制について十分な知識をもっていませんでしたから、的外れの官僚制度改革となってしまったのです。さらに当時のＧＨＱには、国家社会主義的な傾向を強くもったいわゆるニューディーラーたちがかなりの数存在しており、革新官僚たちを使った間接統治がうまくいったのかもしれません。わが国における戦後の国家社会主義的官僚制は、〝左と右の思想的混在〟を含めてこれらの要素が複雑にからんで、何年入省という人事の年次序列を含め戦前からの連続性を維持して今日に至っているといえます。

5 国のかたちづくりとリーダーシップの真贋
――松下政経塾における絶対価値と相対価値

次に〝国のかたちづくりとリーダーシップの真贋〟という視点から、「松下政経塾における絶対価値と相対価値」のお話をしたいと思います。これは二〇〇四年十一月に私がこのテーマで講演した当時、松下政経塾出身で自民党から相対価値の人たちの押しで初めて金融担当大臣になったある人物と、絶対価値をもった京セラの稲盛和夫さんの応援である段階まで昇りつめ、最後は民主党の代表にも就任した政治家の二人を対比してお話ししたものです。

そこで私が言いたかったことは、絶対価値をもった人は「志でつながった絶対価値をもった人物しか応援しない」ということ、相対価値をもった人は「利でつながった相対価値をもった人物しか応援しない」ということです。当時金融担当大臣となったこの人物を応援したのが、アメリカ帰りの経済学者で前の金融担当大臣であった人物と外資系経営コンサルタントであり、まさに本人を含めて後でお話しする「裁量行政の嵐」を巻きおこした「いわゆる五人組」の連中なのであります。この講演内容は『価値創造21　２００５』に掲載してありますので、本日改めてご紹介したいと思います。

……松下政経塾は二〇〇四年の九月四日に創立二十五周年、二十五年たちました。ある意味では政治家の予備軍と登竜門であり、大きく発展して今日に至りました。考えてみると一九七九年に当時八十五歳であった松下幸之助が七十億の私財を投じてつくられたところです。国家の経営をめざすということで、八〇年代頃このままでは日本はだめになると、国のことを真剣に考える人材育成が必要だということで創立されたと言われています。

現在、二百名が卒業して、国会議員が二十九名います。二十一名が民主党で、八名が自民党、この中には上り詰めた人もいますが、暗黙のひとつの勢力になっているともいえます。国会議員以外でも、神奈川県知事、横浜市長さらに杉並区長など大変素晴らしい方もいます。

設立当初のアイデンティティが松下幸之助そのもので、無税国家をつくるとか、松下政経塾新党をつくるのだということをおっしゃっていますが、現実的には、政経塾新党ではなくて日本新党に結実して、それが現在の民主党と自民党に分かれていますし、それぞれ立派に活躍している人も多いですね。今日では政治家の登竜門になっており、これは素晴らしいことだと思います。

ただ松下政経塾のなかにも、現実には絶対価値と相対価値の人がいるということです。どういうところで区分するのかというと、五つを私なりに感じています。一番目がプロの政治家として芯があるかどうか、志が変わってないか。二番目に日本新党以来の連続性があるかどうか、政治信念とか、裏切ってないかどうか。三番目に人物的好感度と人間的魅力があるか。知的水準が高いところで、やはり市民から評価されることが大事です。

四番目は身内がどのようにお互いに評価しているのか、政経塾は寝泊まりしていますから仲間が全部知っています。そういう意味ではカネに対する考え方、人生観が分かります。最後に大事なのは誰がその政治家を応援しているか。私はつくづく思うのですが、絶対価値をもった人は絶対価値をもった人しか応援しませんということです。相対価値をもった人は相対価値の人しか応援しないわけで、何の得にもならないからです。

そういう意味で、同一性というつながりがあるはずです。政経塾出身者の大多数はやはり絶対価値だろうと思いますが、先ほど述べたようにエンロンとＭＢＡ問題が起きたのと同じように、松下政経塾でも何を習ってきたのかという愚問が当てはまる相対価値の人が垣間見られるようになった、ということだけをお話ししておきます。……


松下政経塾は一九七九年に設立されましたので現在三十四年を経過しましたが、設立のアイデンティティが松下幸之助そのものだそうです。私は当時の松下電器の重鎮の役員で、松下政経塾の設立に深く関わったある方から、「無税国家をつくる」「松下政経塾新党をつくる」という、幸之助翁の〝松下政経塾設立への熱い思い〟を直接お聞きました。

そのような意味から、松下政経塾出身の野田首相をはじめとする民主党前執行部の下で、公務員改革を伴わない今回の消費税増税実現へのプロセスは、松下政経塾で育った心ある人からすれば、やってはいけないことをやってしまったものと思っています。松下幸之助がこの事実を知ったら、「草葉の陰で泣いているのではないか」と私は思います。

私は民主党野田執行部の人たちは松下政経塾出身の人たちを中心として、当初はもっと絶対価値をもった政治家が集まっているのかと思っていました。しかし残念ながら、選挙公約の破棄や解散総選挙をめぐる一連の動きを見ている限り、官僚と同質の相対価値をもった人が多く、さらに末期的な政権へのしがみつき方を見ていると、一度権力を握ったら絶対離さないという下級武士的な人があまりにも多いのではないかと感じております。

現在漂流し続けているこの国がどこへ向かおうとしているのかは大変不透明であり、私はこのままでは日本という国は沈没してしまうのではないかと思っています。坂本龍馬や西郷隆盛などが活躍した時代と違うのは、まさにこれらのリーダーが絶対価値をもっていないというところに最大の問題があり、「国のかたちづくりとリーダーシップの真贋」が問われていると思っております。いまこの国のかたちとガバナンスを守るためにも、グローバルな視野と絶対価値、そして開かれたナショナリズムをもつリーダー—ＳＡＭＵＲＡＩの存在が必要であると私は思います。このあたりのことは「松下政経塾における絶対価値と相対価値」の問題として以前の講演で指摘しましたが、今日の政治状況についての私のこの思いはまったく変わらず、現在では危機意識は倍増しています。

7　Two Decades の蹉跌—漂流し続ける日本

1　第二期クリントン政権の発足とわが国政治の分岐点

次に第二期クリントン政権の特徴とわが国の政治の分岐点について、それぞれ関連づけながらふれてみたいと思います。「クリントン自身は世界に対するビジョンを持っていた」とブレジンスキーは前書で評価しています。ただ第一期のクリントン外交というのは、先代ブッシュが外交面で成功したが国内をなおざりにして落選したために、どちらかというと内政を中心に展開していったのが特徴です。「国内再生」というのが、当時のクリントン政治の中心的テーマだったのです。それがさきほどお話ししたＩＴ革命とグローバリゼーションの同時進行ということで、シリコンバレーを中心としたビジネスの再創造と強いアメリカの再構築がされた時期なのです。

ところでこのクリントン第二期においては、「貿易自由化から資本自由化へ」とアメリカの対外経済政策の基軸が大きく転換しました。グローバリゼーションをどんどん推進して、日米の政局が非常に混乱したのがこの時期です。橋本内閣による金融ビッグバンの実施は一九九七年です。第二次金融危機というのがその年の秋にすぐ起きたわけです。だからまさに、クリントン第二期政権のスタートと橋本内閣のところがタイミング的に完全に一致している、ということが重要なことであります。

クリントン政権の最後の頃の大きな実績としては、北大西洋条約機構（ＮＡＴＯ）の拡大と中国をＷＴＯのメンバーに入れたことです。いずれにせよクリントンは中国に対して非常に大きな眼差しを向けていて、この時期に日本を飛び越して彼は中国との接近をはかっていたわけです。この頃のクリントンの評価としては、中国を世界の相互依存関係に巻き込んだということが言えます。

クリントン第二期のマイナス面とすれば、ちょうど九七年のアジア金融危機、京都議定書の地球温暖化問題を放置したとか、外交におけるダブルスタンダードの存在などの問題がありました。彼自身はケネディのような魅力と人気、尊敬を集め好感をもたれ、さらに知性、個性があったと評価されていますが、それを具体的にリーダーシップとして実現するまでには至らなかったとブレジンスキーは述べています。最後は私的スキャンダルが大きく取り上げられたので、そう言われているわけです。

このような時期に一体わが国はどうだったのか、まさに橋本内閣による金融ビッグバンが始まったところです。そして九六年四月に日米安全保障共同宣言、九七年九月に今の日米同盟の基礎になる「日米防衛　新ガイドラインの見直し」が行われました。この頃から初めてクリントンは日本に向き始めたということで、それまで彼は日本をほとんど無視していたようです。その後アーミテージが「アーミテージ・レポート」など書いていますが、クリントンが日本に眼を向けて、アメリカが真剣に考え始めたのが、橋本内閣による金融ビッグバンの開始の年である九七年あたりのことなのです。

そこで改めてここで紹介したいのが、一九九三年にダイヤモンド社から出版された『誰が誰を叩いているのか』というローラ・D・タイソンが書いた本です。戦略的な管理貿易はアメリカの正しい選択かという問題をテーマにしています。あの竹中平蔵氏が訳していますが、これこそが第一期クリントン政権による日本経済改造計画のスタートであり、まさに日米構造問題協議を引き継いだものといえます。それまでの日米経済摩擦は個別案件だったのですが、このあたりから日本という国自体を総括的に改造していこうという動きが出てきました。この本はある意味で、これら一連のアメリカ側の動きの象徴と言えます。いずれにせよ九七年頃からのアメリカの具体的な動きは、基本的にはこの本がめざしていることの延長上にあるということであります。

そして、今日まであまり知られていませんが、この時期にアメリカからワシントンの目線という意味で三つのレポートが送られてきていることを紹介したいと思います。実はアメリカ政府が「日本はもうもたない、近いうちに経済的に行き詰まって破綻する可能性がある」と思うようになったのは一九九八年頃だと言われています。九七年の山一証券、三洋証券、北海道拓殖銀行など大型倒産による金融危機への日本の政府の対応を見て、アメリカへの飛び火を感じて連続する三つのレポートを日本政府に提出したものと思われます。ワシントンでもそういうふうに受けとめていたようです。

一番目が「ハーバード・レポート」です。一九九八年三月に「金融安定化策に関する訪日ミッション最終報告書」としてまとめられたのがハーバード・レポートです。これは一九九八年六月に財務省の当時のサマーズ副長官、FRBのファーガソン理事長、ニューヨーク連銀のマクドナー総裁たちが、日本の「金融安定化策に関する訪日ミッション報告」というレポートをもって来日してきたものです。当時のハーバード大学国際問題研究所がまとめたということですが、このレポートの存在は『週刊新潮』の二〇〇四年八月五日号が明らかにしています。私も後から読んでみましたが、よく見るとその後のわが国の金融改革に著しく大きな影響を与えていると思いました。

このサマーズ氏が日本にレポートを手渡すにあたり、以下の四つのことを言ってきたのであります。一つは、日本は金融機関が多すぎる、オーバーバンキングであり不良債権処理が進まない。都銀は二、三行で、信託は一、二行でよい、地銀と第二地銀は半分でいいと言っているわけです。二番目に低金利政策を維持すべきであると言っています。三番目に日本の護送船団方式は市場原理に反するから、すぐにでも辞めるべきだと。四番目に不良債権を抱えた、いわゆるゾンビ企業を生かしておくのはよくないのでどんどん処理すべきである、こういうことを言ってきたわけです。後から振り返ってみますと日本の金融をめぐるその後の潮流は、このレポートの指示の流れに従って改革の道を歩んできた、ということではないかなと私自身つくづく思いました。

次に登場したのが、いわゆる「アッシャー・レポート」と呼ばれるものです。その後ブッシュ政権内の対日本政策担当官僚となったデイビッド・アッシャーという日本研究者が、アンドリュー・スミザーズという経営コンサルタントといっしょに書いたものです。一九九九年に日本で単行本として刊行されました。英文のタイトルが『JAPAN'S KEY CHALLENGES FOR THE 21st CENTURY』ですが、日本語のタイトルは『悲劇は起こりつつあるかもしれない　5つのDを克服するための日本経済10の処方箋』ということになっています。入手して読んでみましたが、このレポートはいろいろなことを提言しています。そしてその根幹を貫くのは、規制緩和、市場原理、資本効率化というアメリカ資本主義の原則のことを言っているわけです。このレポートの冒頭では、当時のわが国経済に対する提言を十二項目に分けて、日本は根本的な構造改革が必要である、その対応に失敗するとG7の中でもう立ち上がれなくなりますよと、日本が一種の破産プロセスにあると認識していたことが分かります。

最後に出てきたのが、「ネバダ・レポート」です。これは二〇〇二年二月十四日の衆議院予算委員会で明らかにされ、当時の民主党の五十嵐文彦議員が担当大臣たちに質問したものです。もしIMFが日本を管理下に置いたらどんなことをやるのか、どのような政策が打ち出されるかという内容です。ある意味でこれは、日本の破産処理案そのものなのです。

ここでふれているのは、（一）公務員の総数および給料の三十％カット。ボーナス全額カット。（二）公務員の退職金は百％すべてカット。（三）年金は一律三十％カット。これは日本のことをわかったうえで言っているわけです。（四）国債の利払いは五～十年間停止。（五）消費税を二十％に引き上げ。（六）課税最低限を年収百万まで引き下げ。（七）資産税を導入して不動産公示価格の五％を課税。いわゆる資産税課税です。そして債権と社債については五％から十五％の課税を、株式は取得価格の一％課税。（八）預金は一律ペイオフを実施するとともに、第二段階として預金額を三十～四十％カット。財産税として没収しますと。

このネバダ・レポートというのは、当時アメリカの金融専門家たちの執筆により政府機関、一部の金融関係者、大手マスコミの上層部に定期的に配信している経済金融レポートだそうです。このレポートは国会審議に登場したにもかかわらず、その後公の場所から全く消えてしまって今日に至っています。官僚は自分たちの首を締めますから、こんなものは表に出さないわけです。ただ二〇〇二年の時点でこのくらいのことをやらないと日本の財政危機は乗り越えられないし、それだけ深刻だったわけであります。さらに今日の日本の状況はもっとひどくなっているはずです。

この時期にこれらの三つのレポートが送られて来た背景には、この頃のアメリカは日本に対する危機感があり、それを反映したものであります。九七年の不況を乗り越える日本政府の施策は全然なっておらず、日本のバブルの後遺症をしっかり処理しないと構造的デフレの流れとなっており、アメリカに著しい影響を与えるだろうということで、アメリカ側には日本発の金融危機をどのようにして防止したらよいか、という問題意識があったと言われています。

2 ブッシュ政権と日本の対応―小泉改革とは何だったのか？

次にブッシュの七年と小泉の六年について考えてみたいと思います。

クリントン政権の後を受けて、二〇〇一年一月にブッシュ政権が発足します。そしてブッシュが大統領になった四カ月後に小泉純一郎氏は首相になり、いわゆるブッシュ＝小泉の時代が始まります。このブッシュ政権において〈資料6〉のとおり、イラク戦争の戦時支出の増加などによりアメリカの財政収支は再び赤字に陥り、経常収支とともに双子の赤字の時代が続く

〈資料6　米国の双子の赤字〉

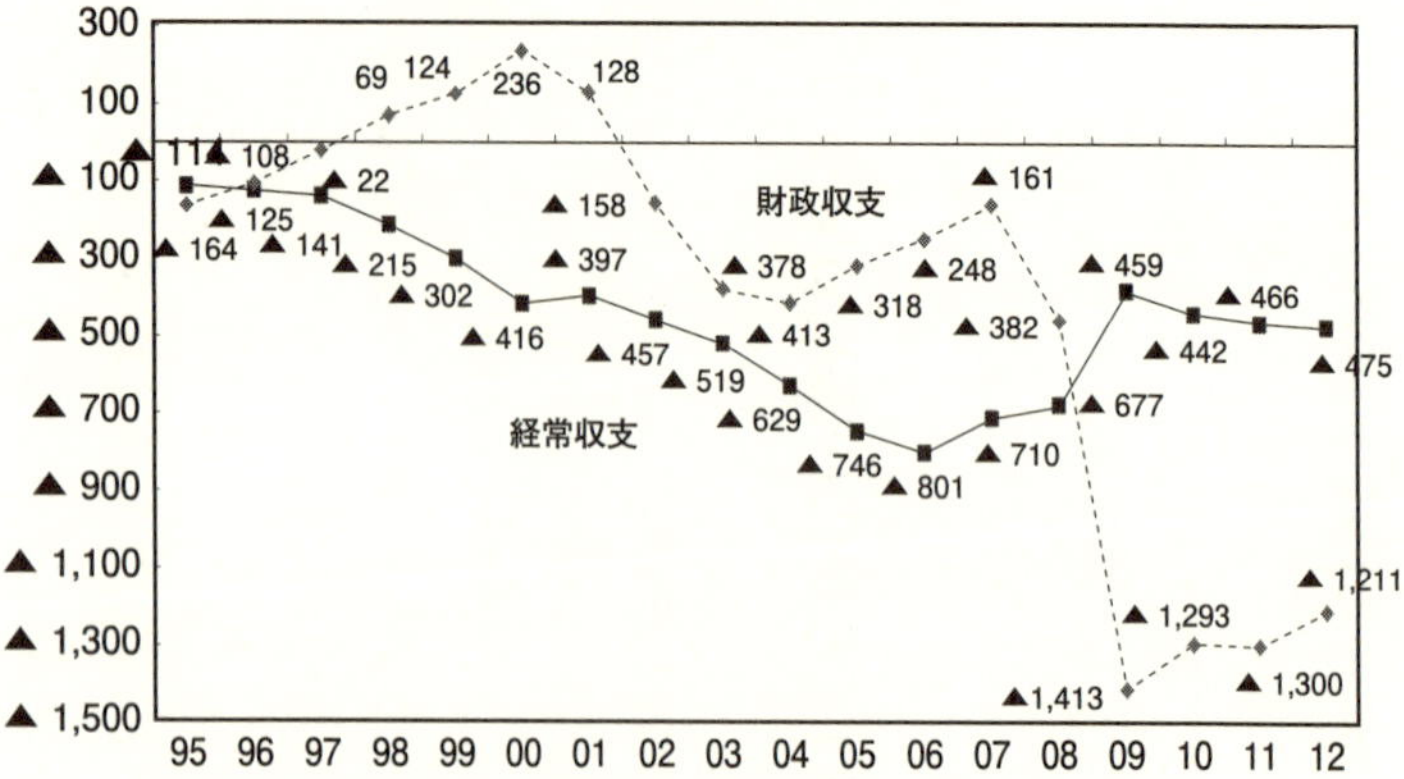

（注）経常収支は暦年、財政収支は会計年度（前年10月～9月）
（出所）米国商務省、米国行政管理予算局

（資料提供：三井物産戦略研究所）

ことになりました。しかしサブプライム問題に端を発する金融危機が発生するまでは、ブッシュ政権は双子の赤字であろうとも、アメリカと同盟国である日本、そして急成長する中国とのトライアングル資本主義を構築し、アメリカにキャッシュを継続して流入させるスキームを維持することに成功しました。

二〇〇一年六月に小泉首相が初めてキャンプデービットに行った時のブッシュ・小泉会談で、それまでの「年次改革要望書」というのが「規制改革および競争政策イニシアチブ」というかたちに変わって、その後積極的にどんどんアメリカから提案されてきていることです。小泉首相が登場した場面と時代的な背景から見ると、米国における戦時経済への突入とウォール街のグリーディな風を受けて大きく変質しつつあっ

〈資料７　米国債保有残高〉

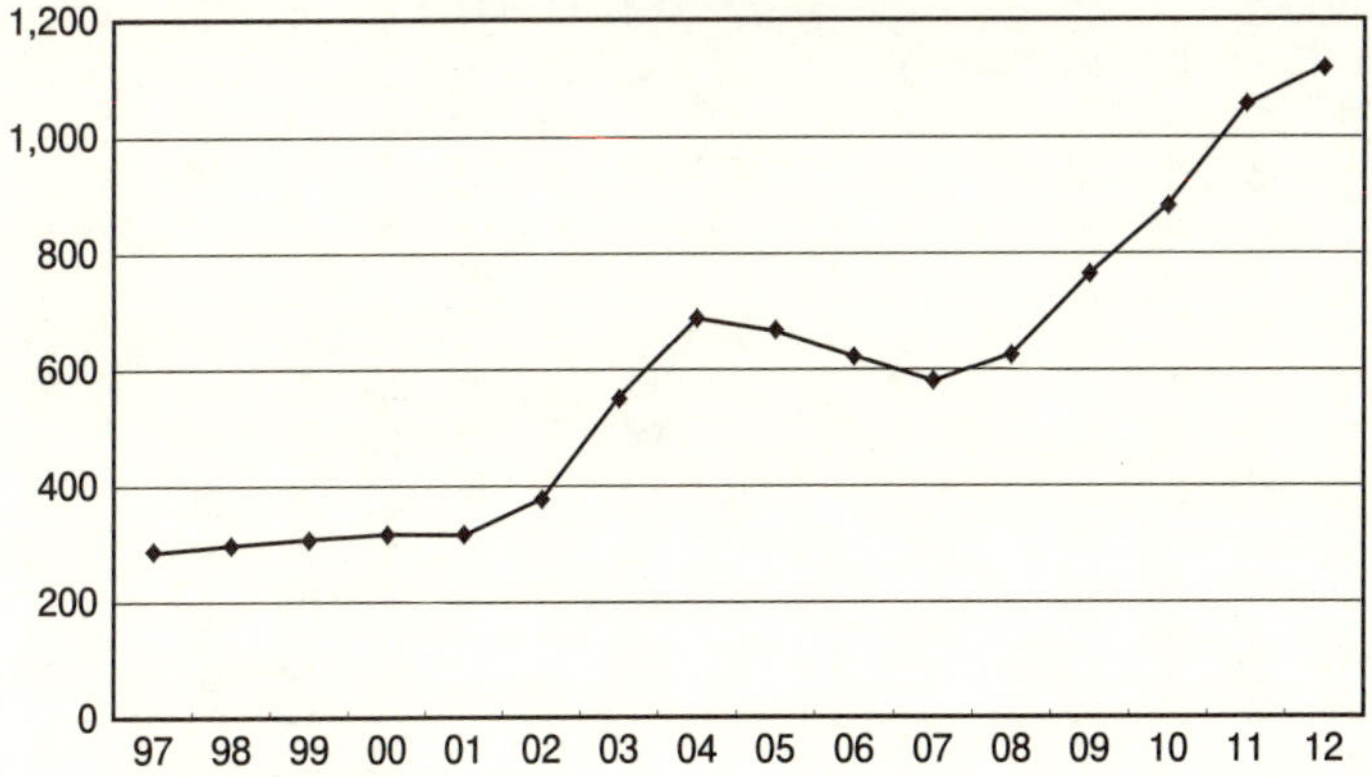

（出所）米国財務省

（資料提供：三井物産戦略研究所）

たアメリカの流れの中で、小泉政権はその影響をまともに受けることとなったと私は思っています。

ところで〈資料７〉の日本の米国債保有残高の推移ですが、最近では日本の米国債の保有残高状態が〇五、〇六、〇七と減っていますが、〇二年から〇三年、〇三年から〇四年には急増しているわけです。このあたりは状況証拠的にいえばイラク戦争の開戦のタイミングという問題と完全に一致しており、〇三年から〇四年にかけて米国債保有残高の純増額の四十四％が日本からのものだといわれています。この時期に米国債の購入を通して、かなり日本が支援したこととなるわけです。その意味では結果的に戦費を日本が支援したと見られても仕方がないのかな、という感じでございます。〇四年から〇七年まで少し減少しましたが、〇八年以降再び急増しています。このあたりについては、民主党政権下における官僚コーポラティズムの強化の問題などをふまえ後で述べさせていただきます。

さらにブッシュの七年と小泉の六年を同時代史的にとらえてみて私が個人的に思うのは、ブッシュと小泉首相は個人的には大変親しかったが、国と国としては日米の同盟関係の実態がもっとも乖離した時代だったのではないかということです。私は個人的には、エルビス・プレスリーの記念館などで見せた「ブッシュが小泉首相を見る眼差し」が、このあたりのことをすべて物語っているように思えてなりません。

いずれにせよ小泉構造改革は、小泉首相が活躍した時代と登場した場面が「市場主義導入による規制緩和、官から民へ」という構造改革の大きな流れのなかで、変質したアメリカの影響をまともに受けたという日米同時代史的問題、さらにいっしょに改革に取り組んだパートナーたちがグリーディで初期がんしゅうも欠落し、心に羽根が生えた人たちが多かったものと私個人は感じています。

この小泉政権は二〇〇六年九月まで続きましたが、さてこの小泉構造改革をめぐる評価については、小泉氏は既成の政治手法とは異なる、新しいタイプのリーダーシップを発揮し、過去の様々な既得利権の構造にメスを入れ、規制緩和による構造改革へ挑戦したことは評価したいと思います。そして自民党の派閥政治を崩しましたが、残念ながら本来実施すべき財政の改革はまったく手つかずで、政府債務残高の推移が〈資料8〉でわかるように、結果的に在任五年半で五百三十八兆円から八百二十七兆円へと二百九十兆円増加し、官僚機構の改革も不充分で旧い自民党を壊すといって、結果的に自民党の延命をはかることになったと思っています。

次に石原慎太郎氏が語っている「日本よ」という記事をご紹介したいと思います。産経新聞の二〇〇五年十一月七日の朝刊です。彼は「最近、ある人に教えられて関岡英之氏の『拒否できない日本』なる著書を読んで、今日の日米関係の本質を改めて認識し愕然とさせられた」と述べています。初めこれはごく限られた人しか知らなかったけれど、これだけアメリカに食い込まれているということを見てびっくりしたと述べています。さらに「……その因習がそのまま今も続いているということを関岡氏の著書で初めて知らされた。それはこの日本に毎年アメリカから『年次改革要望書』なるものが送られてきて、日本はそれを極めて忠実に履行してきているという事実だ。……こうしたアメリカ側からの要求に対して、日本の政党なりの一部たりとも国会議員が反論したり、日本側からの要望を対応案として行ったという話を聞いたこともない。これは国会の卑屈、政治家の全く無知怠慢としかいいようがない」と彼は述べています。当時BSEの牛肉問題とか日本からの様々な反論があるのに、クリントンというのは内政優先、国内の政治優先ですから、そういう意味で現在のBSEの問題もしかり、アメリカからの要求はアメリカの利益を中心に攻めてきているといみじくも指摘しています。今回のTPP

〈資料８　政府長期債務残高〉

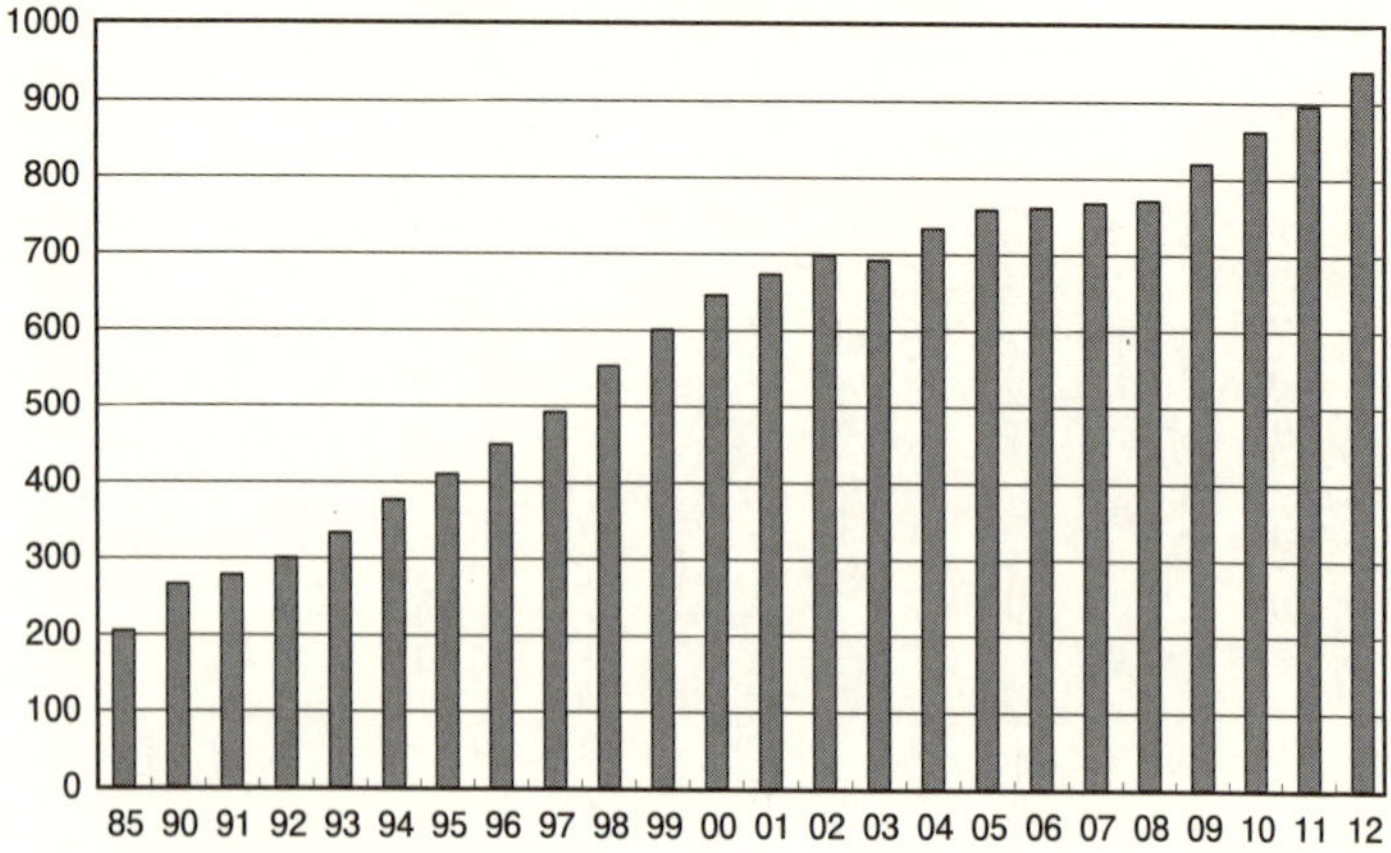

（出所）財務省

（資料提供：三井物産戦略研究所）

参加問題の本質を考える上でも、私は大変参考になる見解と思っています。

続いて金融ビッグバンについてもふれています。「早い話、一時期の流行言葉だったビッグバンとかいう金融開放が、歴代の財政にとっても明るいとはいえぬ派閥の領袖なり代表としての大蔵大臣の口から唱えられ実現され、結果として日本の金融財政はアメリカの金融資本ハゲタカファンドにかき回され蹂躙されるに至っている。私が議員でいた頃から、アメリカの財務省は日本の大蔵省を、国防総省は防衛庁を彼等の日本支局と口にして憚らなかったが、それを如実に裏づけるものが毎年一方的に送りつけられてくる『年次改革要望書』の履行に他ならない」と述べています。これはちょうど七年以上も前の記事ですが、非常に貴重で重要な指摘であると思っています。

3 「裁量行政の嵐」と「正義の揺り戻しの風」

次に、一九九七年から二〇〇四年の頃の日本の国のかたちを再び経営学的に検証することにしたいと思います。まず一九九六年一月に橋本内閣が発足し、そして十二月に橋本財政構造改革と日本版の金融ビッグバン構想が提唱されました。とくにこの金融ビッグバンは、「フリー・フェアー・グローバルの三つを旗印として、二十一世紀を迎える五年後の二〇〇一年までに不良債権処理を進めるとともに、わが国の金融市場がニューヨーク、ロンドン並みの国際金融市場になって再生することをめざす」という目標を掲げたものでした。

以前の証券市場改革ではイギリスのサッチャー首相のビッグバンがありましたが、それに比べて遥かに大きな制度改革としてスタートした一大プロジェクトでした。これがうまくいっておればよかったのですが、実はなかなかそうはいかなかったのです。

この金融ビッグバンが具体的に進められ始めたと同時に、九七年初頭にアジア金融危機が発生し、タイ、フィリピン、インドネシア、マレーシアへと波及し、とくに韓国では銀行が破綻して国有化されました。その影響がすぐ日本にも襲ってきて、第二次金融危機が発生します。

九七年の十一月には三洋証券、北海道拓殖銀行、山一證券がそれぞれ破綻しました。そして、一年後の九八年十月に日本債券信用銀行、十二月に日本長期信用銀行が破綻しました。このように九七年十一月以降の金融システム危機の勃発などで不良債権問題が深刻化し、さらに追い打ちをかけるようなかたちで、九八年一月に旧大蔵省の接待汚職事件をめぐるスキャンダルが発生し、金融ビッグバンのシナリオが大きく狂ってしまったわけです。

その後九八年に小渕政権が誕生してから、今度は逆に財政出動路線に再転換して、土木工事をはじめとして湯水を流すように公共投資を実施しました。その結果それ以降国債発行残高が急増して、国の財政危機になっていったといえます。続いて九九年からはデフレ不況に突入して、消費者物価が連続的に下落するという「デフレ・スパイラルの泥沼」に入っていったわけです。さらに中国の経済成長と発展に伴って中国などへ生産移転などが行われ、日本の国内産業が空洞化したのがこの時期です。

いずれにしても、国の競争力の低下とデフレ構造不況のもとで、この時期に経営者の皆様は死に物狂いで企業改革をやってこられました。先進的な企業は血の滲むような思いで企業改革を実施したということです。そしてリストラ、人員削減、トップの若返り、グループマネジメントの構築、選択と集中といったことを進めてきました。

ところがこの間に、日本版金融ビッグバンの流れのもとで、行政における省庁再編が実施され二〇〇〇年七月に金融庁が発足し、二〇〇一年一月から「一府二十二省庁から一府十二省庁」へ移行し、その年の四月から前述の小泉構造改革がスタートしました。まさに規制緩和とグローバリゼーションの進行による激動の時代を迎え、さらなる様々な制度改革への取り組みが急速に進行しました。とくに企業再編やコーポレート・ガバナンス分野での商法改正、連結ディスクロージャー制度への移行や急激な時価主義会計の導入など、企業法務や企業会計の分野において大きな変化が見受けられました。しかし私は、二〇〇〇年に入ってからの数年は、以前指摘しましたように「会計が政治の駆け引きの道具にされてしまった」と思っています。制度改正のタイミングと公平性、透明性は極めて重要であるからです。このあたりは当時の会計士業界のリーダーのあり方の問題も含めて、この間非常に大きな問題があったのではないかと思っています。

ところで金融業界でも、二〇〇一年四月に四つのメガバンクへと再編され、非常に大きな動きが見られました。そして金融行政も新しく発足した金融庁の指導の下で、それまでの「事前審査方式から事後評価方式へ」と大きく転換しました。二〇〇三年五月にりそな銀行に二兆円の公的資金が注入され、その後すぐＵＦＪ問題、さらに足利銀行問題などが起こりました。私の目から見ればこれらの問題は、ある意味で「裁量行政の嵐」と「後出しジャンケン」の問題であると思っております。

この後出しジャンケンに関して、二〇〇四年九月号の『Ｖｏｉｃｅ』に、当時の野村證券社長の古賀信行さんが、「後出しジャンケンはいかんよ」と述べています。「市場に必要なのは、さまざまな意味での透明性です。つまり自分が合理的な行動をしたらこうなる、という規則、規律が見えることです。ところがいまの日本では、後出しジャンケンのような行動、制度があるので、株式市場に入るのをためらう人がいます」と述べています。金融行政が事前審査から事後評価に変わったが、事後評価に際して場当たり的な後出しジャンケンのような行動があるのではないか、ということの指摘であったと思います。

裁量行政の嵐という意味で私は個人的には、以前から指摘しているように「りそな問題とＵＦＪ問題は同質同根問題の逆着地である」と思っています。債務超過の可能性が指摘されたりそなグループは現実にもっと悪かったであろうし、ＵＦＪグループは実際にはもっと収益力があったものと思っております。もし当時この金融再編の流れの中で、りそなグループとＵＦＪグループの統合を考えた人がいたとしたら、これは相当〝悪知恵が働く人物〟といえましょう。私が体験したこのような金融行政に対する不信感、それは当時の「いわゆる五人組」の活躍のことです。この五人組の人たちとは、二人の金融担当大臣と外資系出身の経営コンサルタント、当時の会計士業界のリーダー、そして行政官庁のトップの五人のことです。私はプロフェッショナルとしての視点から、りそな問題とＵＦＪ問題の両方に関与したこれらの人たちは信用できませんし、人物的にもとんでもない人たちだと思っています。

二人の金融担当大臣のうちのひとりが、以前私が社外取締役をしていた大手企業に取締役として就任することが決まりました。私はその承認の取締役会のまさにその場で、任期途中でしたが辞表を提出して即刻退任させていただきました。私のプロフェッショナルおよび人間としての信念から、彼と同じ場に着席することができないからでした。

さらに経営コンサルタントをしていた人物は自ら新しい銀行を設立し、その後その銀行をめぐる検査妨害や脱税などの容疑で逮捕されました。当時新しい銀行の設立をめぐって、大きな疑念ももたれています。これらの人たちは利でつながる同じ穴のムジナであり、私はさもありなんと思いました。

また当時の行政官庁のトップであったもう一人は、つい最近ですがある鉄道グループの社外取締役候補に選ばれています。しかも、上場とＴＯＢを巡って激しく対立する外資系投資ファンドからの推薦です。行政官庁の長官をやった人がそのようなことになれば、ご自身の当時から今日までの〝立ち位置〟を自ら明らかにするようなものであり、私は大変はずかしいことだと思います。

ところで〝正義の揺り戻しの風〟ですが、これは一体何を言っているのかというと、私の言葉でいう「行政のガバナンスの回復」という意味なのです。行政庁のそれぞれの大臣やトップに、国を思い高い志をもつ絶対価値のリーダーがついた時に吹く風のことです。二〇〇〇年以降、前述の金融行政以外でも行政の様々な分野で、正義と公正からはほど遠い事件が続発しました。そういう意味で当時の防衛省、厚生省、社保庁などが巻き起こした問題も含めて、「腐敗した官僚組織の襟を正して行政のガバナンスを回復するには、それぞれの分野でトップの大臣が正義の揺り戻しの風を起こすリーダーであるということが必要である」、と二〇〇七年十二月の私の講演で指摘しました。

この〝正義の揺り戻しの風〟についての至近な例として、「いわゆる五人組」の活躍の後に経済財政政策・金融担当大臣に就任された与謝野馨さん、私の目からみれば与謝野さんは正義の揺り戻しの風を吹かせ、行政のガバナンスの回復を実現しました。本当に素晴らしいことであり、まだまだこの国は捨てたものではないとこの時強く感じましたので、当時面識のあった与謝野さんの秘書経由で了解をとり、私の著書『続・価値創造のリーダーシップ』にこの話を掲載させていただきました。

最後にこの裁量行政の嵐の流れの中で、今になってみると当時のダイエー問題、UFJ問題、足利銀行問題、さらに中央青山の消滅は、私は自分の体験からすべて一本の糸でつながっていると思っています。そのような視座から今回、私自身の〝立ち位置〟を今一度はっきりさせ、今後のプロフェッショナルとしての人生を送っていきたいと考えて、あえて本日皆様にこのお話をさせていただきました。

　ところでりそなホールディングスの細谷英二会長が二〇一二年の十一月に急に亡くなられました。細谷さんとはわずかな期間でしたが、ある大手企業の社外取締役としてご一緒させていただきました。細谷さんは熊本のご出身で、ＪＲ東日本の副社長から金融業界に転身されましたが、火中の栗を無私の心で拾うような立派な方でした。細谷さんは全身全霊を込め、ご自分の命を削ってりそなの再建に取り組まれたのだろうと思います。私はあえてりそな問題の件については、一言も細谷さんとお話ししませんでした。細谷さんは国鉄・銀行と旧弊と闘い続け、揺るぎなきリーダーシップを発揮して改革に邁進され続けられたと伝え聞いており、心より細谷英二さんのご冥福をお祈り申し上げたいと思います。

4　「黒船はもう来ない」―ダチョウに少しは羽根が生えたか（2）

『黒船はもう来ない』は、私どもフォーラム特別顧問であるアフラックの日本における代表者・会長で、米日経済協議会会長・日米財界人会議米側議長でもあるチャールズ・D・レイクⅡさんが、二〇〇九年の四月に刊行された著書のタイトルです。この問題に入る前に、まずダチョウに羽根を生やす土俵となった「政府間主義の存在」についてのお話から入りたいと思います。

以前お話ししましたように私が「政府間主義の存在」を知ったのは、フランシス・フクヤマの『アメリカの終わり』という本を読んでからです。この本によると政府間主義とは、当時のプリンストン大学のアン・マリー・スローターが名付けたものだそうです。それは主権国家を代表する役人による了解事項の決定やその他の取り決めのことで、官僚機構における中間的なレベルで非公式に行われるものです。政府の最上層レベルで正式に検討して、互いに了解したものとは異なるものです。したがって、これは了解覚書（ＭＯＵ）、つまりメモランダム・オブ・アンダースタンディングのことです。こういうかたちをとって主権国家によって取り決められているという点で、相当程度の正当性を有するものの、正式な協定に比べると透明性は低くて責任能力も低いものだそうです。

しかしながら私はこれを見て、「ああ、これだ！」と思ったのです。つまりそれぞれの国の官僚同士でやっているわけでしょう。本来ならばそれぞれの国に持ち帰ってきちっと政府で検討し、場合によっては国会とかそういうところで審議すべきなのを、官僚の了解覚書レベルで相当に決めてしまっているわけです。わが国では政治家が官僚を統制・コントロールできていないから、政府間主義の了解覚書レベルで決めていったことが、現実の政治と行政においてほとんど決まっていってしまう。だから国民の知らないうちに自己増殖した官僚の思惑で、他の意思が流し込まれてしまうなど国家のかたちが崩されてしまうわけです。

私はこの政府間主義の悪用は官僚を統制できなかったことの結果であり、これがわが国の今日の惨状の大きな原因ではないかと思うわけです。国の運営を担う官僚の一部の人は、日本の経済の行く末の本当の姿を知っていたであろうと思います。いくらダチョウ型の人間だとしても分析型で頭はいいのですから、将来どうなるかくらい計算して生きてきたはずです。官僚はそもそも国民のために奉仕する立場にあるのに、その国民を無視して自分たちだけが生き残ることを考えて来たのではないかと思います。

さてレイクさんの本の話に戻りたいと思います。この著書のなかでレイクさんは、「明治維新に第一回目の開国があり、第二次世界大戦後に第二の開国があった。けれども、もう黒船は来ない」というのです。黒船とは、つまり外圧を利用した国内改革のことです。これからは「日本独自の選択による第三の開国をしなければならないときを迎えている」、「この独自の選択を実際にするのか否かが、日本が抱えているリスクである」とも指摘されています。

レイクさんは米国通商代表部（ＵＳＴＲ）での体験をふまえ、「過去に派遣された黒船は、米国の判断で送られた黒船と日本が呼び寄せた黒船の二つのタイプがある。偉大な国である日本はこの構図を終わらせ、独自の基本的価値観に基づいた国家ビジョンを確立させるべきである」とも述べています。さらに「国家戦略を立案するためには、国民に選ばれた政治家がリーダーシップを果たすことが求められる。しかし民主主義国家のリーダーは、国民と共にその国の基本的価値観を確認して、世界的な変化に対応する上で何を変え、そして何を変えずに守るのかを判断する必要がある」とも示唆してます。

さらにこの本でレイクさんは、黒船を利用した過去の日本の政治について、日米経済協議の交渉者は〝ＫＡＢＵＫＩ役者〟だと表現をしています。日米経済摩擦が激しかった頃でも、アメリカ政府と日本政府を代表する交渉者が、ある程度お互いの役割を認識した上で事前に着地点を見出して、そのプロセスにおいて歌舞伎のような交渉がくり返されていたというのです。私はこのような政府間協議が最終的に国益につながるのならばいいのですが、前回の講演で指摘しましたように、政治による官僚の未統制のため省益やダチョウ型官僚の野心に利用された可能性が強かったと思っています。

レイクさんは二〇一二年二月の私どものフォーラムでの特別講演「ＴＰＰは黒船か？――米国の戦略、日本の戦略」において、最近のＴＰＰをめぐる最近の議論について次のように述べています。「私は、ＴＰＰが黒船ではないというお話をいたしましたが、ＴＰＰも含めた経済連携協定の議論は、渡辺崋山の言葉を借りれば〝眼前の繰回しに百年の計を忘るるなかれ〟ということだと思います。目先のことばかりにとらわれた一部の方々が、センセーショナルに経済ナショナリズムのようなものも含めて議論に興じ、〝ＴＰＰお化け〟を登場させ、日本の国益を考えれば百年の計で当然実行しなければならないことを実行しないような、あるいは実行できないような状況をつくっているとしか思えません。私は、過去の通商摩擦のトラウマにとらわれるのではなく、十年、二十年後の将来を考えた未来志向の戦略というものがつくられるべきだと思います」と語っております。

私が「ダチョウに少しは羽根が生えたか」とは何を言いたいか。以前から指摘していますように、アメリカも自分の国のパワーを維持するため日本の官僚たちに、心の中にアメリカに向けてダチョウの羽根を生えさせるように仕向け、日本の官僚も自分たちが生き残るために、アメリカを向いた方がいいと考え、それを受け続けるうちに知らず知らずのうちに生えてしまったのではないですかということです。現実にアメリカに派遣された若手の官僚たちが、検察も含めてすっかり変わって戻ってきたりしています。これらが縦割の官僚組織と政府間主義の存在という問題から派生して、彼らの行動原理の中に「アメリカとの抱き合い心中、いや抱きつかれて心中やむなし」という動きをすごく感じるのです。このようなことで本当によいのでしょうか。

前に述べましたように〝知の育ち方〟からダチョウ型人間が多い官僚の人たちの中で、最初に羽根が生えたのは外務省の人たちでしょう。そして最も基軸があった経済産業省も少しずれてきていますが、最近になって羽根の生え方が顕著になっているのは財務省だと私は思います。

ＩＭＦ主催で消費税増税のセミナーをやるなどということはあり得ないことです。ＩＭＦは日本の実態や税構造など、詳細には把握していないはずだからです。これは、あえて財務官僚が黒船を呼び寄せているのではないでしょうか。ＩＭＦに対して二〇一二年四月に突然の四・八兆円の拠出表明するなどは、その効果からして真の意味でのＥＵへの危機対応というより、黒船を呼ぶための見返りのようなものと私は思います。それにしても、余りにも高過ぎるのではないでしょうか。この国は相当狂っていると感じました。

5 民主党政権下における公務員改革の挫折のもつ意味

わが国の官僚の生い立ちは、前述のとおり下級武士を中心とした明治維新と内務省の発足を契機として、もともと「天皇の官僚」として誕生しました。その後一九三一年の満州事変以降に「新官僚」と呼ばれる軍部との関係が深いグループが登場し、さらにその流れを受け継ぐ「革新官僚」が一九三七年に内閣企画院を設立し、それを拠点として戦時体制の確立などに大きな力を発揮しました。さらに一九三八年の「国家総動員法」の制定と第二次近衛内閣のもとでの「統制会」の誕生が、現在の官僚による統制基盤になったとも言われています。そしてこの革新官僚と結びついたともいわれる戦後のＧＨＱの管理下における国家社会主義的ニューディーラーの活躍、さらに最近の心に羽根を生やしたダチョウ型官僚の問題などが脈々と横たわり、わが国の官僚制も時の流れとともに著しく劣化して、今日では末期的な状況を示しているのでないか、と私は思っています。

その意味から二〇〇九年九月の政権交代のもつ意味は、まさに今までの官僚体制のままではやっていけないとの国民の意志で、自民党から民主党への政権交代があったわけです。したがって、新政権として発足した当時の民主党の役割は、「脱官僚・公務員改革と日米同盟の見直し」だったはずですが、残念ながらうまくいきませんでした。

そのひとつの契機となったのが、今から四年前の二〇〇九年三月三日のひな祭りの日の出来事です。当時の小沢一郎民主党代表の公設第一秘書が、政治資金規正法違反容疑で逮捕されました。翌四日に小沢氏が記者会見して容疑を全面的に否定、逆に検察の捜査のあり方を激しく批判し、自らの進退については「考えていない」と述べたのです。さらに翌五日には、政府高官が自民党には及ばないという捜査の見通しに言及し、そのことがメディアにリークされて与野党の激しい対立、タイタニック号艦上の乱闘が切って落とされたのであります。この時の状況を私は二〇〇九年三月十日のＱＭマンスリーメモ（５）に次のように書き記しておきました。

……これらのニュースが世界中に流され混乱の続く三月十日の夜、私はあるヨーロッパの友人に仕事の関係で国際電話をかけた。その際に、これらの一連の出来事について彼がどのように受けとめているか聞いてみた。よく日本のことを知っているこの友人は、「ミスター早川、最近の日本は国としてのガバナンスが欠落して、一体どうなっているの？　Ｇ７前後からこの一カ月の政権与党内の混乱の様子、世界中に放映されてまったく情けないね。そして国のゆくえを左右するこのような大切な時期に、次期首相になるはずの人物がこのスキャンダルで絶体絶命の危機に陥るとは……。またそれを裏づけるような今回の政府高官の発言は、まさに沈みゆくタイタニック号に次の日本をになうリーダーを無理やり押し込めてしまったようなものと我々からは見えるよ」と。

私はこの友人との電話を受けたその深夜、ふとある事が脳裏を横切ったのである。考えてみると小沢氏は過去から政治と金をめぐって色々あったかもしれないが、これまで官僚内閣制打破を標榜してきた政治家であり、もし彼が首相になれば、徹底して公務員制度改革を断行したであろうと。その矢先の暗転であり、確実に秘書は起訴されるであろうし、道は断たれたように思える。であるならばこの問題は、明治維新から今日までの長い歴史の視点、とくに近年の日米同時代史の視点からは、「誰が、何故、今この時期に、この問題で」という意味で、まさに「龍馬の暗殺」に匹敵する事件のような気がしてならないのである。龍馬暗殺の真相は、最近では土佐藩説、薩摩藩説、新撰組説、さらには中岡慎太郎説やフリーメーソン説などがあげられているが、本当の黒幕は誰だったのかの問題も含め、百四十年を経った今日でも未だ解明されていないのである。

私の専門分野は企業ガバナンス論であるが、その視点からは「政治がいかに官僚を統制するか」が最も重要なのであり、公務員制度改革は極めて重要な国家的課題であったはずである。しかし、この一カ月のタイタニック号艦上の乱闘と船酔い外交の間に、制度改革に逆らうダチョウ型官僚の動きが垣間見られ小沢氏本人の善し悪しはこれから明らかになるにせよ、今回の検察の捜査手法が司法の鉄則である政治的中立のバランスを保ったものであったのか、という意見も出ている。国のゆくえを左右する時代の節目でもあり、今回の事件は検察がどのような意味で正義を見い出そうとしているのか、を含めてきちっと解明されねばならない。……

この陸山会事件をめぐる一連の小沢問題は、その後の検察審査会と指定弁護士による強制起訴、東京地裁による無罪判決などを経て、二〇一二年十一月に指定弁護士が上告を断念し、強制起訴から一年九カ月を経て小沢氏の無罪が確定しました。検察捜査のあり方をめぐって様々な批判が巻き起こりましたが、この間に菅・野田政権の下での官僚コーポラティズムの強化、消費増税をめぐる民主党の分裂、二大政党への道の崩壊など失ったものは計り知れないほど大きく、民主党内の小沢グループvs反小沢、検察vs小沢、消費増税をめぐる財務省vs小沢グループの根深い対立は、私の目からは前述の「明治六年政変」そのものではないかと思っています。私は小沢一郎という政治家の真の姿については知りません。しかし少し黒くはあるけれども、公務員制度改革を断行できるワシ型の政治的リーダーであることは間違いありません。その意味から今回の一連の小沢問題は私の目からは、ワシ型リーダーの西郷隆盛と官僚的ダチョウ型リーダーの大久保利通との争いである「明治六年政変の平成版」としてとらえざるを得ません。

いずれにしても野田政権の下で、政権公約にもなかった消費税法案が成立しました。しかしながら、あくまでも増税の前に必要なのは、無駄と公務員コストの削減なのです。まず公務員改革を実施して無駄の排除を行った上で、その後の財政再建の道筋と長期ビジョンに立った消費税の値上げを検討すべきであったと私は思っております。

さらに消費税の大幅引上げは、前述の一九四〇年の戦時体制の下で構築された今日のわが国の税体系の根幹的な構造変化を伴う問題として、「国家百年の計」からきちっと検討されるべきでしょう。法人税、所得税、相続税、さらには世界に類を見ない源泉徴収制度のあり方も同時に検討されなければなりません。一九四〇年の税制改正で、それまでの間接税中心の税収構造から今日の直接税中心の税制度が確立したからです。最近では戦後の税・財政改革である「シャウプ勧告とドッジ・ラインも、本当は黒船がやって来たのではなく、都合のよいかたちで黒船を呼び寄せたものなのではないか、それは一体誰なのか、大蔵省の当時の役人たちだったのではないか」、と野口先生が『戦後日本経済史』（二〇〇八年、新潮社）で指摘しています。

　また官僚コーポラティズムの最たるものは、相続税の問題です。これはある同じ酒席での大蔵省の大物ＯＢの放言ですが、「親子三代で財産を消滅させ、まき上げてやるのだ」と彼らの目線で豪語しているのを私は目の当たりに体験しました。七十歳台後半のおじさんですが、Two Decades の蹉跌を引き起こした当事者そのものであり、さらに彼がもっとえらい人物かと思ったら二流の局長であったことが後でわかり、これには私は二重の意味で本当に驚きました。このようなことは先進国では絶対にあり得ません。

　さらに前述しましたように、この間における菅・野田政権の下での公務員改革の挫折にはひどいものがありました。公務員改革は後退して省庁人事は結局従来型へ、次官を含む官僚人事の制度改革は〝なし崩し〟となりました。そして厚労省は消費増税と歩調を合わせ、議論不足のまま次々と社会保障改革案を提示し、公務員の年金支給年齢上げで再雇用の拡充がはかられました。さらに以前消えた年金の四割が不明という事実も判明しました。また中央官庁だけでなく、地方公務員の問題も大きくのしかかってきています。十二年度は地方公務員の給与が九年ぶりに逆転して国を上回りました。またその前年度には会計検査院報告で税金の無駄使いが、五千二百九十億円と過去二番目となったとの報道がありました。

　いったいこの「日本丸」は、これからどこへ行ってしまうのでしょうか。米中の荒波の狭間にこのまま沈んでしまうのか、官僚制の弊害を打破し〝絶対の競争〟へ向けた力強い政治的リーダーシップによって、独立した国として再び蘇ることができるのか。いまわが国にとって必要なのは現在のジャーナリズムのあり方も含めて、まさに坂本龍馬的意味での〝国のせんたく〟なのです。つまり「右申所の姦吏を一事に軍いたし打殺、日本を今一度せんたくいたし申候事ニいたすべくとの神願ニて候」のとおりなのです。

8　エピローグ―百年の時空を超えて

わが国は一八九四―九五年の日清戦争、一九〇二年の日英同盟締結、一九〇四―〇五年の日露戦争を経て、国際政治の表舞台にデビューを果たすようになりました。私はこの百年の時空を超える視点をふまえて、国際社会における多極的なパワー・バランス構造の変化の中で、もう一度わが国の置かれている〝立ち位置〟や、今日までの歴史的出来事を再整理する必要があると思い、あえて本日のテーマでお話しをさせていただきました。

とくに最近の米中急接近の流れの中で、私は日清戦争前後から今日まで、日米より深い歴史的な「米中密約的な何か」があると感じていました。寺島実郎さんも「日米関係には常に中国が絡みついている」と指摘しています。日中戦争および第二次世界大戦における蔣介石政府や中国共産党への支持、アメリカにおける移民問題やチャイナロビーの存在、さらにクリントンとの特別な関係など、などです。以前も指摘しましたように、実利を重んじるプラグマティックという意味では、中国人とアメリカ人の国民気質がよく似ていると思います。それに加えて、一八九八年にアメリカがフィリピンとグアムをスペインから割譲し、ハワイを併合して太平洋へ進出することになりましたが、この時期は日本が太平洋に出ていった時期とまったく重なるという歴史の必然もあるのです。

いずれにしても、この百年の時空で物事を見たとき、終戦直前のソ連の突然の参戦、ヤルタ・ポツダム体制と国連外交の問題、さらに度重なる日本の国連安保理の常任理事国入り失敗の問題など、アジア地域の地政学上の問題を踏まえて、米・英・露・中の各国で、あうんの「Global Super KABUKI」を演じているのではないかと私は感じています。

わが国の官僚制度の問題も八〇年代まではうまく機能して、国をリードして高度成長に大きく貢献したことも事実です。問題の本質は、その後の政治システムの劣化や政治家の質の低下とともに、知らず知らずのうちに官僚制に対する政治からの指示が不明確となり、官僚組織そのものも自己増殖して今日に至っていることです。この二十年間、冷戦構造の終えんとグローバリゼーションの進行という世界的に大きなパラダイム転換のなかで、残念ながらわが国の官僚制が二十一世紀を迎える体制を構築できずに冷戦構造の混とんを引きずったまま今日に至ってしまったということでしょう。前述しましたように官僚コーポラティズムの問題は、まさに「Two Decades の蹉跌」そのものといえましょう。

このあたりのことを高　巖先生が最近の著書『ビジネスエシックス〔企業倫理〕』で、一九九〇年代から今日に至るまで政府・行政セクターで起こった二つの変化として、一つは行政手法が「事前調整型から事後チェック型にシフト」させること、もう一つは「大きな政府から小さな政府」をめざすことであったと指摘されています。それをふまえ、当時わが国で厚生省や防衛庁など公務員の腐敗が生まれて来る背景についても、構造的に分析・紹介されています。皆様も是非参考にしていただければと思っております。

いずれにしても、政治と行政の分野における冷戦終えん後の「Two Decades の蹉跌」から派生する諸問題が、今日のわが国の漂流の主たる要因であると私は思っています。さらに今回ご紹介したブレジンスキーの論文から、オバマ政権における「米中G2体制」の確立の背景が、今までの「米中密約的何か」を顕在化する動きであったことがわかりました。その意味からこれからは東アジアという地政学上の問題を踏まえて、これまでの「Global Super KABUKI」の流れに、百年の時空を超えたさらなる視座から対峙しなければならないのではないか、と感じています。今まさにわが国には、西郷南洲の「場に対する責任をすべてひっかぶり、身をもって示した義に殉ずるという思想」と、「魂を揺さぶるような〝絶対の競争〟をめざすリーダーシップ」が必要とされているのであります。

このような流れの中で、現在の中国をはじめとした多極構造化のパワー・バランス構造への対応も含めて、私は日米同盟のさらなる深化と再構築に真剣に取り組む必要があるのではないかと強く感じています。一九九六年四月の橋本・クリントン会談で日米同盟の再確認・再定義と同時に、普天間基地の全面返還で日米合意しましたが、その合意を実行に移すことができないまま十七年余が経過しました。その後〇六年には在日米軍再編ロードマップを発表、今年で新安保条約の締結からちょうど五十三年になりますが、ある意味で旧態以前の日米同盟には綻びがきています。同盟も生き物であり、きちんと育てなければ死んでしまうものです。本当のところ、アメリカはどこまで日本を守るのでしょうか。「同盟の義務範囲の明確化」を含むより強固な日米関係の構築、という視点からの見直しが必要であります。

現在のわが国では民主党政権の崩壊のおかげで、「ガバナンスとしての二大政党への道」はかなり遠のきましたが、「日本という国のかたち」そのものをいかにして取り戻し、「政府間での基本的枠組み合意」の下での日米同盟の再構築、そして国の防衛を含む本当の意味での自立が問われる状況にあります。日本がこのまま沈んでしまうのでなく、激しい荒波の中でもあくまで自立して生き残ること、このことこそが最終的にアメリカにとっても国益となることをきちっと認識させることが大切です。

私は優れた日本文化と民族を、そして日本という偉大な国をこの世に残していかねばと思っています。そのためにも、米軍再編の「トランスフォーメーション」の持つ本質的な意味と、最近の「アジアを中心とする国防戦略の大転換」のめざすものをきちっと理解したうえで、日米共同であたるべきこととそうでないことを意識して峻別し、国の防衛を含む本当の意味での国の自立、そして「独立自尊」の国民意識の回復が問われています。これからは米国における最近の軍事予算の削減という流れの中で、日本とアメリカがそれぞれ国レベルできっちりと対峙していく必要があります。

ところで国際エネルギー機関（ＩＥＡ）が最近、アメリカが二〇一五年に天然ガスでロシアを、一七年に原油でサウジアラビアを抜き、世界最大の生産国になるとの見通しを発表しました。シェールガスやシェールオイルと呼ぶ新型資源の生産が急増しているためで、今年に入ってこのシェール革命の影響力が一段と強まり、「よみがえるアメリカ」への大きな流れが生まれました。このシェール革命で大資源国としてアメリカが台頭することで、エネルギー需給だけでなく、マネーの流れや産業競争力、さらには湾岸を含む安全保障の構図も大きく変える可能性もでてきました。

これまでの私自身の十七年余に及ぶアメリカ社会とビジネスにおける体験と対峙をふまえ、私は以前からアメリカがマネーゲームから脱し、一度〝ガス抜き〟をして〝絶対の競争〟をめざせば、軍事、石油、食料、資源などの面からみても必ずよみがえる、と前回の講演でも指摘しました。しかしアメリカ自体は前述のとおり、戦争経済への突入とウォール街の著しい影響を受けて、リーマン・ショック後に社会的検証システムも消滅して大きく変質しているのであり、「米中Ｇ２体制」の流れの中で、わが国が変質したアメリカとどう対峙していくのか、現在は国のゆくえを左右する大きな分岐点にいるといえましょう。

ところで二〇一二年、日本の国債の格下げが九年半ぶりに行われました。東アジア諸国から見た日本への失望、ソフト・パワーの著しい低下など、世界で孤立する日本、漂流する日本の問題として大きく浮き出てきたからだと思います。アメリカから以前のように様々なレポートが送られて来るどころか、今や日本は無視され続けて「ジャパン・パッシング」の国になってしまったのです。

そのような意味から〝Two Decades の蹉跌〟に対する我々社会人としての責任は大きく、私たちも含めてこの二十年各分野の第一線でリーダーシップを発揮した人は、これからの時代の人たちに「国の漂流の最終責任」をとることが必要だと思います。とくに役人は、我々の年代を含めてすべて引退すべきでしょう。官僚の天下りなど、とんでもない話です。現在六十七歳から七十二歳以上の人たちは二十年前、四十七歳から五十二歳以上の第一線の役人だったわけですから、その責任は極めて重いといえます。

さらに加えて、この一九四五年から五〇年の終戦直後、その時期のわが国の〝学問的イデオロギーの背景〟も重要です。多くの官僚を輩出した東大法学部など、当時は教壇にマルクス主義の学者であふれていたと伝え聞いており、このあたりが何年入省という戦前から連綿と続く人事制度の下で、国を想う確固たる意思の欠落した「わが国官僚制の組織文化の源流」となっているように私には思えるからです。

いずれにしても、わが国中枢に内在する冷戦構造の終えんと「国家としての基軸」の再構築が必要です。官僚の皆さんの中にも、真面目に志をもって活躍している方も多いと思います。問題なのはキャリア・ノンキャリアなどの人事制度・昇進システムと組織文化なのです。そのためにも、劣化した官僚制度の組織文化と人事制度を含む制度的弊害を克服し、わが国官僚組織の新しい体制づくりが急務です。官僚の中にも優れた人もいるわけですから、現在の「官僚コーポラティズム」を打破して、いつも同じ顔をして同じ眼鏡をかけ、同じことを考えている〝試験選抜エリート的知識〟をもつダチョウ型の官僚ではなく、構想力豊かなワシ型の官僚の人たちを中心とし、〝オーストリッチ・コンプレックスの香り〟を消し去った新しい体制を再構築することが急務であると思います。

アメリカではオバマ大統領が再選される中、イギリスではキャメロン首相、ロシアではプーチン大統領、中国では習国家首席とそれぞれの国のリーダーが交代し、新しい動きが垣間見られるようになりました。これからはアジア地域の地政学上の問題をふまえ、米・英・露・中のこれまで以上に多極構造化するパワー・バランスのもとで、時には真剣を持って舞台にあがる「Global Super KABUKI」の新たなる局面に対峙する必要があります。

アメリカン・コーポラティズムの漂流と衰退する米国、欧州のソブリン問題と迷走するEU、最近の中東情勢の混乱、さらには中国をはじめとする新興国の台頭などで激しく揺れ動く世界潮流の中で、漂流し続け国難に直面した今こそ私たちには、物事の本質と大計を見失うことなく「日本の再生」をめざし、〝多極構造化のパワー・バランス感覚〟と〝研ぎ澄まされた対外感度〟のもとで、海図なき航路に大きく踏み出す胆力、そして〝絶対の競争〟をめざす力強いリーダーシップが必要とされていると思います。

＊本稿は二〇一三年三月二十一日価値創造フォーラム21における講演をそのまま要約したものです。
（初稿「価値創造21　２０１３」二〇一三年五月二十日発行）

［参考文献三十冊］
1　司馬遼太郎『アメリカ素描』読売新聞社、一九八六年四月
2　高坂正堯『日本存亡のとき』講談社、一九九二年十月
3　亀井俊介『アメリカン・ヒーローの系譜』研究社出版、一九九三年十一月
4　加藤寛『公私混同が国を亡ぼす―政・官・業の改革を阻むもの』東洋経済新報社、一九九五年六月
5　木下玲子『欧米クラブ社会』新潮社、一九九六年三月
6　佐々木克『志士と官僚　明治を「創業」した人びと』講談社、二〇〇〇年一月
7　毛利敏彦『江藤新平　急進的改革者の悲劇　増訂版』中公新書、二〇〇〇年五月
8　三國陽夫、R・ターガート・マーフィ『円デフレ―日本が陥った政策の罠』東洋経済新報社、二〇〇二年十二月
9　小島朋之『富強大国の中国―江沢民から胡錦濤へ』芦書房、二〇〇三年十二月
10　司馬遼太郎『歴史のなかの邂逅　坂本竜馬～西郷隆盛』中央公論新社、二〇〇七年四月
11　黒鉄ヒロシ『龍馬を斬る―誰が龍馬を殺したか』小池書院、二〇〇七年七月
12　ズビグニュー・ブレジンスキー『ブッシュが壊したアメリカ』峯村利哉訳、徳間書店、二〇〇七年九月
13　内田綾子『アメリカ先住民の現代史―歴史的記憶と継承』名古屋大学出版会、二〇〇八年二月

14　保阪正康『官僚亡国　軍部と霞が関エリート、失敗の本質』朝日新聞出版、二〇〇九年九月
15　ジョン・Ｂ・テイラー『脱線ＦＲＢ』村井章子訳、日経ＢＰ社、二〇〇九年十月
16　毛利敏彦『明治六年政変』中公新書、二〇一〇年六月
17　井上寿一『山県有朋と明治国家』ＮＨＫブックス、二〇一〇年十二月
18　野口悠紀雄『１９４０年の体制―さらば戦時経済増補版』東洋経済新報社、二〇一〇年十二月
19　保阪正康『そして官僚は生き残った　内務省、陸軍省、海軍省解体』精興社、二〇一一年一月
20　マイルズ・フレッチャー『知識人とファシズム　近衛新体制と昭和研究会』竹内洋・井上義和訳、柏書房、二〇一一年四月
21　中村健之介『宣教師ニコライとその時代』講談社現代新書、二〇一一年四月
22　米倉誠一郎『創発的破壊―未来をつくるイノベーション』ミシマ社、二〇一一年六月
23　筒井清忠編集『政治的リーダーと文化』千倉書房、二〇一一年六月
24　ジェイムズ・クロッペンバーグ『オバマを読む　アメリカ政治思想の文脈』古矢旬・中野勝郎訳、岩波書店、二〇一二年二月
25　簑原俊洋『「戦争」で読む日米関係１００年　日露戦争から対テロ戦争まで』朝日選書、二〇一二年六月
26　イェヘッケル・ドロア『統治能力　ガバナンスの再設計』足立幸男・佐野亘訳、ミネルヴァ書房、二〇一二年七月

27 小林英夫『満鉄が生んだ日本型経済システム』教育評論社、二〇一二年八月
28 春原剛『米中百年戦争　新・冷戦構造と日本の命運』新潮社、二〇一二年十二月
29 レオ・ダムロッシュ『トクヴィルが見たアメリカ』永井大輔・髙山裕二訳、白水社、二〇一二年十二月
30 寺島実郎『大中華圏　ネットワーク型世界観から中国の本質に迫る』NHK出版、二〇一三年一月

V

現代によみがえる価値創造の源流

――クオリティ・マネジメントのさらなる進化

1　クオリティ・マネジメントの探求

　本書は、経営コンサルタントとしての私のライフワークである「クオリティ・マネジメントの探求」をめぐる諸問題が、情報ネットワーク時代の「エンパワーメント経営」へとパラダイム転換し、さらに価値創造企業における「価値創造のリーダーシップ」「絶対の競争」へと展開していく過程をとりまとめたものである。

　私自身、今年で公認会計士の道を歩んで四十年になる。普通の公認会計士であれば経理担当役員の皆様を中心としてクライアントと接することが多いものだが、私の場合はトップマネジメントおよびグループ経営を対象とした経営コンサルティング業務、ＱＭフォーラムや価値創造フォーラム21などのフォーラム活動を通じて、今日まで数多くのトップマネジメントの皆様から直接薫陶を受けさせていただく機会に恵まれた。

　これまで会計士業界の伝統に則りながらも新しい分野に挑戦し続け、私自身個性的に生きて来られたのも、四冊目の本書に至るまでにご指導いただいた価値創造リーダーの経営者の皆様に、新しい道を示唆していただいたからであると心から感謝している。

　クオリティ・マネジメントというコンセプトは今から三十三年ほど前に、当時お付き合いのあった優れた企業およびその経営者の皆様がめざされていた「組織の活性化と個人の活性化の一体的展開」などを、経営哲学、企業文化、組織文化などの面で私なりに経験的にまとめたものであり、時代の流れとともに深化させてきたものである。

グローバルな情報ネットワーク時代が到来し、組織のネットワーク化と完成された個人の存在が前提となると、このクオリティ・マネジメントの中心課題が「エンパワーメント経営」に移ってきたのである。そこではアメリカ企業のようにインセンティブや成果配分のみが動機付けの中心となるのではなく、エンプロイメンタビリティをもつ組織とエンプロイアブルな能力をもつ個人の、企業という場におけるせめぎあいそのものに変質してきたといえよう。

このような優れたクオリティ・マネジメントの企業遺伝子と、絶対価値を追求する価値創造リーダーが同時に存在するのが価値創造企業なのである。そこにおいては価値創造リーダーにより、常にクオリティ・マネジメントの遺伝子がかきまわされ続けて、再生されていく状態が持続されるのである。その意味でクオリティ・マネジメントからエンパワーメント経営、そして価値創造企業への道は、時代を超える企業理念、深い経営思想と哲学に支えられた「クオリティ・マネジメントの進化」そのものなのである。価値創造企業として優れた経営の型をつくり深化させていく問題、価値創造のための競争・戦略ガバナンスの構築の問題、さらに絶対の競争への視座確立の問題も、すべてクオリティ・マネジメントの本質と価値の創造を深層構造的に掘り下げるアプローチと深い関わりがあるといえよう。

　現在の価値創造フォーラム21の前身であるクオリティ・マネジメント（QM）フォーラムが一九八一年一月に創立されてから、今日まで通算三十三年余にわたるフォーラム活動の展開の中で、経営の先達の皆様や研究者の先生方の様々な〝哲学・理念・思い〟をその揺るぎなきリーダーシップの側面に焦点をあて、本書では「価値創造のリーダーシップ」と「絶対の競争への視座」にあわせて現代に読み解くことを試みた。

　一九八〇年初頭の日本が最も輝いていた時代、組織と個人の活性化の一体的展開などクオリティ・マネジメントの確立をめざされていた当時の先達の経営者のリーダーシップが、九〇年代の情報ネットワーク時代のエンパワーメント・リーダーシップ、そして二十一世紀の価値創造のリーダーシップへと、時代の流れとともにリーダーシップ精神の本質と基軸を深化させながら、脈々と受け継がれて今日に至っているのである。それは具体的には「絶対価値と和魂洋才のリーダーシップ」「やってみなはれ―ファーストランナーの条件」「顧客とともに企業遺伝子を進化させるリーダーシップ」「理系の心をもつ経営のリーダーシップ」「フロネティック・リーダーシップ」「絶対の競争をめざすリーダーシップ」などである。ご興味ある方はぜひこの書物を参考にしていただきたい。

2　現代によみがえる価値創造の源流

一九八一年に設立したＱＭフォーラムにおける「クオリティ・マネジメント」というコンセプトは、当時の京セラ、サントリー、日本生命、東京海上火災、伊勢丹、レナウン、イトーヨーカ堂などの優れた企業およびその経営者がめざされていたことを、前述のごとく経営哲学、企業文化、組織文化などの面で私なりに経験的にまとめたものであり、時代の流れとともに深化させてきたものである。

ＱＭフォーラムの時代から今日の価値創造フォーラム21までの三十二年間、今年の三月まで慶應義塾大学の故加藤　寛先生とともに私どもの顧問としてフォーラム活動を支えていただいた元専修大学経営学部の櫻井通晴教授は、二〇〇三年に同文館出版により発行された著書『バランスト・スコアカード』で経営品質とは何かについて次のように述べられている。

……経営のクオリティとは何かについては、中央コンサルティングの一環として設立された「ＱＭ研究所」による研究成果がわれわれにひとつの示唆を与えてくれる。機関誌『ＱＭ』の創刊号、および『価値創造21』において、ＱＭは次のように定義［早川、一九八一、二〇〇三］づけられた。

経営のクオリティとは、「明確な企業ビジョンと経営戦略のもとに、企業活動のあらゆる局面において、プラニングとコントロールの両面にわたるQuality（クオリティ）の追求を通し、組織の活性化が個人の活性化に結びつくManagement（マネジメント）の確立」を目指す活動である。

さらに続けて早川［一九八二］は、経営のクオリティを高めることによって経営環境に迅速に対応して企画主導のシステムを作り、インターナル・コントロールを活用することにより経営活動を組織的に統制していくことが可能になると述べている。経営活動におけるクオリティ志向については、システムにおける組織と人間の問題を原点とし、トップマネジメントによる計画機能を個性化するとともに、統制機能をパターン化することによって、プラニング・アンド・コントロールのクオリティを追及していくことであるとしている。

経営の質がなぜ必要になるかについて、慶應義塾大学の教授であった加藤寛［一九八二］は、当時、『QM』において次のように述べている。すなわち、いまでこそ「日本製品の質について世界的な評価」を得るに至っている。このような〝物〟の品質は大変に進んでいるが、「物ではなく、物に付随する、あるいは物を別の形に変えていく〝ソフト〟面」については遅れが目立っている。日本企業はたしかにすぐれたものをつくることができるようになったが、

「そのような経営のすぐれた日本の特質というものが、今後とも世界経済のなかにあって続き得るかという点になると、疑問がある」。その意味で、将来は日本の「経営の質」にどう対処すべきかが重要視される時代が必ずやってくる、と加藤教授は予見している。一九八〇年代は日本企業の経営の優秀性が礼賛されていた時期であることを考えると、日本的経営のあり方に疑問を呈した加藤教授のすばらしい先見性に驚かざるをえない。

さらに、経営の品質について加藤［一九八二］は、新しい時代、新しい波に向かって発展していくためには、〝質の転換〟と〝質の強化〟が必要であり、日本の経営者はクオリティ・マネジメント（QM）について真剣に努力していかなければならないとしている。QMを定義づけた当時から、同研究所の代表をしていた早川吉春氏を支えて、加藤寛教授とともにQM研究所設立の時代から現在の「価値創造フォーラム21」の顧問のひとりとして管理会計の立場から日本の経営の品質向上に努力してきた著者には、とりわけ〝経営の品質の向上〟は、現代における喫緊の課題であると思われる。

以上で述べたクオリティ・マネジメントのコンセプトは、その後のグローバルなネットワーク時代の到来のもとで、一九九八年に設立された「価値創造フォーラム21」（理事長 岩沙弘道三井不動産社長）に引き継がれ、価値創造を目指す企業の行動規範として生き続けている。この経営品質の概念体系をさらに発展させたのは、社会経済生産性本部である。……

（参考資料）
加藤寛（一九八二年）「ものみな〝質の転換〟を求めて」『QM』一九八二年二月第二号
早川吉春（一九八一年）「創刊にあたって」『QM』一九八一年七月創刊号
早川吉春（二〇〇三年）「価値創造のリーダーシップとクオリティ・マネジメント」『価値創造21　2003』二〇〇三年二月

価値創造フォーラム21の前身であるQMフォーラムから続く三十三年余にわたるフォーラム活動の展開の中で、このクオリティ・マネジメントのコンセプトは、エンパワーメント経営、価値創造マーケティングなど九〇年代のアメリカ・ビジネスの新しい潮流、情報ネットワーク時代の価値創造企業への流れの中で価値創造の源流として今日まで生き続け、現代の価値創造リーダーの経営者たちのもとで、「企業品質と社員品質―クオリティ・マネジメント革新」というかたちでよみがえっているのである。

さらに一九八一年一月のQMフォーラム設立時の発起人メンバーであった各社、東京海上日動火災の石原邦夫相談役、サントリーホールディングスの佐治信忠会長兼社長、セブン&アイ・ホールディングスの村田紀敏社長、三越伊勢丹ホールディングスの大西 洋社長たちのご活躍ぶりは、いつの時代でも価値創造企業であり続けることを通してアントレプレナーシップの組織化と絶対価値の深化をはかることが、クオリティ・マネジメントの実践であることを身をもって示されているのであり素晴らしいことである。私自身、現代の価値創造リーダーであるこれらの経営者の皆様から、三十三年余の歳月を経て「クオリティ・マネジメントのさらなる進化」という熱い思いを感じさせていただき、心より感謝申し上げている。

3　国のソフト・パワーの回復と日本文化の再生

私は日本がアジアのなかで、たとえば文化的な力、価値観、そういう意味の非常に尊敬されたものをもっていたと思っている。このような数多くのソフト・パワーの源流をもっていたのにもかかわらず、残念ながら激しく揺れ動く世界潮流の下で漂流し続けている間に、とくに小泉改革後のアメリカ命症候群の流れの中で、わが国は急速に国としての主体性とソフト・パワーを失ってしまったのではないか。明治維新の頃からヨーロッパと対峙して先達の皆様が血のにじむ思いで築きあげた国のかたちと、世界的にも評価された日本および日本人へのソフト・パワーも含めた信頼が、この漂流する間にかなり失われてしまったと私は思っている。いずれにせよ現在のわが国は、日本という国のかたちそのものをいかにして取り戻し、日米同盟の再構築による国の防衛を含む本当の意味での自立が問われている状況にあるといえよう。

サミュエル・ハンチントンは一九九八年に出版した『文明の衝突』の中で、「日本は一国一文明」だという表現をしている。日本文明について一部の学者は日本の文化と中国の文化を極東文明という見出しでひとくくりにしているが、ほとんどの学者はそうせずに日本を固有の文明として認識し、中国文明から派生して西暦百年ないし四百年の時期にあらわれたと見ていると述べている。

京都大学の故河合隼雄先生は、日本は欧米と異なり、真ん中が空洞でその周辺にいろいろな権力者やリーダーがいる「中空構造」の社会であると言われたが、その中空構造の中心にこそ日本の文化的価値が存在するのである。このあたりのことを価値創造フォーラム21の十周年記念オープン・フォーラムで、歌舞伎俳優の坂田藤十郎さんと当時の理事長であった帝人の長島徹社長（現相談役）に、中谷 巌先生のコーディネートで語り合っていただいたのは記憶に新しいところである。

また日本人が尊重する代表的な価値観として、千四百年以上にわたり日本人の心の奥に息づいている聖徳太子のしなやかな日本知、「和をもって貴しとなす」の和を重んじる精神がある。この和とは多様性をもつ統一であり、ある意味で日本文化の原点であると思う。さらに言葉を超えて自然を大切にする日本固有の自然信仰と、舶来の仏典に書かれた東洋思想との融合である神仏習合の思想などが、私たち日本人の心の中に脈々と現代にも生き続けている。同世代の仲間である寺島実郎さんたちと創設したグローバルな視野と絶対価値をもつ「ＳＡＭＵＲＡＩ会」の中心メンバーである川勝平太（現静岡県知事）先生が、このあたりのことについて二〇〇六年九月の『文化力 日本の底力』（ウェッジ）で詳細に述べられている。

そしてこの日本文化はジャポニズムとして一八八〇年代の中頃、フランスを中心として爛熟したヨーロッパ文化に新風を吹き込み、モネやゴッホなどの印象派や後期印象派に対する浮世絵の影響を与えたのである。当時はオリエンタリズムと呼ばれる東方趣味が、ヨーロッパ各地でアール・ヌーボーという新しいスタイルにつながり、さらにこのジャポニズムがヨーロッパ文化や芸術に与えた影響は大きく、それがまたヨーロッパ発でアメリカにも足跡を残すこととなったわけである。現在では日本の社会構造は大きく崩れつつあるが、逆にコミック、アニメ映画ブームなどが世界中に広がり、さらに健康食としての日本の食文化への賛美など、日本人の感性が世界的にも影響を与えるという自信にもつながっているともいえよう。

さらに二〇〇三年に台湾の元総統の李登輝が、『「武士道」解題―ノブレス・オブリージュとは』という本を出版した。彼がこの本で何を言っているかというと、日本人が忘れてしまった日本文明の真価を発掘して、数千年にわたって築きあげられてきた日本文化というものを大事にして下さいということである。「日本の歴史と伝統こそが、現代の人類の危機の時代に人類を救う普遍的精神であると確信する」と述べている。「戦後の日本は歴史と伝統を否定する歴史観に支配され、日本人自身が日本精神、大和魂を忘れてしまっている。……いまこそ大和魂を発揮して、世界で最も信頼され尊敬される国として、人類社会の指導国家として立ち上がってもらわねばならない」と語っている。日本と日本人の覚醒を促したような内容で、読んでみてこれは非常にいい本であると思う。彼は戦前、二十二歳まで日本で育ったし、日本の大学にも行っているのである。

ところで数年前の日経のコラムで、土谷英夫さんによる「アダム・スミスをもう一度」という記事がとりあげられた。市場経済が世界をおおう中で、変調をきたす見えざる手について書かれている。ただアダム・スミスの見えざる手の背景には、もともと道徳的な優れた人間の精神があったのであり、アダム・スミスにとってのビジネス世界、とりわけ生産システムは、人間が徳を積む場であるということであった。それを踏まえて、たまたま昨年の暮れに大阪の中之島と堂島に行ってきた。私にとって久しぶりの大阪であったが、その時の中之島地区の再開発を見て、つくづく大阪自体が新しく動き出しているなと感じたのである。

そもそも中之島は日本の市場主義の原点であり、日本の市場主義という意味では大阪の商人は「商人魂」というのをもっているのである。近江商人は「三方よし―売り手よし、買い手よし、世間よし」の精神を持っているのと同じである。日本の商人は単に儲かればいいというだけではなくて、〝商人魂を磨く〟とか、そういう〝商人道を究める的なもの〟が、アダム・スミスの「見えざる手」の背景と同じように日本の市場主義の原点にあるのではないかと私は思っている。とくに商業都市として発達した大阪は、江戸時代の商道徳を教えた石田梅岩が大阪の懐徳堂に、商人たちが商人としての徳を大切にする学問所をつくったところであり、それらの努力がその後大阪の米取引所の発展へとつながった場所なのである。この石田梅岩の思想の流れが、松下幸之助の哲学の根底にあったともいわれている。その意味からこの中之島を中心とした大阪の再開発が、三井不動産の日本橋再開発による「江戸の記憶を残す福徳の森と浮世小路の再興」と同じように、日本の文化と商業の原点として発信していく新たなプロジェクトになることを期待したいと思うところである。

そしてソフト・パワーの回復に向けて重要なことは、何といっても外交上の主体性の回復の問題である。とくに「正当で敬意の払われる外交政策」という面では、インテレクチュアルな外国人、国際人から見たら、外交の主体性がゼロでアメリカに追従するだけにしか映らない最近の日本政府の行動は、私はある意味で「世界中の笑い者」になってしまったと思っている。

そもそも日本政府のこれまでの指導者や外務官僚たちに共通して欠けていたのは、主要国が新しい世界秩序の再編をめざして戦うなかで、日本が世界政治にいかなる地位を占めるべきかという視点なのである。第二次世界大戦後、国際政治と外交の場面で、経済大国としてのそれにふさわしい役割をほとんど果さず、そのような国が何故国際外交の表舞台に登場してくるのかという目線で常に見られていたといえよう。とくにわが国では冷戦終結後の外交基軸の転換がなされておらず、「たび重なる常任理事国入りの失敗」も「イラク戦争への対応とその後の沈黙」もその象徴であろう。いかにして国としての独自で正当で敬意の払われる外交姿勢を示し、国としてのソフト・パワーを回復してリーダーシップを発揮していくか、緊急の国家的課題であると私は思っている。

4　おわりに——絶対の競争への視座

私自身、会計士としての四十年間、本書に登場する経営者の皆様や諸先生方に、経営コンサルティング業務、ＱＭフォーラムや価値創造フォーラム21の場などを通して、クオリティ・マネジメントのあり方、価値創造企業および価値創造のリーダーシップのあり方、さらに絶対の競争への視座など教えていただいた。時代を超えたクオリティ・マネジメントの探求と価値創造の深耕は、プロフェッショナルとしての私のライフワークである。皆様から与えていただいた価値創造フォーラム21、さらに次世代リーダー育成塾やエグゼクティブＣＨＯ協議会などの〝場〟を通して、価値創造やリーダーシップの本質、さらに絶対の競争への視座などを、これからの人たちに伝承していくことが、私に与えられたプロフェッショナルとしての使命であると考えている。

そして先達の優れた価値創造リーダーの皆様から教えていただいた威風堂々たる生き方から、私自身も少しでもそれにあやかりたいと思うし、今後ともプロフェッショナルとして、〝絶対の競争〟をめざして仕事に取り組んでいきたいと思っている。私の専門分野は企業ガバナンス論であるが、自分自身の〝立ち位置〟をいま一度明確にし、国のかたちと国家レベルでのガバナンス再構築の問題についても、インテグリティを貫く真摯な姿勢をもって自分の意見を発信していきたいと思っている。

残念ながら現在は諸外国との関係や国家基軸の崩れなど、これからのわが国のゆくえについて極めて不透明であり、多極構造化した国際社会の中で漂流してしまっているといえよう。このように激しく流動化して潮目が大きく変わろうとしている時代であり、ある意味では明治維新の状況に非常によく似ているともいえる。私たち自身この変化の中でも本質と大計を見失うことなく、自らの主体性とアイデンティティをもって未来を切り開いていくべき時代を迎えている。これからはますます高い志と強い信念のもとに、〝絶対の競争〟を通して価値創造をめざす活動と躍動するような価値創造のリーダーシップが、国家、社会、企業、個々人それぞれの分野で必要とされていると思う。

グローバルな情報ネットワーク社会の到来のもとで、優れた企業においてはここ二十年間で著しい経営改革が進められてきたが、現在のわが国では国家、官僚機構における「Two Decades」の蹉跌の流れの中で、前述のごとく国としてのガバナンスが大きく崩れており、しっかりとした「国のかたち」を守る意味で、〝絶対の競争〟をめざし主体性をもった揺るぎなきリーダーシップの下で、まずもって国民としての覚醒、そして国としての基軸とガバナンスの再構築が必要とされていると思う。

とくにこの数年間は、本書Ⅳの「日本とアメリカ―国のかたちと経営のガバナンス（最終章）」で述べたように、著しく国のかたちとガバナンスが崩れて漂流してしまい、現在私はこれからの国のゆくえについて非常な危機感を感じている。百年の時空を超えて物事を見たとき、米・英・露・中のあうんの「Global Super KABUKI」の激しく揺れ動く世界潮流の下で、私は戦前から連綿と続くわが国の「官僚コーポラティズム」など、もっと根深い歴史的、かつ本質的な問題が露呈しているような気がしてならない。

私自身の十七年間にわたるアメリカとのビジネスの面での体験で、「フェア、フリーで、誰に対しても希望と可能性を与えるアメリカの素晴らしさ、希望の星」を学んだと自負している。しかしながら相対の競争をくり返す現オバマ政権の下で、最近の〝アメリカン・コーポラティズムの漂流の象徴〟としての東アジア情勢や中東問題、とくにこの時期のシリアへの軍事介入問題をめぐる迷走などは、オバマ政権の調整型・優柔不断外交の象徴であり、イラン・北朝鮮動向さらに尖閣問題や中東問題などへの今後の影響は計り知れないほど大きい。まさにグローバル・ガバナンスの担い手の迷走であり、私にとっては心の底から「憂米の想い」である。

九月に入ってアメリカ国内でも、「債務上限引上げ問題」と「債務不履行危機」が、抜本構造改革を常に先送りし続けるオバマ政権の〝アメリカン・コーポラティズムの漂流の象徴〟として再び浮上している。医療保険改革での応酬により与野党が激しく対立し、残念ながら政府機関が十八年ぶりに閉鎖される見通しとなった。上院・下院のねじれ現象そのものも含め、この〝政治の混迷〟は共和党の問題もさることながら、オバマ大統領の「絶対の競争への視座と毅然たる覚悟」の欠落したリーダーシップが巻き起こしたものといえよう。グローバル・リーダーとしていかがなものか、と私は思っている。これまでもオバマ大統領は、常に自らの〝究極の立ち位置〟を明らかにしないのである。ご自身の生まれ育ちについても同様であるが……。

さらに、近々バーナンキの後任としてFRB次期議長が指名されることとなるが、先日の「FRB議長サマーズ氏指名への流れ」との報道は、私の目からそれはオバマ大統領が、少なからずも自らの〝立ち位置〟を示すことになったと感じている。このサマーズこそ、前述のごとく一九二九年の大恐慌の知恵が生み出した「グラス・スティーガル法」を実質廃止に追いやり、規制緩和によるサブプライム問題への大きな流れをつくった人物のひとりであるからである。民主党内の「反サマーズ」の動きの中で、すぐ本人から指名辞退というかたちで着地を演出したが、政権政党としての良心を示す意味から、私はこれらの動きは当然のことであると思っている。

いずれにしても最終的に、アメリカン・コーポラティズムの漂流と衰退するアメリカ、欧州のソブリン問題と迷走するEU、中国の台頭と東アジア領土・領海問題、ジャスミン革命と中東情勢の混乱、米中を軸とした国際関係のゆくえなど激しく揺れ動く世界潮流の下で、日本は自立した国として生き残っていけるのか、国のかたちの再構築とソフト・パワーの回復問題、さらに官僚コーポラティズムからの脱却と官僚制のゆくえなど、まさに西郷南洲の「拙者儀、今般政府へ尋問の廉有之」であり、坂本龍馬の「右申所の姦吏を一事に軍いたし打殺、日本を今一度せんたくいたし申候事ニいたすべくとの神願ニて候」のとおりなのである。グローバルな視野と絶対価値、そして開かれたナショナリズムをもつ新しいSAMURAI的リーダーたちの下で、国民意識の覚醒をうながし、〝絶対の競争への視座〟をとり込んだ政党再編や国のガバナンスの再構築など、これからの国のかたちを根本的につくり直さねばならないと私は思っている。

最後に、これまで価値創造リーダーの先駆者として、価値創造のコンセプトの構築と深化にいろいろなかたちでご示唆をいただいた三井不動産の岩沙弘道会長、帝人の長島徹相談役、三井物産の槍田松瑩会長、ANAホールディングスの伊東信一郎社長、JFEホールディングスの數土文夫相談役、ANAホールディングスの大橋洋治会長、東京海上日動火災保険の石原邦夫相談役に格別の感謝を申し上げたい。また三十年余にわたり企業ステージの進化と絶対の競争への視座確立に多くのご示唆をいただいている一橋大学名誉教授の野中郁次郎先生、慶應義塾大学名誉教授の嶋口充輝先生、ハーバード大学経営大学院教授の竹内弘高先生にも心より感謝申し上げたい。

また一九九七年十二月の『クオリティ・マネジメントを求めて』刊行以来、二〇〇三年五月の『価値創造のリーダーシップ』、二〇〇八年六月の『続・価値創造のリーダーシップ』に続き四冊目となる本書の出版も含め、発行者としてご支援いただいた致知出版社の藤尾秀昭社長に心からのお礼を申し上げたい。

平成二十五年九月

早川　吉春

■著者略歴

早川　吉春（はやかわ・よしはる）

昭和23年東京都生まれ。45年慶應義塾大学経済学部卒業。48年商学部大学院経営学修士課程修了、公認会計士として活躍する。その後、中央コンサルティング㈱、中央クーパース・アンド・ライブランドコンサルティング㈱、㈱ＱＭ研究所の代表取締役を務める。その他、中央監査法人代表社員、ＱＭフォーラム代表、クーパース・アンド・ライブランド・インターナショナルのクライアント・サービス・カウンシル日本代表などを歴任する。
現在、霞エンパワーメント研究所代表、一般社団法人価値創造フォーラム21専務理事、ＱＭ義塾社長大学理事長、エグゼクティブＣＨＯ協議会運営委員長、ＱＭリンケージ機構理事長。トップマネジメントおよびグループ経営を対象として、コーポレート・ガバナンスの構築、企業の活性化とエンパワーメント化のための経営コンサルティング業務を実施している。
〈著書〉
『クオリティ・マネジメントを求めて』（編著1997年 致知出版社刊）
『価値創造のリーダーシップ』（編著2003年 致知出版社刊）
『続・価値創造のリーダーシップ』（編著2008年 致知出版社刊）
〈事務所〉
〒100-6030
東京都千代田区霞が関3-2-5　霞が関ビル30階
霞エンパワーメント研究所
TEL：03-5512-7774　FAX：03-5512-7471

価値創造

平成二十五年十一月五日第一刷発行
平成二十六年五月七日第二刷発行

著者　早川　吉春
発行者　藤尾　秀昭
発行所　致知出版社
〒150-0001東京都渋谷区神宮前四の二十四の九
TEL（〇三）三七九六—二一一一
印刷　㈱ディグ　製本　難波製本
落丁・乱丁はお取替え致します。　（検印廃止）

ISBN978-4-8009-1013-4 C0034
ホームページ　http://www.chichi.co.jp
Eメール　books@chichi.co.jp